职业技术教育教材

高分子化学与物理

赵俊会　主编
马　彦　赵俊会　李　玉　狄　青　编

中国轻工业出版社

图书在版编目（CIP）数据

高分子化学与物理/赵俊会主编．—北京：中国轻工业出版社，2024.1
职业技术教育教材
ISBN 978-7-5019-7373-6

Ⅰ.①高…　Ⅱ.①赵…　Ⅲ.①高分子化学-职业教育-教材②高聚物物理学-职业教育-教材　Ⅳ.①O63

中国版本图书馆 CIP 数据核字（2009）第 201073 号

责任编辑：林　媛　杜宇芳　责任终审：劳国强　封面设计：锋尚设计
版式设计：王培燕　责任校对：燕　杰　责任监印：张　可

出版发行：中国轻工业出版社（北京鲁谷东街 5 号，邮编：100040）
印　　刷：三河市万龙印装有限公司
经　　销：各地新华书店
版　　次：2024 年 1 月第 1 版第 9 次印刷
开　　本：787×1092　1/16　印张：13.5
字　　数：318 千字
书　　号：ISBN 978-7-5019-7373-6　定价：49.80 元
邮购电话：010-85119873
发行电话：010-85119832　010-85119912
网　　址：http://www.chlip.com.cn
Email：club@chlip.com.cn

240208J3C109ZBQ

前　言

《高分子化学与物理》是高分子科学各专业的重要专业基础课程，为后续课程聚合物加工原理、聚合物合成工艺、其他高分子等专业课打下理论基础。为了提高学生的解决实际问题的能力，本书突出重点、简化难点，将提高学生使用能力和动手能力、解决问题的能力作为编写基本要求，为此我们在编写时注意以下几点。

1. 适当简化了部分《高分子化学》内容，增加了化学反应对高聚物材料结构的影响，和《高分子物理》的结构与性能形成一条线，从而使学生明确化学反应对性能的影响。同时增加了典型高聚物的介绍，增强学生对化学反应的认识。

2. 强化结构对性能的影响，使学生对常见结构对应的性能都有清晰的认识，从而在生产中根据要求可以选择合适的高分子材料。

3. 强化成型工艺及参数设计依据以及成型工艺对性能的影响并归纳整理，增强了条理性。

4. 增加了目前较为前沿的高分子材料介绍以及降解等废弃高聚物处理办法的介绍，以开阔学生的眼界。

通过本书的学习，我们希望学生可以达到以下目标：可以根据生产要求来选择合适的高分子材料、合理地控制加工成型条件、通过各种途径改造聚合物结构，从而有效地改进高分子材料的性能。为以后从事高分子研究和生产打下厚实的理论基础。

全书共 11 章，第 1 章由马彦编写，第 2 ~ 6 章由赵俊会编写，第 7 ~ 9 章由李玉编写，第 10、11 章由狄青编写。全书由北京化工大学张晨教授主审。

由于编者水平有限、时间仓促，书中难免有缺点和错误，希望广大读者给予批评指正。

编者

2009 年 6 月

目　录

第1章　绪　　论

应知要点

1. 高分子的概念和特点
2. 高分子的命名和分类

应会要点

1. 高分子的概念和特点
2. 高分子的命名和分类
3. 高分子相对分子质量的计算方法

课前认知实习

1. 实习形式

观察高分子材料实物，观看录像，认识高分子材料。

2. 实习内容

观察不同的高分子材料，了解高分子材料的特点。

3. 实习目的

（1）了解高分子材料的特点。

（2）了解新型高分子材料。

（3）体会高分子材料在生活中的重要性。

4. 演示设备、材料

（1）设备：录像设备。

（2）材料：各种高分子材料。

5. 演示步骤

（1）观看录像和实物；

（2）教师介绍各种高分子材料。

6. 问题讨论

（1）仔细观察我们周围材料——塑料水瓶、汽车轮胎、液晶电视外壳，这些产品都是由什么制作成的？它们都有哪些共同的特点？

（2）高分子材料分类有哪几种方法？

1.1　高分子科学的发展

“环顾周围世界，你被高分子所包围着，穿的衣物，不外是棉、麻、丝、毛、锦纶、的确良等纤维；吃的食物，米、面、豆、肉、蛋类都含淀粉、蛋白质；交通工具用的轮胎等橡胶制品，家庭用的电器开关和灯口等塑料制品，这些都是高分子物质。高分子世界真是丰富多彩。”田凤岐在自然科学小丛书《谈谈高分子》这样开头。的确，我们的生活离不开这些高分子材料，时时处处都有高分子的影子。

人类对天然高分子物质的利用有着悠久的历史。2500多年前，南美印第安人将天然橡胶树汁涂覆在脚上，使天然橡胶树汁在空气中变硬，制成了早期的“靴子”。从天然高分子材料的直接使用，到天然高分子材料的改造再利用经历了几千年。1839年，美国人发现用硫原子取代空气中的氧使天然橡胶树汁变硬的方法。这种对天然产物进行改性的高分子材料，称为人造高分子材料。1855年，由英国人Parks用硝化纤维素和樟脑制得的赛璐珞塑料，也是具有划时代意义的一种人造高分子材料。

随着工业的发展，天然高分子材料已远远不能满足人类应用的需求，科学家们通过化学方法对天然高分子进行改性，使之满足使用的要求。19世纪40年代到20世纪初为天然高分子的化学改性利用时期，其重要标志是天然橡胶硫化成功（1839年）。虽然当时还未建立起高分子科学概念，也并不知道硫化作用机理，但事实上这是人类把线型高分子变成网状结构弹性体的最早发明。再一个标志是用硝酸、硫酸混合酸处理天然纤维素生产出硝化纤维（1846年）。1832～1845年，通过H. Braconnot和T. J. Pelouze的努力，制得了硝化纤维，这一成果曾在一战时用于制作无烟炸药。1872年，J. W. Hyatt以樟脑作为增塑剂，用二硝酸纤维制成了柔韧的塑料，后被广泛用于制作照相底片及电影胶片等。将硝化纤维加樟脑制成了在塑料工业发展史上有重要意义的硝化纤维塑料（1868年），俗称赛璐珞。

1884～1914年，德国的Emil Fischer确定了多种糖类和蛋白质的结构式，对以后高分子概念的确定起了重要的作用。自20世纪初到20世纪60年代，是高分子工业高速发展的时期。首先是酚醛树脂，再者是合成橡胶。20世纪初期为聚合物合成的早期阶段，重要标志是酚醛树脂（1907年）和丁钠橡胶（1912年）、异戊二烯热聚合（1909年）投产和随后的醇酸树脂（1926年）、醋酸纤维（1927年）等的相继问世。

H. Staudinger于1924年首先明确提出高分子的长链式结构理论，他认为高分子是由若干原子彼此以共价键相连接而成的长链状大分子，而高分子材料就是由这类分子组成。1926年O. L. Sponsler和W. H Dore用X射线衍射法对纤维素进行研究，结果判定纤维素是由长链状的大分子组成。这一定论为人类合成高分子材料奠定了理论基础，从而确定了“大分子学说”。1928年H. Staudinger又突破有机化学的缩合反应概念，建立了缩聚反应理论。高分子科学的发展又推动了工业革命，尼龙66（1938年）、涤纶纤维（1948年）开始工业生产。20世纪30年代自由基聚合获得突破，一系列烯类聚合物相继投产，热塑性塑料迅速兴起：如聚氯乙烯（1928年），聚苯乙烯（1930年），聚醋酸乙烯酯（1936年），聚甲基丙烯酸甲酯（1930年），高压聚乙烯（1935年）、聚四氟乙烯（1938年）等。在这不足半个世纪的时间内，人类合成的高分子材料多达几百种。进入20世纪60年代，大量的科学研究工作着眼于高分子材料的综合改性及综合应用以及特殊高分子材料的开发。随着高科技的发展，为高分子材料的应用研究提供了可靠的手段。20世纪50年代著名的德国科学家Ziegler以烷基金属卤化物为催化剂，在常温下成功地制得了几乎不含支链的高密度聚乙烯。同时期，意大利的科学家G. Natta又以类似的催化剂使α-烯烃聚合，制得了分子链具有空间立构规整性的多种高聚物，这类高分子具有很好的结晶性。这在高分子合成方法上是一重大的突破，为定向聚合理论及高分子结晶学的建立奠定了可靠的基础，这在高分子科学的发展史上也具有深远的意义。20 世纪 60 年代是高分子全面繁荣，也是通用高分子走向成熟的时期。70 年代起高分子科学的研究，朝着提高产量和综合性能、注意环境保护、功能化等方向发展。

高分子合成工业的成就又反过来极大地促进了高分子科学理论的发展。美国化学家 Flory 从 20 世纪 40 年代至 70 年代在缩聚反应理论、高分子溶液的统计热力学和高分子链的构象统计等方面作出了一系列杰出的贡献，进一步完善了高分子学说。Flory 因此获得了 1974 年的诺贝尔化学奖，成为高分子科学史上第三个里程碑。后来法国的 Pierre-Gilles de Gennes 把现代凝聚态物理学的新概念如软物质、标度律、复杂流体、分形、魔梯、图样动力学、临界动力学等嫁接到高分子科学的研究中来。他的这些概念丰富了高分子学说，Pierre-Gilles de Gennes 获得了 1991 年度诺贝尔物理奖。日本的 Hideki Shirakawa 因导电高分子方面的特殊贡献获得了 2000 年的诺贝尔化学奖。

今天，信息科技、能源科技和生命科学已构成现代科学技术发展的三大领域，与之相应，一场新材料革命已经开始，高分子科学将在这场革命中起到极为重要的作用。在继续研究以力学性能为中心的高分子材料的同时，关于具有特殊功能的高分子材料方面的研究日益活跃。精细高分子合成、高分子设计、一系列新的合成方法、表征手段以及光敏高分子、高分子导体、半导体、光导体、高分子分离膜、高分子试剂、催化剂、药物、自然降解聚合物（环保）、生物高分子、具有能量转换性能聚合物以及信息传递大分子等的研究、开发、应用，大大超出了传统合成高分子的范围，面貌为之一新。高分子科学与高分子工业的研究和发展方向是：①通过新型高效催化剂的开发，重要的通用高分子品种向更大型工业化发展；②通过新型聚合方法、化学和物理改性以及复合，获得新性能、新品

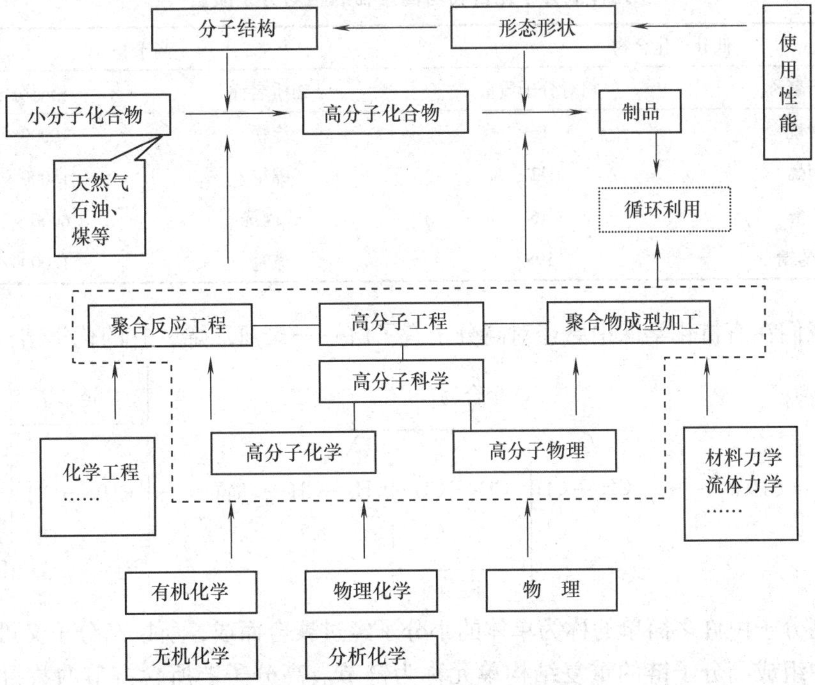

图 1-1　高分子与其他学科的联系

种、新用途的高聚物；③开发功能高分子如生物高分子、光敏高分子、导电高分子等新材料。

总之，高分子科学是在生产实践与科学试验的基础上建立和发展起来的，主要任务是研究高聚物的组成、性能、应用、各种合成方法、聚合机理，以及加工工艺过程等。这门学科是在有机化学、物理化学、物理学、力学、有机结构理论的基础上建立起来的。这个学科虽然年轻，但发展极为迅速。高分子化学和高分子物理是这个学科的两个方面，是紧密相连不可分割的整体。高分子化学的研究对象是高聚物的合成与分子的化学反应，即根据高聚物的分子结构要求来研究其聚合的原理、方法，选择原料，寻找催化剂，探索工艺条件，合成预定结构的聚合物。高分子物理的研究对象是聚合物的结构与性能之间的关系及分子运动的规律，为高聚物的成型加工提供理论基础。

高分子和其他学科的联系如图 1-1 所示。

1.2 高分子的基本概念

1.2.1 高分子的概念

什么是高分子（macromolecule）？就是相对分子质量很大的分子的总称。

如何区别高分子和低分子化合物？主要看相对分子质量，通常低分子有机化合物的相对分子质量在 1000 以下。而高分子（又称高聚物或聚合物）的相对分子质量在 1 万以上，有的可达上千万，表 1-1 给出几种低分子化合物与高聚物的相对分子质量。

表 1-1　几种低分子化合物与高聚物的相对分子质量

低分子化合物		高聚物	
物质名称	相对分子质量	物质名称	相对分子质量
甲烷	16	淀粉	10000 ~ 80000
丙烯	42	锦纶	15000 ~ 23000
乙醇	46	聚丙烯	6000 ~ 200000
葡萄糖	198	涤纶	12000 ~ 20000

其实我们在有机化学课中已经对高分子有了解——聚氯乙烯，它的化学结构为：

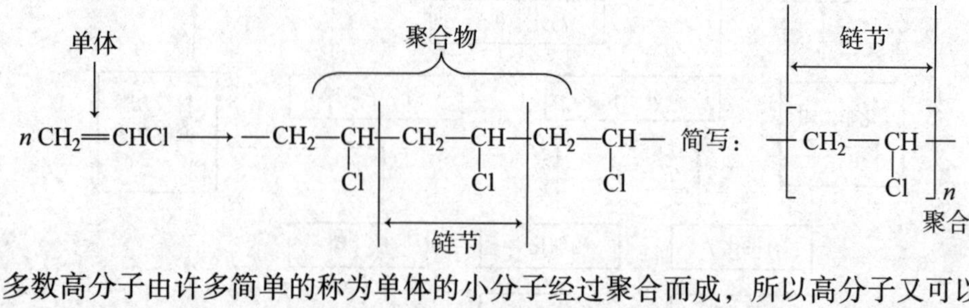

多数高分子由许多简单的称为单体的小分子经过聚合而成，所以高分子又可以称为高聚物。其中组成高分子链的重复结构单元称为链节。高分子链所含链节的数目称为聚合度，用 DP 表示。n 为重复单元的数量。

1.2.2 高聚物的特点

(1) 分子特点

高聚物按其链节在空间排列的几何形状，可分为线型聚合物和体型聚合物两类，其中线型聚合物包括线型和支链型。线型结构的合成树脂可反复加热软化，冷却硬化，故称为热塑性树脂。体型结构的合成树脂在分子间产生化学交联而固化，再加热不会软化，故称为热固性树脂。图1-2为聚合物分子形状示意图。

Ⅰ— 线型结构（不带支链的） Ⅱ— 线型结构（带支链的） Ⅲ— 体型结构（交联的）

图1-2 聚合物分子形状示意图

从结构式上还可以看出高聚物分子链长，相对分子质量也很高。因此高聚物的性能比较特殊。

(2) 性能特点

①难溶解 难溶甚至不溶，溶解时发生体积膨胀（叫做溶胀）。

②高弹性 高聚物的弹性形变数值大于金属或其他无机材料，是高聚物区别于其他材料的一个重要特性。

③热塑性 塑料加工固化冷却以后，再次加热仍然能够达到流动性，并可以再次对其进行加工成型，也就是说具有良好的再加工性和再回收利用性。

④高聚物的质轻而且化学稳定性用在现代装饰装修较为普遍。

(3) 多分散性

高聚物的多分散性体现在相对分子质量多分散性和结构多分散性。

高聚物不是由单一相对分子质量的化合物组成，是由相对分子质量不等、结构相同的聚合物的混合物所组成。这种高分子的相对分子质量参差不齐，大小不同的特性，就称为相对分子质量的多分散性。因此一般测得的高分子的相对分子质量都是平均相对分子质量。

高聚物的分子不但长短不同，结构也是不同的。例如，聚乙烯的分子链结构就有线型、支链型和交联结构三种，如图1-2所示，聚氯乙烯还有单体结构在分子中的连接方式也不相同，主要有头头结构，头尾结构，尾尾结构等。此外，还有取代基在空间不同位置引起的空间异构。高聚物这种在结构上不同的特性称为结构多分散性。

1.2.3 高聚物相对分子质量的计算

由于高聚物具有相对分子质量多分散性，造成每个高分子链的相对分子质量并不相同。因此高聚物的相对分子质量通常只能取其统计平均值。

根据统计方法不同，有不同名称的平均相对分子质量。如以分子数作为平均相对分子质量的基础进行统计，所得相对分子质量称为数均相对分子质量以 $\overline{M}_n$ 表示；如以分子的总质量作为平均相对分子质量的基础，所得相对分子质量为重均相对分子质量，以 $\overline{M}_w$ 表示，真实的高分子链是有一定体积，相对分子质量是与其真实体积大小成正比的。以高分子的体积大小作为平均相对分子质量的基础，所得的相对分子质量称为 Z 均相对分子质量，以 $\overline{M}_z$ 表示；根据聚合物溶液黏度测定出来的相对分子质量，称为黏均相对分子质量，以 $\overline{M}_v$ 表示。

①数均相对分子质量（Number- average molecular weight） 按照聚合物中分子数目统计平均的相对分子质量，高分子样品中所有分子的总重量除以其分子（摩尔数）总数。体系中低相对分子质量部分对数均相对分子质量有较大影响。

$$\overline{M}_n = \frac{m}{\sum N_i} = \frac{\sum N_i M_i}{\sum N_i} = \frac{\sum M_i}{\sum (m_i/M_i)} = \sum N_i M_i \tag{1-1}$$

数均相对分子质量是通过依数性方法（冰点降低法、沸点升高法、渗透压法、蒸汽压法）和端基滴定法测定。

②重均相对分子质量（Weight- average molecular weight） 按质量平均的相对分子质量。体系中高相对分子质量部分对重均相对分子质量有较大影响。

$$\overline{M}_w = \frac{\sum m_i M_i}{\sum m_i} = \frac{\sum N_i M_i^2}{\sum N_i M_i} = \sum m_i M_i \tag{1-2}$$

测定方法为光散射法。

③Z 均相对分子质量（Z- average molecular weight） 按 Z 量平均的相对分子质量。Z 量的定义为级分质量与相对分子质量的乘积。

$$Z_i = W_i M_i \tag{1-3}$$

$$\overline{M}_z = \frac{\sum Z_i M_i}{\sum Z_i} = \frac{\sum W_i M_i^2}{\sum W_i M_i} = \frac{\sum N_i M_i^3}{\sum N_i M_i^2} \tag{1-4}$$

Z 均相对分子质量通常由离心沉淀法测定。

④黏均相对分子质量（Viscosity- average molecular weight） 用黏度法测定的相对分子质量。对于一定的聚合物-溶剂体系，其特性黏数［η］和相对分子质量的关系如下：

Mark- Houwink 方程 $[\eta] = KM^{\alpha}$ (1-5)

$$\overline{M}_v = \left(\frac{\sum m_i M_i^{\alpha}}{\sum m_i}\right)^{1/\alpha} = \left(\frac{\sum N_i M_i^{1+\alpha}}{\sum N_i M_i}\right)^{1/\alpha} \tag{1-6}$$

式中 N_i，M_i，m_i，W_i 分别代表体系中 i-聚体的分子数、相对分子质量和质量、级分质量，α 是高分子稀溶液特性黏度相对分子质量关系式中的指数，通常在 0.5 ~ 0.9，K 是与聚合物有关的常数。以上几种平均相对分子质量之间的大小关系为：

$$\overline{M}_z > \overline{M}_w > \overline{M}_v > \overline{M}_n$$

1.2.4 相对分子质量分布

由于高聚物的相对分子质量是具有多分散性的，若要反映高聚物分子的真实大小，不能仅凭平均相对分子质量，还要知道其相对分子质量分布。目前有两种表示相对分子质量分布的方法。

（1）相对分子质量分布曲线

分为数量分布曲线和重量分布曲线两种。图 1-3 为典型的聚合物相对分子质量分布曲线。图中可见，数均相对分子质量处于分布曲线顶峰附近，接近于最可积的平均相对分子质量。由图 1-4 可见，曲线 A 的分散性比较小，即相对分子质量分布较窄，而曲线 B 的相对分子质量多分散性大，即相对分子质量的分布宽。

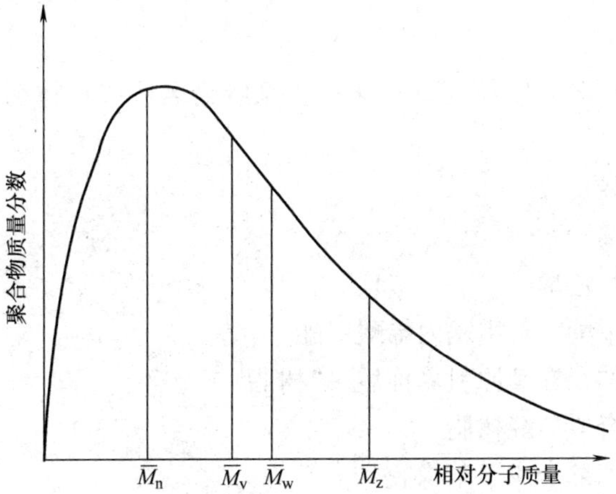

图 1-3　典型聚合物的相对分子质量分布曲线

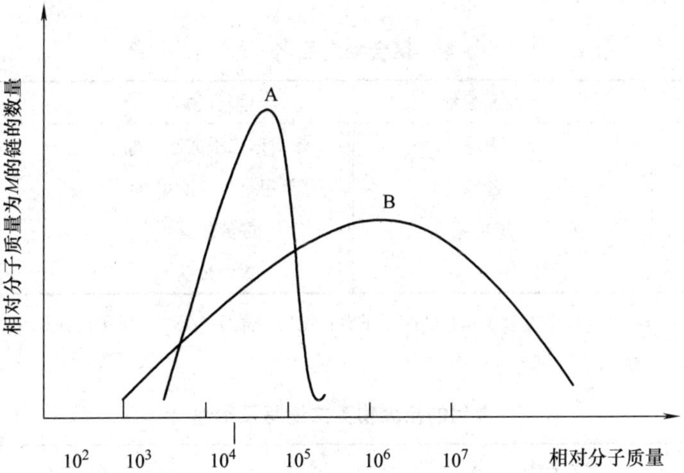

图 1-4　两种聚合物的相对分子质量分布曲线

聚合物 A　相对分子质量分布指数 1. 65

聚合物 B　相对分子质量分布指数 28

虽然相对分子质量分布曲线能够最直观的表明聚合物相对分子质量分散程度，但是计算较为复杂，通常可以采用较为简单的相对分子质量分布指数 D。

（2）相对分子质量分布指数 D

$$D = \frac{\overline{M}_w}{\overline{M}_n}$$

D 值越大，表示分布越宽。天然高分子的 D 值可达 1，合成高分子的 D 值一般在 1.5～50。

1.3 高分子材料的命名和分类

1.3.1 高分子材料的命名

主要命名原则如下：

①合成高分子的命名可以使用有机化学中系统命名法以单体名称为基础，在前面加“聚”字：

如　乙烯　聚乙烯

　　丙烯　聚丙烯

　　氯乙烯　聚氯乙烯

　　甲基丙烯酸甲酯　聚甲基丙烯酸甲酯

②若其结构复杂的，在其原料名称后＋“树脂”

如　苯酚＋甲醛合成酚醛树脂

　　丁二烯＋苯乙烯合成丁苯橡胶

按照商品名称，不反映高分子物质结构，但名称简单，应用广泛，如表 1-2 为聚合物的商品名。

表 1-2　聚合物商品名

聚合物	商品名称	聚合物	商品名称
聚氯乙烯	氯纶	聚对苯二甲酸乙二酯	的确良，涤纶
聚乙烯	乙纶	聚甲基丙烯酸甲酯	有机玻璃
聚乙酸乙烯酯	维尼纶	酚醛树脂	电木
聚酰胺	尼龙 66	聚丙烯腈	腈纶

注：其中数字含义为第一个数字表示二元胺的碳原子数；第二个数字表示二元酸的碳原子数；只附一个数字表示内酰胺或氨基酸的碳原子数。

表 1-3　常用的高聚物英文缩写及用途

英文缩写	中文名称	用　途
PVC	聚氯乙烯	材料有轻质、隔热、保温、防潮等特点。广泛用于电线电缆、PVC 水管、PVC 塑料门窗以及儿童玩具等方面
PE	聚乙烯	应用最广泛的高分子材料。化学稳定性好，电绝缘性能优良
PP	聚丙烯	抗酸碱腐蚀，是常见的高分子材料
PC	聚碳酸酯	透明度高，无毒使用广泛
PS	聚苯乙烯	比较古老的塑料，生产工艺完善
PET	聚对苯二甲酸醇酯类	

1.3.2 高分子材料的分类

高分子材料的种类繁多，并且不断开发出新的高分子材料，迄今为止，国际上还没有对高分子材料有一个公认的统一的分类方法，现在介绍几种常见的分类方法：

①按照来源分为：天然高分子和合成高分子材料。天然高分子材料是指由动、植物直接制成的高分子材料，如我国古代使用的蚕丝，汉麻纤维和竹材纤维、油漆。合成高分子材料多是从石油、煤和矿石中提炼出来的小分子单体经过聚合反应制备出来的，如尼龙66，聚乙烯等。

②高分子材料按用途又分为通用高分子材料和功能高分子材料。通用塑料一般指产量大、用途广、成型性好、价廉的塑料。功能高分子材料除具有聚合物的一般力学性能、绝缘性能和热性能外，还具有物质、能量和信息的转换、传递和储存等特殊功能。已使用的有高分子信息转换材料、高分子透明材料、高分子模拟酶、生物降解高分子材料、高分子形状记忆材料和医用、药用高分子材料等。

1.3.3 新型高分子材料

随着科学的发展，近期又出现了高分子膜，光电、光热效应的功能高分子材料，导电、导磁效应的功能性高分子材料和液晶高分子材料等，这些都统称新型高分子材料。

①高分子分离膜　是用具有特殊分离功能的高分子材料制成的薄膜。它广泛应用于海水的淡化。

②光电、光热效应的功能高分子材料　它的用途是制作太阳能电池，主要成分是聚丙烯和聚乙炔高聚物等半导体。这是继单晶硅、多晶硅和无定形硅之后的第三代太阳能电池材料。

③导电、导磁效应的功能性高分子材料　一般的高分子材料不导电、无磁性。在高分子材料中加入导电物质或带磁性物质或其他一些添加剂，可以使之成为高分子半导体或导体甚至超导体。这些导电材料可广泛应用于工业、医疗领域，特别是国防、航空航天等高技术领域。如用于导弹发射控制装置以及其他一些精密控制系统，还可用于声光发射系统、换能器、驱动器等。

④液晶高分子聚合物材料 LCP　是在一定条件下，能以液晶相态存在的高分子。其具有良好的热稳定性、耐腐蚀性能、耐热性及耐化学药品性，具有优良的电绝缘性能，介电强度比一般工程塑料高。

高分子材料的最终使用形式是高分子材料制品，而高分子材料制品的性能与其成型加工过程息息相关。成型加工技术要适应化学结构不断变化的各种新型高分子材料的出现，不仅要通过成型加工，在材料制品中优化体现材料性能的分子聚集架构，还要发展诸如在工程学层次上操纵分子链进行高分子材料成型加工的新技术。注意发展在材料表面引入分子、纳米粒子的超临界流体溶胀技术，制备分子链有序排列的大面积高分子光电功能薄膜或纳米纤维的外场辅助制膜成纤技术，适用于超分子体系制备的成型加工技术，以及计算模拟在成型加工中的应用等技术，是很有战略意义的。

习题

1. 高分子又称__________或__________，其分子相对分子质量在__________以上，有的可达上千万。高分子链的重复结构单元称为__________。高分子链所含链节的数目称为__________。

2. 高聚物按其链节在空间排列的几何形状，可分为__________聚合物和__________聚合物两类。

3. 高分子材料按照来源分类可以分为__________和__________。

4. 连线题：请把高聚物的英文缩写与中文名称对应起来

PVC	聚苯乙烯
PE	聚丙烯
PP	聚对苯二甲酸乙二醇酯
PC	聚碳酸酯
PS	聚氯乙烯
PET	聚乙烯

5. 通过本章的学习，我们了解到新型的高分子材料使我们的生活更加舒适，请讨论并查找资料，找到我们生活中常用的新型高分子材料并分析其特点。

第2章 缩合聚合

应知要点

1. 缩聚反应的分类及影响因素
2. 缩聚反应的实施方法

应会要点

1. 缩聚反应及产物特点
2. 凝胶化现象的定义及预测
3. 提高缩聚产物相对分子质量的方法

课前认知实习

1. 实习形式

参观化工厂或观看缩聚反应实验录像，认识缩聚产物。

2. 实习内容

观察缩聚反应过程，认识凝胶化现象。

3. 实习目的

（1）了解缩聚产物的应用。

（2）了解缩聚反应过程。

（3）体会凝胶化现象的重要性。

4. 演示设备、材料

（1）设备：化工厂生产设备或录像设备。

（2）材料：各种缩聚反应原材料。

5. 演示步骤

（1）按生产步骤进行参观或观看录像；

（2）老师讲解演示过程中的各个步骤，明确反应机理。

6. 问题讨论

（1）反应过程中单体如何聚合成聚合物，副反应是如何影响缩聚物的？

（2）预聚体有几种，从预聚体如何得到体型产物？

2.1 缩合聚合反应

2.1.1 缩合反应与缩聚反应

2.1.1.1 缩合反应

在有机化学中，我们学习过典型的缩合反应如醋酸和乙醇的酯化反应，除生成主产物酯外，还有副产物水。

$$CH_3COOH + HO—CH_2CH_3 \rightleftharpoons CH_3COO\ CH_2CH_3 + H_2O$$

诸如此类的反应还有单官能度的丁醇和二官能度的邻苯二甲酸酐进行酯化反应，产物为低分子邻苯二甲酸二丁酯，副产物为水。以及单官能度的醋酸与三官能度的甘油进行酯化反应，产物为低分子的三醋酸甘油酯，副产物为水。

所以只要反应体系中有一种原料是单官能度物质，无论其他原料的官能度为多少，反应只能进行一步而且只能得到低分子产物。

2.1.1.2　缩聚反应

缩聚反应的单体是具有两个或两个以上官能团的化合物，所以反应不止进行一步，而是多步。以二元羧酸与二元醇的聚合反应为例。当一分子二元酸与一分子二元醇反应时，形成一端为羟基，一端为羧基的二聚体；

$$HO—R—OH + HOOC—R'—COOH \rightleftharpoons \underset{\text{二聚体}}{H—ORO—OCR'COOH} + H_2O$$

二聚体可再与二元酸或二元醇反应，得到两端均为羟基或均为羧基的三聚体；

$$H—ORO—OCR'COOH + HO—R—OH \rightleftharpoons \underset{\text{三聚体}}{H—ORO—OCR'COO—R—OH} + H_2O$$

$$H—ORO—OCR'COOH + HOOC—R'—COOH \rightleftharpoons \underset{\text{三聚体}}{HOOC—R'—COORO—OCR'COOH} + H_2O$$

也可与二聚体反应，得到四聚体；

$$H—ORO—OCR'COOH + H—ORO—OCR'COOH \rightleftharpoons \underset{\text{四聚体}}{H—ORO—OCR'COORO—OCR'COOH} + H_2O$$

三聚体既可与单体反应，也可与二聚体或另一种三聚体反应，如此不断进行，得到高相对分子质量的聚酯。

$$n\ HO—R—OH + n\ HOOC—R'—COOH \rightleftharpoons H—(ORO—OCR'CO)_n—OH + (2n-1)\ H_2O$$

通用的尼龙就是一定条件下二元酸和二元胺缩聚而得。

$$n\ HOOC—R—COOH + n\ H_2N—R—NH_2 \rightleftharpoons HO\ [OC—R—COHN—R—NH]_n H + (2n-1)\ H_2O$$

对于一般缩聚反应可以用下面通式来表达。

$$n\ aAa + n\ bBb \rightleftharpoons a\ (AB)_n\ b + (2n-1)\ ab$$

缩聚反应是由许多相同或不同的低分子原料物通过官能团之间的逐步缩合使分子链不断加长，最后得到高聚物，同时不断析出小分子的反应。

在实际生产中，许多应用非常广泛的高分子材料都是通过缩聚反应而得。例如，对苯二甲酸与乙二醇反应可得到涤纶树脂；己二胺与己二酸反应得到尼龙66；双酚A与光气反应得到聚碳酸酯；氨基酸自身聚合得到聚酰胺。

缩聚反应常用的官能团：—OH、—COOH、—NH_2、—COX（酰卤）、—COOR（酯基）、—OCOCO—（酸酐）、—H、—X、—SO_3H、—SO_2Cl 等。

2.1.2　缩聚反应特点

①参与缩聚反应单体的官能度必须大于或等于2。官能度是指化合物中所包含的能起化学反应而导致生成新键的活性点。例如，乙烯合成聚乙烯过程中，双键断裂生成两个新的单键，官能度即为2。这与我们有机化学里学到的官能团（具有反应能力的基团）的含义是有所不同的，因为乙烯的官能团为1。

②聚合物的结构单元与单体的组成不同，产物的相对分子质量不是单体的整数倍。从通式中可以看出由于反应过程中在生成大分子主产物的同时，可能有低分子副产物生成。所以缩聚产物的相对分子质量不是单体的整数倍。

③大多数缩聚反应是可逆平衡反应。在缩聚反应过程中官能团在互相缩合进行聚合成大分子的同时，互相键合基团也会被小分子副产物分解为原官能团，使分子链变短。所以大多数缩聚反应是可逆平衡反应，因此如何提高缩聚产物的相对分子质量是化学合成中的一个重要问题。

2.1.3 缩聚反应类型

缩聚反应的分类方式有多种，下面介绍三种常见的分类方式。

2.1.3.1 按产物的分子结构分类

（1）线型缩聚反应

参与缩聚反应的单体只有两个官能度。聚合过程中分子只能向两个方向增长成线型大分子，所以称之为线型缩聚反应。得到的聚合物是可溶可熔的热塑性聚合物。

同一种单体含有的两官能度之间如果可以发生分子间反应，也能进行线型缩聚反应。例如，ε-氨基己酸合成尼龙6的反应。

$$n\,\mathrm{HOOC\,(CH_2)_5NH_2} \longrightarrow \mathrm{HO\,[OC\,(CH_2)_5NH]}_n\mathrm{H} + (n-1)\ \mathrm{H_2O}$$

这类反应的通式可写成

$$n\,\mathrm{aA\,b} \longrightarrow \mathrm{a\,[A]}_n\mathrm{b} + (n-1)\ \mathrm{ab}$$

（2）体型缩聚反应

参与反应的单体中至少有一种单体的官能度在2以上。反应过程中，分子链向多个方向增长形成三维空间交联的体型结构，所以称之为体型缩聚反应。得到的聚合物是不溶不熔的热固性聚合物。

甲醛和苯酚合成酚醛树脂，以 a—A—a 代表甲醛，以 b—B—b 代表三官能度的苯酚，当分子配比为3∶2时，按理想方式生成体型酚醛树脂的情况如下。

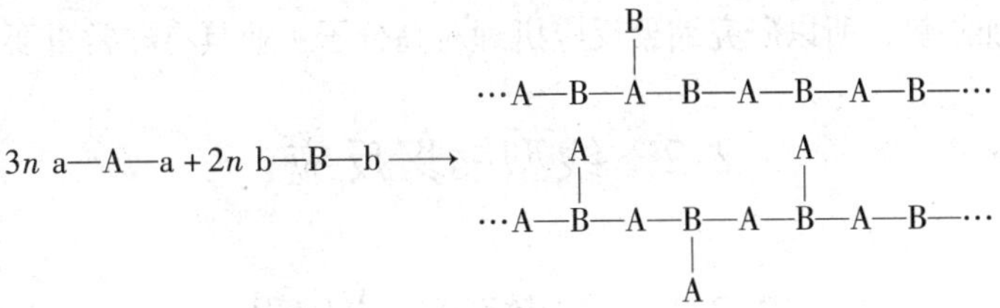

2.1.3.2 按参与反应的单体种类分类

（1）均缩聚反应

含有可反应基团的同种分子之间的缩聚反应称为均缩聚反应。该反应体系中只有一种单体（即 a—R—a 或 a—R—b）。如 ε-氨基己酸合成聚酰胺6的反应。

（2）混缩聚反应

含有可反应基团的不同种分子之间的缩聚反应称为混缩聚反应。该反应体系中有两种单体（a—A—a + b—B—b）。如二元醇和二元酸合成聚酯的反应。

（3）共缩聚反应

在均缩聚或混缩聚反应中，再加入其他种类能参与反应的单体后进行的反应称之为共缩聚反应。它有两种情况。

①在均缩聚体系中再加入第二种单体，如 a—A—a 和 a—R—b；

②在混缩聚体系中再加入第三种单体或第四种单体，如 a—A—a、b—B—b 和 a—R—b。

共缩聚在制备无规和嵌段共聚物方面获得应用：无规共缩聚可适当降低聚合物的 T_g、T_m，有利于提高弹性体的耐寒性。可用于合成聚氨酯、聚酯型热塑性弹性体。

2.1.3.3 按缩聚反应的热力学特征分类

（1）平衡缩聚反应

把具有可逆变化特性的缩聚反应称为平衡缩聚反应。大部分缩聚反应都属于平衡缩聚反应，例如，聚酯和聚酰胺的合成反应。这类反应进行到一段时间后，如果不能将低分子副产物从体系中分离出去，最终只能正反应速率和逆反应速率相等，达到动态平衡，反应不能进行到底，得不到相对分子质量高的产物。

（2）不平衡缩聚反应

把反应只朝生成缩聚物的方向进行，并能进行到底的缩聚反应称之为不平衡或不可逆缩聚反应。实际上绝对的不平衡缩聚反应是不存在的，只是单体的活性较高，逆反应速率较小，几乎为零。例如，二元胺和二元酰氯的反应。

2.1.4 缩聚产物的应用

缩聚产物在工业上具有非常重要的地位，塑料中第一个投入工业生产的聚合品种——酚醛树脂（俗称电木），是酚类和醛类化合物在酸性或碱性催化剂作用下经缩聚而得。它是目前世界上产量最大的热固性塑料，具有较高的机械强度、良好的绝缘性，耐热、耐腐蚀，常用于制造电器材料，如开关、灯头、仪表壳等，“电木”也由此而得名。

另外，人们熟悉的不饱和聚酯树脂、氨基树脂以及聚酰胺、聚酯等也是通过缩聚反应聚合而成的。一些具有高抗冲、高耐热、或高强度等特殊性能的高聚物，如聚砜、聚碳酸酯、聚苯醚等，它们都是通过缩聚反应聚合而成。目前，对特有材料的研究兴趣不断增加，缩聚产品也呈不断增加趋势，所以研究缩聚反应机理对高分子工业具有非常重要的价值。

2.2 线型缩聚反应

2.2.1 线型缩聚反应历程

线型缩聚反应多是可逆的平衡缩聚反应，其反应历程可大致分为三个阶段。

（1）反应初期

反应初期，单体的浓度很大，反应是以单体缩合成低聚物为主。在这个阶段，单体的转化率几乎与时间无关，反应以正反应为主。

（2）反应中期

反应中期是低聚物向高聚物的转化阶段。低聚物与低聚物、或低聚物与高聚物以及高聚物与高聚物之间会发生反应生成较高相对分子质量的高聚物，此时产物的相对分子质量不断增大，逆反应速度不断加大，反应趋近平衡。

达到动态平衡的反应不能进行到底，所以产物的相对分子质量不会太高。为了提高产物相对分子质量，就需要将产物的一种从反应体系中分离出去。因而在生产中常采用高温蒸发或降低体系压力（抽真空）的方法除去小分子，以制取相对分子质量高的产物。

（3）反应后期

随反应程度的提高，产物相对分子质量增大，反应体系的黏度随之增大，副产物难以排除，从而平衡难以破坏，反应即可终止。

2.2.2　线型缩聚反应产物特点

在缩聚反应过程中，伴随着许多副反应，例如，链降解、链交换反应以及成环反应及官能团分解等。这些副反应影响了缩聚产物的质量。

（1）链降解反应

链降解反应是指聚合物的相对分子质量显著减小的反应。在聚合及加工过程中都有可能发生。

$$\mathrm{H（OROOCR'CO）}_m\text{—}\mathrm{（OROOCR'CO）}_n\mathrm{OH}$$

醇解　　H ┼ OROH

酸解　　HOOCR'CO ┼ OH

水解　　H ┼ OH

↓

$$\mathrm{H（OROOCR'CO）}_m\text{—}\mathrm{OROH+H（OROOCR'CO）}_n\mathrm{OH}$$

$$\mathrm{H（OROOCR'CO）}_m\mathrm{OH+HOOCR'CO（OROOCR'CO）}_n\mathrm{OH}$$

$$\mathrm{H（OROOCR'CO）}_m\mathrm{OH+H（OROOCR'CO）}_n\mathrm{OH}$$

实践证明，原料单体都能起降解作用，而且相对分子质量越大，分子链越长，链中可被降解的链的数目越多，因此降解作用越容易进行。由此可以看出通过链降解反应，体系中高分子链的长短趋于平均，多分散性变小。但要知道在降解过程中改变的只是相对分子质量，分子链的化学结构并没有发生变化的。

（2）链交换反应

链交换反应是指两个大分子链之间的反应，包括端基作用和中间链段作用两种情况。

$$\mathrm{H（OROOCR'CO）}_m \,┼\, \mathrm{（OROOCR'CO）}_n\mathrm{OH}$$

$$\mathrm{H（OROOCR'CO）}_p \,┼\, \mathrm{（OROOCR'CO）}_q\mathrm{OH}$$

↓

$$\mathrm{H（OROOCR'CO）}_{m+q}\mathrm{OH+H（OROOCR'CO）}_{n+p}\mathrm{OH}$$

链交换反应在反应过程中对官能团数目、反应程度和体系中分子链的数目没有影响，但其反应能力会随相对分子质量增大而增大，即分子链越长，可发生链交换的机会越多。所以链交换可使产物相对分子质量分布更均一。不同聚合物进行链交换反应，还可形成嵌段缩聚物。

综上所述在缩聚反应过程中，线型长链分子由于发生链降解和链交换反应的机会多，相对分子质量下降明显；而聚合度较小的分子由于发生机会小，相对分子质量下降得少。所以随反应程度的提高，缩聚物的相对分子质量趋于一致即相对分子质量分布变窄。因此缩聚产物的相对分子质量较低，分散性小。

2.2.3 缩聚反应平衡

2.2.3.1 平衡常数

大部分线型缩聚反应都是可逆反应，但可逆程度是有差别的。可逆程度的大小是由平衡常数来衡量的。所谓平衡常数是指在可逆平衡反应中，在一定温度下，当生成物质浓度的乘积与反应物质浓度的乘积的比等于某一定值时，即达到反应平衡，这一定值称为平衡常数。

由于官能团的缩合反应存在平衡问题，而缩聚反应的每一步都是官能团的缩合，所以每一步都存在着平衡问题。如下式所示。

$$\text{HO—R—OH} + \text{HOOC—R'—COOH} \underset{k_{-1}}{\overset{k_1}{\rightleftharpoons}} \text{H—ORO—OCR'COOH} + H_2O$$

$$\text{H—ORO—OCR'COOH} + \text{HO—R—OH} \underset{k_{-2}}{\overset{k_2}{\rightleftharpoons}} \text{H—ORO—OCR'COO—R—OH} + H_2O$$

$$\text{H—ORO—OCR'COO—R—OH} + \text{HOOC—R'—COOH} \underset{k_{-3}}{\overset{k_3}{\rightleftharpoons}} \text{H—(ORO—OCR'CO)}_2\text{—OH} + H_2O$$

……

$$\text{H—(ORO—OCR'CO)}_{n-1}\text{—OH} + \text{HO—R—OH} \underset{k_{-(n-1)}}{\overset{k_{n-1}}{\rightleftharpoons}} \text{H—(ORO—OCR'CO)}_{n-1}\text{—OR—OH} + H_2O$$

$$\text{H—(ORO—OCR'CO)}_{n-1}\text{—OR—OH} + \text{HOOC—R'—COOH} \underset{k_{-n}}{\overset{k_n}{\rightleftharpoons}} \text{H—(ORO—OCR'CO)}_n\text{—OH} + H_2O$$

在上式中，每一步都有一个平衡常数。但 Flory 和唐敖庆等科学家已由实验证实，在一定条件下，反应速率常数与反应物分子链的大小关系不大，这一结论称为“官能团等活性”理论。表2-1中的酯化和皂化速率常数值也证实这个结论。

表 2-1　同系物的速率常数/[L/mol·s]

链长 n	酯化 $k\times10^4$（25℃）	皂化 $k\times10^4$（25℃）
1	22.1	38.7
2	15.3	24.7
3	7.5	12.2
4	7.4	13.3
5	7.4	14.5
6	—	12.7
7	—	13.3
8	7.5	—
高级	7.6	—

由上表可知，当 $n>3$ 时，同系物的反应速率常数值趋于定值。这样就将各步反应的速率常数用同一种符号表示，即整个缩聚反应可以用一个平衡缩聚反应来代替。例如，整个聚酯缩聚反应可以用下式来代替。

$$\text{—COOH} + \text{—OH} \rightleftharpoons \text{—COO—} + H_2O$$

平衡常数为：

$$K = k_1/k_{-1} = k_2/k_{-2} = k_3/k_{-3} = \cdots\cdots = k_{n-1}/k_{-(n-1)} = k_n/k_{n-1} = \frac{[\text{—COO—}][H_2O]}{[\text{—COOH}][\text{—OH}]} \tag{2-1}$$

根据平衡常数 K 的大小，可将线型缩聚大致分为三类：

K 值小，如聚酯化反应，$K\approx4$，副产物水对相对分子质量影响很大；

K 值中等，如聚酰胺化反应，$K\approx300\sim500$，水对相对分子质量有所影响；

K 值很大，在几千以上，如聚碳酸酯、聚砜，可看成不可逆缩聚。

表2-2中列出一些常见缩聚反应的平衡常数数值。

表2-2　一些常见缩聚反应的平衡常数

缩聚反应	温度/℃	K
对苯二甲酸二甲酯与乙二醇合成涤纶	223	0.51
	254	0.47
己二胺与己二酸合成聚酰胺66	221.5	365
	254	300
己二胺与癸二酸合成聚酰胺610	235	477
	256	293
苯酚与甲醛合成酚醛树脂	—	>1000

2.2.3.2　缩聚平衡方程式

缩聚反应的每一步都是官能团之间键合形成缩聚物的正反应以及缩聚物被分解成原料物的逆反应之间的平衡过程。所以缩聚物的相对分子质量不可能无限增长。通过反应物官能团数目和形成新键的数目，推导出以下关系式：

$$\overline{DP}=\sqrt{K/n_{ab}} \tag{2-2}$$

式中　$\overline{DP}$——平衡时所形成的数均聚合度

K——该反应的平衡常数

n_{ab}——平衡状态下体系中低分子副产物的摩尔数与反应开始时原料单体摩尔数的比值

此式称为缩聚平衡方程式。它表示了缩聚反应平衡时，缩聚物的聚合度与平衡常数、反应程度以及存在的小分子分数之间的关系：缩聚物的$\overline{DP}$与$\sqrt{K}$成正比，即平衡常数越大，缩聚物的平均聚合度越大；同时从该表达式可看出$\overline{DP}$与$\sqrt{n_{ab}}$成反比，即残留的低分子副产物越少缩聚物的平均聚合度越大。所以提高缩聚物的相对分子质量可选用平衡常数大的反应，若平衡常数小需在反应后期设法排除小分子，减小体系中小分子含量，从而达到提高缩聚物平均聚合度的目的。例如，对于平衡常数较大的缩聚体系（如聚酰胺化反应，$K\approx400$），欲达到相同聚合度的产物，残留的水分浓度可较高（<0.04mol/L）。因此真空度要求较低。对于平衡常数很大，且对聚合度要求不高的缩聚体系（如酚醛树脂的制备，$K>1000$），则小分子副产物的浓度对聚合度影响较小，反应甚至可在水溶液中进行。

但需注意的是缩聚平衡方程式是在官能团等活性、两种官能团数量相等和体积变化不大的均相体系的条件下得出的，在偏离这些条件时公式无法使用或误差较大。

2.2.4 影响缩聚反应的因素

2.2.4.1 单体结构

具有两个可反应的官能团的单体在加热过程除发生分子间缩聚形成线型缩聚物外，还可进行分子内的环化反应。如 ω- 羟基酸的缩合。

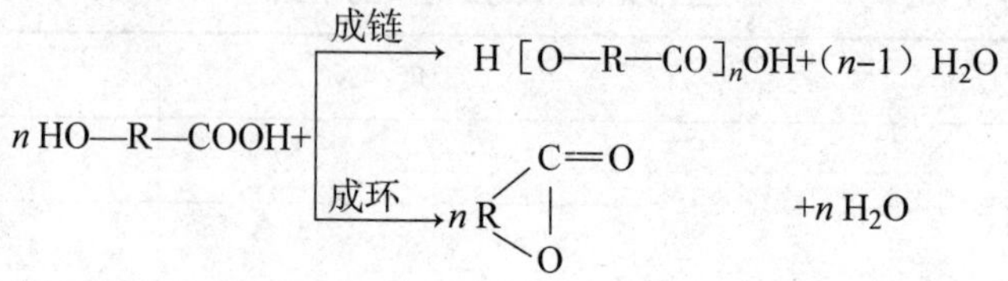

单体分子反应的主要方向：环化或缩聚主要取决于它本身的分子结构，而反应条件如反应浓度、反应温度和压力则是次要因素。

（1）分子结构

环化和缩聚是两个竞争反应，环化反应的倾向与生成环状物的稳定性有关。环的稳定性如下：5,6 >7 >8 ~11 >3,4。环的稳定性越大，反应中越易成环，五元环、六元环最稳定，故易形成，如：

能生成七元环的反应，缩聚与环化同时发生；八元环以上的环化不易发生，而以线型缩聚为主。

（2）反应条件

①单体浓度　单体浓度小，分子间相互碰撞几率减小而分子内相互碰撞几率增多，所以环化反应的倾向增大。单体浓度大，分子间反应基团碰撞机会增多，有利于线型缩聚反应进行。

②反应温度　由于环化反应的活化能比缩聚反应活化能高，所以反应温度高有利于成环反应。

③体系压力　增大体系压力，分子间碰撞几率加大，所以有利于线型缩聚反应。

2.2.4.2 催化剂

（1）加快反应速度

加入少量催化剂，可以同时改变正、逆反应的速度，使反应达到平衡的时间缩短，但对平衡常数没有影响。

（2）影响产物结构

如：甲醛跟过量苯酚在酸性条件下生成酚醛树脂（线型）。

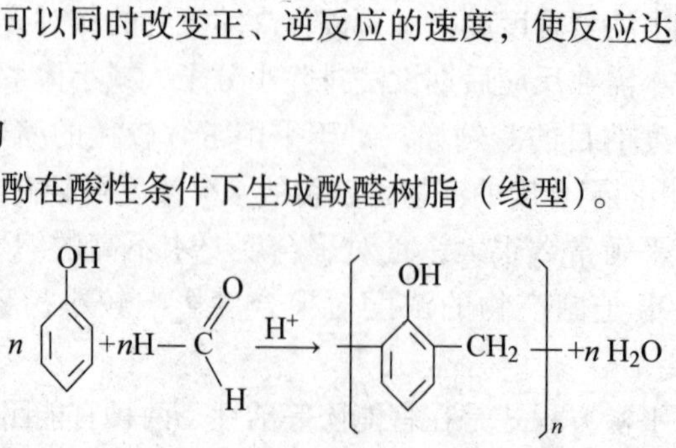

在碱性和甲醛过量条件下，则生成网状高分子。

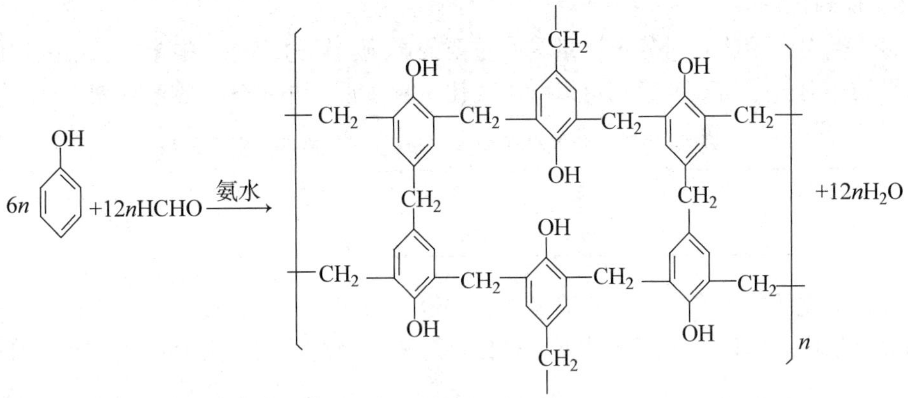

缩聚反应常用催化剂见表2-3。

表2-3 **缩聚反应常用催化剂**

缩聚反应体系	常用催化剂	缩聚反应体系	常用催化剂
二元酸与二元醇	无机酸、酸性盐	酚类与醛类	酸、碱
二元羧酸酯与二元醇	碱金属、金属氧化物	脲素与甲醛	酸
苯与二卤素衍生物	氯化铝		

2.2.4.3 温度与压力

（1）温度

温度升高，反应速度加快，缩短反应时间。同时高温能使反应体系黏度变小，有利于小分子的排除。但另一方面温度升高会使反应的平衡常数降低。因为平衡常数与温度之间存在以下关系：

$$\ln\frac{K_{T_1}}{K_{T_2}} = -\frac{\Delta H}{R}\left(\frac{1}{T_1}-\frac{1}{T_2}\right) \tag{2-3}$$

式中 R——气体常数

ΔH——反应活化能

K_{T_1}，K_{T_2}——温度 T_1，T_2的平衡常数

反应为吸热反应时，ΔH 为正值，温度升高平衡常数增大，有利于缩聚物聚合度的提高；反应为放热反应时，ΔH 为负值，温度升高平衡常数减小，不利于缩聚物聚合度的提高。因为逆反应是吸热反应，所以温度升高使 $K_{逆} > K_{正}$。为了充分利用温度的这两种影响，缩聚反应分为两步进行：首先进行高温反应，使反应很快达到平衡，并尽量排除小分子副产物；然后进行低温反应，使正反应平衡常数变大，向生成缩聚物方向进行，这样可以达到既缩短反应时间又提高缩聚物平均聚合度的双重效果。

（2）压力

压力降低有利于低分子副产物的排除。因此平衡缩聚反应常采用减压（抽真空）或通入惰性气体的方法来加速低分子物的排除，以提高缩聚物的平均聚合度。

2.2.4.4 官能团性质的影响

官能团不同，反应活性不同。在不考虑其他因素影响时，尽量选用反应活性大的官能

团。如聚酯的合成可用酯化法，也可用酯交换法。

2.2.4.5 原料比例

原料比例对缩聚物相对分子质量具有重要的影响。通过表2-4中苯酚、甲醛比例对酚醛树脂平均相对分子质量的影响可以看出，比例越接近，相对分子质量越大。

表2-4 酚醛树脂的平均相对分子质量与苯酚-甲醛原料比例的关系

苯酚:甲醛（摩尔比）	10:1	10:2	10:3	10:4	10:5	10:6	10:7
平均相对分子质量	228	256	291	334	371	437	638

同样在聚酰胺的生产中，为使缩聚物达到最高的相对分子质量，二元胺和二元酸应严格控制等摩尔比。所以在一定条件下原料比是影响缩聚物达到较高聚合度的重要因素。

2.2.5 线型缩聚反应的相对分子质量控制剂

高聚物的相对分子质量大小是一个非常重要的性能指标，它的大小会影响产物的加工性能和使用性能。例如，分子高的聚合物在成型时需提高成型温度或剪切力等，而对于相对分子质量低的高聚物则这方面的要求没有这么高。在使用时相对分子质量高低也有所不同，例如，高相对分子质量的环氧树脂适用于制备气干型和烘干型清漆，而低相对分子质量环氧树脂则用作黏合剂。所以在合成反应中控制产物相对分子质量具有重要意义。

在缩聚反应过程中，控制产物相对分子质量的有效方法是在体系中加入相对分子质量控制剂（调聚剂）。所谓相对分子质量控制剂是指分子中含有一个或多个以上的能够与单体或增长链起反应的官能团的物质。将该物质加入到反应中可以消耗活性官能团，使链增长不在继续，从而相对分子质量不再增加，以达到控制相对分子质量的目的。

2.2.5.1 用原料摩尔比控制相对分子质量

通过研究证实，原料配比对缩聚产物的聚合度有很大影响，例如，前面提及的苯酚-甲醛配比对酚醛树脂平均相对分子质量的影响。表2-5列出己二酸过量对己二酸、己二胺缩聚反应的影响。图2－1表示出己二酸过量与产物相对分子质量的关系。

表2-5 己二酸过量对己二胺、己二酸缩聚反应的影响

序号	过量摩尔%	甲酚溶液0.45%增比黏度	1g聚酰胺所消耗的0.01mol/L溶液		端基测定法测得的相对分子质量	黏度法测得的相对分子质量	按理论公式计算的相对分子质量
			碱	酸			
1	0.5	0.77	1.2	4.5	35087	23023	45346
2	1.0	0.15	6.6	4.8	23809	19509	22746
3	2.0	0.50	10.6	0.4	18181	14876	11446
4	6.0	0.17	29.6	1.9	6341	5309	3912
5	15	0.14	46.1	1.4	4209	4138	1652
6	30	0.09	63.1	0.0	3169	2833	1899
7	60	0.09	76.8	0.0	2604	2592	1522
8	100	0.07	91.9	0.0	2176	2029	1372

在二元胺与二元酸的缩聚反应中，若已二胺过量，所生成的缩聚物的两端均为氨基（$—NH_2$），不能再同过量的己二胺发生反应，反应立即终止。同理若己二酸过量，生成物两端均为羧基（—COOH），不能同过量的己二酸发生反应，反应也立即终止，分子链不再增长。所以若得到最高相对分子质量的产物应严格控制原料的等摩尔比。因此在工业上采用不同的单体配比是控制缩聚产物聚合度的重要方法。同时采用不同配比，最后高聚物分子两端为同一种官能团，不容易继续反应，因此缩聚物性能比较稳定。

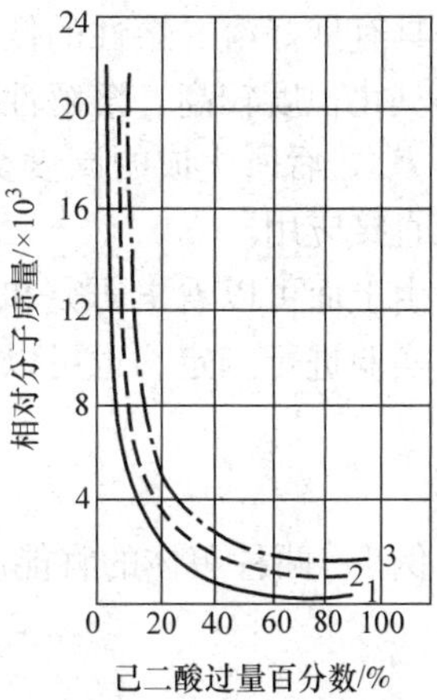

图2-1　己二酸过量百分数与产物相对分子质量的关系

1—用黏度法测定的相对分子质量

2—端基滴定法测定的相对分子质量

3—理论公式计算所得的相对分子质量

2.2.5.2　端基封锁法

在缩聚反应中除采用不同配比来控制产物相对分子质量，还可以采用加入少量单官能团化合物来控制产物相对分子质量，这种方法称为端基封锁法。我们把这种加入的单官能团物质称为端基封锁剂或稳定剂，或称为相对分子质量调节剂。例如，己二胺和己二酸以等摩尔数合成聚酰胺66时，所得到的大分子一端为氨基（$—NH_2$），另一端为羧基（—COOH），在加工过程中它们可能会继续进行反应。如果在合成时加入少量一元酸（例如醋酸）则会封锁大分子一端的氨基，从而获得稳定的大分子。所以端基封锁剂的作用是使聚合物稳定以及限制相对分子质量增加。

2.3　体型缩聚反应

2.3.1　凝胶化现象及凝胶点的预测

在缩聚反应中，通常把某些双官能度单体与另一官能度大于2的单体先进行支化而后形成交联结构的缩聚过程叫做体型缩聚反应，所生成的体型产物称为体型缩聚物。由于体型缩聚物具有优异的性能而具有重要的使用价值，是塑料的一大类型，属于这一类的重要产物有酚醛树脂、氨基树脂、环氧树脂和体型聚酯等。

体型缩聚反应中，随着反应的进行，体系先形成支链型产物，然后再交联为体型产物。即在反应初期产物既能溶解又能熔融，但当反应程度达到一定值后，产物的黏度随相对分子质量的增加而很快增大，并很快失去可溶性，最后变为不溶不熔状态，即热固性聚合物。所形成的聚合物分子链在三维方向发生键合，结构复杂，产物耐热性高、尺寸稳定性好、力学性能优异。

在体型缩聚反应中，当反应进行到一定程度时，反应体系的黏度突然急剧增加，难以流动，并出现具有弹性的凝胶状物质，这一现象称为凝胶现象或“凝胶化”。开始出现凝胶化时的反应程度（临界反应程度）称为凝胶点，用 P_c 表示。它是高度支化的缩聚物过渡到体型缩聚物的转折点。

根据反应体系进行的程度，体型聚合物分为三个阶段：甲阶树脂、乙阶树脂和丙阶树脂。甲阶树脂是指反应程度在凝胶点之前（$P<P_c$），反应停止下来而得到的产物，该产

物是具有良好溶、熔性的低聚物；乙阶树脂是指反应程度接近凝胶点 P_c 时的产物，该产物是支化程度较高、溶解性变差，但仍可溶可熔的聚合物；丙阶树脂是反应程度进行到凝胶点 P_c 之后所生成的高度交联且具有不溶不熔性的体型缩聚物，该产物不能热塑成型，只能直接应用。

由上面可以看出研究和预测凝胶点在理论上和实际生产中都有重要意义。凝胶点可以通过实验进行测定，也可以进行理论估算，估算可以用下式完成：

$$P_c = \frac{2}{\bar{f}} \tag{2-4}$$

例 1：两种单体的官能度都为 2 时，并以等摩尔比反应，其反应的凝胶点是多少？

$$\bar{f} = 2$$

$$P_c = \frac{2}{\bar{f}} = 1$$

即反应至 100% 才能凝胶点。事实上这是不可能的，所以线型缩聚反应没有凝胶化。

例 2：以邻苯二甲酸酐（$f_a = 2$）于丙三醇（$f_b = 3$）以 3∶2 的摩尔比进行反应。该反应的凝胶点是多少？

$$\bar{f} = \frac{3 \times 2 + 2 \times 3}{2 + 3} = 2.4$$

$$P_c = \frac{2}{\bar{f}} = 0.83 = 83\%$$

通过计算可看出单体的官能团消耗了 83% 时，将出现凝胶化。

在实际生产中，为了寻找合适的生产工艺和树脂使用性能的要求，一般要求聚合反应在凝胶点之前停下来，即生成甲阶树脂或乙阶树脂。它们就是我们通常所指的预聚物。

2.3.2 体型缩聚的预聚方法

为了便于成型加工，工业生产中一般先制备预聚物，成型时再交联成体型结构。我们把形成体型产物之前的聚合物称为预聚物。

根据预聚物的结构可分为两大类：无规预聚物和结构预聚物。

①无规预聚物　某些官能度为 2 的单体与官能度大于 2 的单体进行反应的产物。它是通过控制聚合温度来控制反应阶段，反应需控制在凝胶点之前终止。若进行交联反应只需控制温度即可。如邻苯二甲酸酐与丙三醇反应生成聚酯以及碱催化酚醛树脂、脲醛树脂、醇酸树脂等均属此类。

②已知结构预聚体　双官能度单体之间的线型低聚物，有比较明确的结构和特殊设计的官能团。这类预聚体若交联成体型结构必须加入催化剂或交联剂。环氧树脂、聚氨酯及酸催化酚醛树脂等都属于此类。

2.4 缩聚反应的实施方法

2.4.1 熔融缩聚

熔融缩聚是指单体和聚合物都处于熔融状态的聚合反应。参与聚合反应的只有单体和催化剂，它是最简单的缩聚反应。其优点是：产物纯净，分离简单；生产设备简单（通常为釜式聚合），是实验室和工业常用方法。

同时熔融缩聚需要达到以下要求：反应温度高（一般在200～300℃，比聚合物熔点高10～20℃），反应时间长（一般在几小时以上）以及为获得高相对分子质量聚合物反应后期需减压，甚至在高真空下进行。该聚合反应不适用于高熔点聚合物的生产。

2.4.2 溶液缩聚

溶液缩聚是工业生产的重要方法，其规模仅次于熔融缩聚。

溶液缩聚是指单体在溶剂中进行的聚合反应，所选溶剂要求为惰性溶剂，而且既能溶解单体，又能溶解或溶胀聚合物。该反应适用于聚砜、聚酰亚胺、聚苯醚等耐高温聚合物的合成。

熔融缩聚的优点是：反应不需要高真空，生产设备简单；副产物易于排除，所得的产物可以直接用于油漆、胶黏剂；聚合温度低；反应缓和平稳，有利于热交换，避免了局部过热。但溶剂的使用增加了回收工序和成本，同时该聚合反应适用于活性较高的单体如二元酰氯、二异氰酸酯等。

2.4.3 固相缩聚

固相缩聚是指在低于缩聚物熔点、接近单体熔点的温度下进行的本体缩聚反应。其特点是：反应温度比熔融缩聚低、条件较缓和、但反应速率较慢。适用于不熔或在高温下熔融同时又分解现象的聚合物。

2.4.4 界面缩聚

界面缩聚是指将两种可反应的单体在常温下分别溶于互不相溶的两种溶剂中，混合后在两界面进行的聚合反应。界面缩聚的优点是：反应速度快，反应可在室温下进行；产物相对分子质量可通过选择有机溶剂控制；由于反应主要与界面处的单体有关，所以单体的浓度和当量比要求不严格。但由于溶剂较贵，且回收麻烦，应用有限。

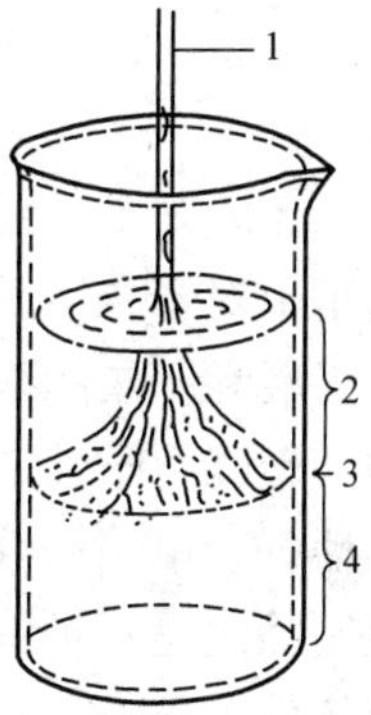

图2-2 界面缩聚抽膜示意图

1—抽出之膜 2—己二胺-NaOH水溶液

3—界面缩聚膜 4—癸二酰氯的四氯化碳溶液

2.5 重要缩聚物

2.5.1 聚碳酸酯

聚碳酸酯的制法有光气法和酯交换法两种，目前以光气法占多数。所谓光气法是指在双酚A的钠盐水溶液或者悬浮液中，加入氯化烷，一边搅拌一边通入光气，在溶剂溶解的状态进行界面缩聚。其工艺流程如下：

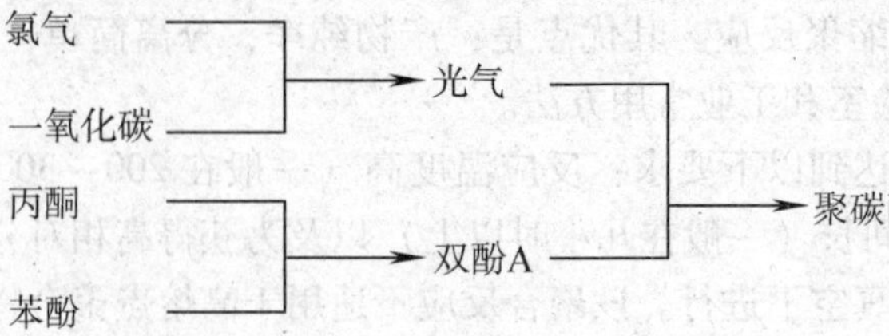

这种方法的优点是可以得到任意相对分子质量的聚合物，而且反应条件舒缓，不需要特殊装置。缺点是所需溶剂价格高，而且需要洗净工艺进行溶剂回收及除去与树脂混在一起的无机盐。

聚碳酸酯的通式是 $\left[\!-\text{O}-\underset{\text{CH}_3}{\overset{\text{CH}_3}{\text{C}}}-\text{O}-\overset{\text{O}}{\overset{\|}{\text{C}}}-\right]_n$ ，其相对密度为1.2，具有自熄性。力学性能优越，电性能良好，耐候性好。聚碳酸酯有低发泡防裂轻质的、表面有木纹的，还有与丙烯酸树脂共混，呈现大理石光泽的，以及和烯烃共混的耐冲击、耐疲劳、改善脱模性的聚碳酸酯。聚碳酸酯由于具有优异的性能，可用作电子、电气零件（电视前面板、吹风机、电动工具外壳）、机械零件（公用电话亭、照相机体、钢盔等）、薄膜、片材（地面砖、窗玻璃等）及医疗用品等。

2.5.2 聚　酯

饱和的二元酸与二元醇，通过缩聚反应可以制得线型的热塑性饱和聚酯树脂。其中具有代表性的是由对苯二甲酸与乙二醇经缩聚反应制得的聚对苯二甲酸乙二醇酯（PET）以及由对苯二甲酸和丁二醇缩聚而得的聚对苯二甲酸丁二醇酯（PBT）。

一般饱和聚酯力学性能好，和PA、POM相当，抗冲性优异、耐磨性，耐环境应力开裂性、耐候性好、电绝缘性能优异。具有较高的熔点和结晶度，吸水率、热膨胀系数低。多用于薄膜制品。是一种综合性能优异的高分子材料，在电气、机械、运输和设备等方面可代替金属铸件。例如，可做汽车的开关、尾灯孔、机械用齿轮、显微镜、以及插头、插座、录音机外壳、保险丝盒等，同时PET的双轴拉伸薄膜具有优异的韧性和良好的电绝缘性、透明性、尺寸稳定性，可用于磁带、电绝缘膜、金属铸镀膜以及制图、复写用薄膜。

2.5.3 聚 酰 胺

聚酰胺是由二元胺与二元酸缩聚或内酰胺开环聚合而得。习惯称为尼龙，主要用作纤维，由于具有许多优良性能，在工程上应用非常广泛。

聚酰胺具有强韧性和润滑性，耐磨性和耐药品性也很好，但同时也具有吸湿性、尺寸稳定性、电性能差的缺点。作为纤维主要用作工业纤维，用于制作绳、轮胎帘子线、渔网、刷子等，同时可作为衣料和家庭用纤维。作为塑料，聚酰胺是五大工程塑料之一，具有优良的润滑性和耐磨性，而用于轴承、衬套等，同时因为具有消音、吸收振动等性质而用于各种齿轮、凸轮等。聚酰胺还可用于汽车油压回路给油管、排气管以及耐油包装薄膜材料等方面。

2.5.4　环氧树脂

现在环氧树脂主要是双酚A和环氧氯丙烷缩聚而得。因具有独特的黏附力，对多种材料具有良好的粘接性能而称“万能胶”。它不仅可用作胶黏剂，而且可用在涂料、层压制品、浇注品、模塑品，它是用途最广的塑料品种之一。在电气、化学、机械、土木建筑方面具有重要的位置。

环氧树脂的性能和其所用的硬化剂种类、配比、硬化条件有很大关系。双酚A类环氧树脂对各种物质具有优良的胶接性，专用作金属胶黏剂、涂料或玻璃纤维的层压材料。电性能、尺寸稳定性好。耐药品性好，除强氧化性酸、低级脂肪酸之外，其他溶剂几乎都不能侵蚀它，可用作防腐材料。

习题

1. 什么叫缩聚反应？线型缩聚反应与体型缩聚反应在单体和产物结构上有什么不同？

2. 缩聚产物的特点是什么？试从反应历程上解释该特点形成原因。

3. 什么是均缩聚、混缩聚和共缩聚反应？试判断下面各组反应各属于哪一类？

（1）$n\,\text{HO—R—OH} + n\,\text{HOOC—R'—COOH} \rightleftharpoons \text{H}\!\left(\text{ORO—OCR'CO}\right)_n\!\text{OH} + (2n-1)\ H_2O$

（2）$n\,\text{HOOC—R—OH} + n\,\text{HOOC—R'—OH} \rightleftharpoons \text{HO}\!\left(\text{OCRO—OCR'—O}\right)_n\!\text{H} + (2n-1)\ H_2O$

（3）$n\,\text{HOOC—}(CH_2)_5\text{—}NH_2 \rightleftharpoons \text{HO}\!\left(\text{OC—}(CH_2)_5\text{—NH}\right)_n\!\text{H} + (n-1)\ H_2O$

4. 解释下列术语：

官能度　甲阶树脂　乙阶树脂　丙阶树脂　预聚物　相对分子质量调节剂　链降解反应　熔融缩聚　溶液缩聚　固相缩聚　界面缩聚

5. 体型缩聚预聚体分为哪两大类？它们生成体型产物所采取方法什么？

6. 己二胺和己二酸生成聚酰胺的平衡常数 $K=432$（235℃），原料以摩尔比1∶1加入，欲得到数均聚合度为200的聚合物，体系中水含量必须控制在多少？

7. 影响缩聚反应的因素及其结果是什么？

8. 完成下表

化合物	乙二醇 $HO—CH_2CH_2—OH$	乙烯 $CH_2{=}CH_2$	丁二烯 $CH_2{=}CH—CH{=}CH_2$	乙炔 $CH{\equiv}CH$
官能团数目				
官能度数目				

9. 简述凝胶化现象？它对树脂的合成过程有何影响？什么是凝胶点？如何估算？

10. 缩聚反应有哪些实施方法？各有何优缺点？

11. 完成下列反应方程式。

（1）$HO\!\left(CH_2\right)_5COOH$

（2）$HO—CH_2CH_2—OH + HOOC—C_6H_5—COOH$

（3）$H_2N\!\left(CH_2\right)_{10}NH_2 + HOOC\!\left(CH_2\right)_8COOH$

第 3 章　自由基聚合

应知要点

1. 连锁聚合反应类型
2. 自由基聚合反应的实施方法

应会要点

1. 自由基聚合反应机理及产物特点
2. 共聚物的构型及其应用

课前认知实习

1. 实习形式

参观实验室、化工厂或观看自由基聚合反应实验录像，认识自由基聚合反应产物。

2. 实习内容

观察自由基加聚反应过程。

3. 实习目的

(1) 了解自由基聚合反应过程，了解不同实施方法所得到的产物。

(2) 了解自由基聚合反应机理，明确自由基反应及产物特点。

(3) 了解共聚合反应意义。

4. 演示设备、材料

(1) 设备：实验室实验设备、化工厂生产设备或录像设备。

(2) 材料：自由基聚合反应和共聚合反应原料。

5. 演示步骤

(1) 按实验或生产步骤进行参观或观看录像；

(2) 老师讲解演示过程中的各个步骤，明确反应机理。

6. 问题讨论

(1) 自由基聚合反应中副反应是如何影响反应产物的?

(2) 共聚合反应是如何改善高聚物性能的?

3.1 概　　述

3.1.1 连锁聚合的特征及类型

自由基型聚合反应属于连锁聚合反应的一种类型，而连锁聚合反应是合成高聚物的基本化学反应类型之一。许多重要的高聚物聚合反应都属于连锁聚合机理。例如，在工农业和家庭生活中用量最多的聚乙烯、聚氯乙烯、聚丙烯，以及因耐腐蚀性优异而称为“塑料王”的聚四氟乙烯和用作合成纤维的聚丙烯腈（腈纶）等。

连锁聚合一般由链引发、链增长、链终止等基元反应组成。连锁聚合反应机理可用下式表示。

链引发反应：　I（引发剂）$\longrightarrow R^*$（活性中心）

$R^* + M$（单体）$\longrightarrow R\ M^*$（活性单体）

链增长反应：　$R\ M^* + n\ M \longrightarrow R\ M_n M^*$（增长链或叫活性链）

链终止反应：　$R\ M_n\ M^* + B \longrightarrow R\ M_{n+1}$（终止链）$+ B^*$

3.1.1.1　连锁聚合反应的特征

①反应速度快　连锁反应活性中心一旦形成，反应体系在瞬间内（$10^{-3} \sim 10^{-2}$s）就可以形成相对分子质量很高的高分子。

②产物相对分子质量高　连锁反应体系中始终是由单体、聚合产物和微量引发剂及含活性中心的增长链所组成；单体的转化率随时间的延长而增加，由于活性中心的浓度很小，所以高聚物的相对分子质量很高（$10^4 \sim 10^7$）。

③连锁反应是不可逆的　连锁反应是单体在活性中心的作用下，瞬间内进行连锁聚合形成高聚物的化学反应。反应过程中不能分离出中间产物，反应过程是不可逆的。

3.1.1.2　连锁聚合的类型

（1）按反应活性中心分类

连锁反应的活性中心可以是自由基、阳离子和阴离子，它进攻单体的双键，使单体的 π 键打开，与之加成，形成单体活性种，而后进一步与单体加成，促使链增长。因此连锁反应可以分为自由基型聚合反应、阳离子型聚合反应以及阴离子型聚合反应（包括配位阴离子聚合反应）。

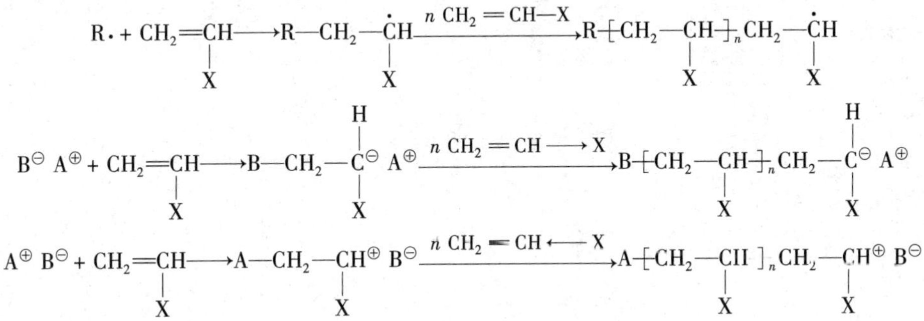

（2）按参与反应组分分类

按照参与反应的组分情况分类，连锁聚合可以分为均聚合和共聚合。

①均聚合反应　是指参与反应的单体为同一种不饱和化合物。如聚氯乙烯的聚合。

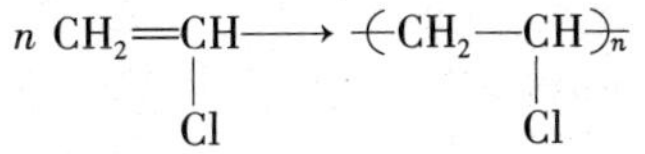

②共聚合反应　是指参与反应的单体为两种或两种以上的不饱和化合物。如乙丙共聚物的聚合。

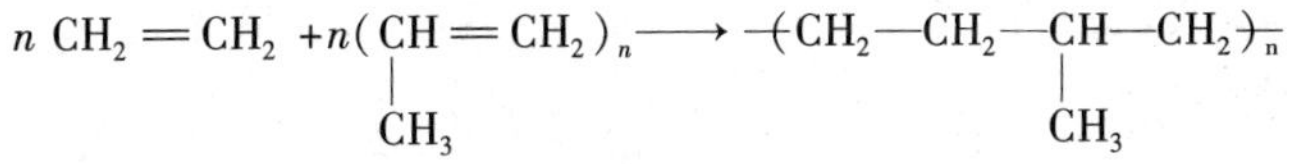

3.1.2　连锁聚合单体的选择

能够进行连锁聚合反应的单体多数具有不饱和键，其单体大致分为三类：含碳碳双键的单烯类和共轭双烯类单体；羰基化合物以及环烃结构化合物和杂环化合物。这三类单体，由于其结构不同，对聚合反应类型有不同的选择性，同时也会表现出不同的聚合反应能力。表 3-1 列出了不同结构的单体对聚合反应类型的选择。

表 3-1　　常用烯类单体的聚合类型

单体		聚合机理			
		自由基	阴离子	阳离子	配位阴离子（金属络合物）
$CH_2=CH_2$	乙烯	⊕	−	+	⊕
$CH_2=CH-CH_3$	丙烯	−	−	+	⊕
$CH_2=CH-CH_2-CH_3$	1－丁烯	−	−	−	⊕
$CH_2=C(CH_3)_2$	异丁烯	−	−	⊕	+
$CH_2=CH-CH=CH_2$	丁二烯	⊕	+	−	⊕
$CH_2=C(CH_3)-CH=CH_2$	异戊二烯	+	+	−	⊕
$CH_2=CH-C_6H_5$	苯乙烯	⊕	+	+	+
$CH_2=CH-Cl$	氯乙烯	⊕	−	−	+
$CH_2=C(Cl)-Cl$	偏二氯乙烯	⊕	−	−	−
$CF_2=CF_2$	四氟乙烯	⊕	−	−	−
$CF_2=CF(CF_3)$	六氟丙烯	⊕	−	−	+
$CH_2=CH(OR)$	乙烯基醚	−	−	⊕	+
$CH_2=CH-C(=O)-O-R$	丙烯酸酯	⊕	−	−	−
$CH_2=CH-O-C(=O)-R$	乙烯基酯	⊕	−	−	−
$CH_2=C(CH_3)-C(=O)-O-CH_3$	甲基丙烯酸甲酯	⊕	+	−	+
$CH_2=CH-C(=O)-O-C(=O)-CH=CH_2$	丙烯酸酐	+	−	−	−

注：⊕——表示工业生产

+——表示可以用该方法聚合

−——表示不能聚合

由上表可看出各种单体对不同聚合机理的选择性存在较大的差异，氯乙烯能够进行自由基和配位离子聚合，异丁烯能进行阳离子和配位离子聚合，甲基丙烯酸甲酯可进行自由基和阴离子以及配位离子聚合。上述差异主要取决于碳碳双键上取代基的结构，取决于取代基的电子效应和空间位阻效应，其中电子效应会影响单体的聚合反应类型，空间位阻效应会影响单体的反应能力。

3.1.2.1　电子效应

电子效应是指α-烯烃由于α-取代基的亲电性不同，使双键电子云密度发生偏移的一种现象。

当α-取代基为吸电子基团（F、Cl、NO_2、CN、COOH）时，双键电子云密度将向α-C原子偏移，β-C原子因此带正电，易于与阴离子型引发剂相结合形成新的阴离子，所以可以进行阴离子型聚合反应。而自由基介于阴、阳离子聚合的中间状态，但与阴离子聚合更接近一些，所以具有中等程度吸电子的取代基单体都有利于进行自由基聚合反应。由此可见强吸电子基团的单体倾向于阴离子聚合，而弱的适合于自由基聚合，介于两者之间的，则既可进行阴离子聚合，又可进行自由基聚合。

当α-取代基为给电子基团［CH_3、CH_2CH_3、N（CH_3）$_2$、OR］时，双键上的电子云密度将向β-C原子偏移，β-C原子因此带负电性，易于和阳离子型引发剂相结合形成新的阳离子，所以可进行阳离子型聚合反应。

带吸电子基团或给电子基团的α-烯烃都可进行配位阴离子型聚合。

苯乙烯［CH_2═CH（C_6H_5）］、丁二烯（CH_2═CH—CH═CH_2）和异戊二烯［CH_2═CH—C（CH_3）═CH_2］等共轭烯烃，由于π电子的离域性较大，易诱导极化，能进行上述四种类型的聚合。

3.1.2.2　空间位阻效应

空间位阻效应是指不饱和化合物在聚合反应时，其取代基的大小、数量、位置所表现出来的空间阻碍作用。它主要影响单体的反应能力。尤其对于自由基聚合反应，这个效应影响尤为显著。

当烯类单体为单取代（CH_2═CHX）时，一般都易聚合，即使取代基体积较大，也不妨碍聚合。

当烯类单体为双取代时，若为1,1-双取代（CH_2═CXY）一般都能聚合，如CH_2═C（CH_3）$_2$、CH_2═CCl_2、CH_2═C（CH_3）$COOCH_3$，但X、Y都是苯基或比苯基还大的基团则不能聚合；若双取代为1,2-双取代（CHX═CHY），如CH_3CH═CCH_3、CHCl═CHCl、CH_3CH═$CHCOOCH_3$，一般都难以均聚合，但有些单体可以共聚，如马来酸酐难以均聚，但能和苯乙烯或醋酸乙烯酯共聚。

当烯类单体为三取代和四取代时一般都不能聚合，但氟代乙烯例外，这和氟原子半径较小有关。

取代基空间位阻效应对聚合的影响如表3-2所示。

表3-2　取代基空间位阻效应对其聚合的影响

取代基名称	取代基半径/mm	聚合能力				
		一个取代基	二个取代基 1,1-位	二个取代基 1,2-位	三个取代基	四个取代基
H	0.037					
F	0.072	+	+	+	+	+
Cl	0.099	+	+	-（二聚体）	-（二聚体）	-

续表

取代基名称	取代基半径/mm	聚合能力				
		一个取代基	二个取代基 1,1-位	二个取代基 1,2-位	三个取代基	四个取代基
CH_3	0.109	+	+	−	−（二聚体）	−
Br	0.114	+	+	−	−（二聚体）	−
I	0.133	+	−	−	−	−
C_6H_5	0.232	+	−（二聚体）	−（二聚体）	−	−

注：+——表示能聚合成高分子

−——表示不能聚合

3.2 自由基聚合机理

3.2.1 自由基聚合反应的应用

自由基型聚合反应是至今为止研究最为透彻的高分子合成反应。它是以活性中心为自由基的连锁聚合反应，其聚合产物约占聚合物总产量的60%以上，约占热塑性树脂的80%。如通用塑料中低密度聚乙烯、聚苯乙烯、聚氯乙烯、ABS树脂都是通过自由基型聚合反应而得，通用橡胶中氯丁橡胶、丁腈橡胶、丁苯橡胶也都是采用自由基聚合机理聚合而成。而这几种高聚物在国民经济中占有非常重要的位置，由此可见自由基聚合应用非常广泛。

自由基聚合的高聚物如表3-3所示。

表3-3　主要自由基聚合物

聚合物名称	缩写	单体结构	重复单元
聚乙烯	PE	$CH_2{=}CH_2$	$—CH_2—CH_2—$
聚氯乙烯	PVC	$CH_2{=}CHCl$	$—CH_2—CH(Cl)—$
聚苯乙烯	PS	$CH_2{=}CHC_6H_5$	$—CH_2—CH(C_6H_5)—$
聚偏二氯乙烯	PVDC	$CH_2{=}CH(Cl)_2$	$—CH_2—CH(Cl)_2—$
聚氟乙烯	PVF	$CH_2{=}CHF$	$—CH_2—CH(F)—$
聚四氟乙烯	PTFE	$CF_2{=}CF_2$	$—CF_2—CF_2—$
聚三氟氯乙烯	PCTFE	$CF_2{=}CFCl$	$—CF_2—CF(Cl)—$
聚丙烯酸	PAA	$CH_2{=}CHCOOH$	$—CH_2—CH(COOH)—$
聚丙烯酰胺	PAM	$CH_2{=}CHCONH_2$	$—CH_2—CH(CONH_2)—$
聚丙烯酸甲酯	PMA	$CH_2{=}CHCOOCH_3$	$—CH_2—CH(COOCH_3)—$
聚甲基丙烯酸甲酯	PMMA	$CH_2{=}CCH_3COOCH_3$	$—CH_2—C(CH_3)(COOCH_3)—$
聚醋酸乙烯酯	PVAc	$CH_2{=}CHOCOCH_3$	$—CH_2—CH(OCOCH_3)—$
聚丙烯腈	PAN	$CH_2{=}CHCN$	$—CH_2—CH(CN)—$
聚丁二烯	PB	$CH_2{=}CH—CH{=}CH_2$	$—CH_2—CH{=}CH—CH_2—$
聚异戊二烯	PIP	$CH_2{=}C(CH_3)—CH{=}CH_2$	$—CH_2—C(CH_3){=}CH—CH_2—$
聚氯丁二烯	PCP	$CH_2{=}C(Cl)—CH{=}CH_2$	$—CH_2—C(Cl){=}CH—CH_2—$

3.2.2 自由基与引发剂

3.2.2.1 自由基

（1）自由基的产生

共价化合物在适当的条件下会发生共价键断裂，断裂方式会有两种——异裂和均裂。异裂或均裂可用下式表示。

异裂　$A|:B \longrightarrow A^+ + B^-$

均裂　$A\cdot|\cdot B \longrightarrow A\cdot + B\cdot$

异裂是指共价键断裂时，共用电子对全部归某一原子或基团，形成阴离子，而另一原子或基团由于失去电子而成为阳离子。均裂是指共价键断裂时，共用电子对分为两个独立电子均分给两个原子或基团，这种带有未配对独立电子的原子或基团称为自由基（或称游离基）。

自由基的产生可以通过热均裂得到，而且也可以通过氧化还原反应、光照、高能粒子辐射等方式得到。

（2）自由基的种类

①原子自由基　$Cl\cdot\ \cdot Cl \xrightarrow{h\nu} 2Cl\cdot$

②基团自由基　$(CH_3)_3C—N=N—C—(CH_3)_3 \longrightarrow 2(CH_3)_3C\cdot + N_2$

③离子自由基　$K_2S_2O_8 \longrightarrow 2K^+ + 2SO_4^-\cdot$

（3）自由基的活性

自由基的性质不稳定，可以进行多种反应，例如，和单体进行加成反应、链转移反应以及和其他自由基进行偶合终止或歧化终止反应等。但不同的自由基活性差别很大，对聚合有不同的影响：活泼自由基可引发单体进行自由基聚合；稳定自由基则为自由基聚合的阻聚剂。

①带吸电子取代基，比较稳定，阻碍聚合。

R—C·H—COOR（烷基酯基）>R—C·H—CN（烷基腈基）>R—C·H—COR（烷基酮基）

②带推电子取代基，活泼自由基，有利于聚合。

R_3—C·（三烷基）>R_2—HC·（二烷基）>R—H_2C·（烷基）>·C_6H_5（苯基）>·CH_3（甲基）>H·（氢原子）

3.2.2.2 引发剂

（1）引发剂的作用

引发剂是一种光和热作用下易分解或通过自发反应生成自由基的物质。其分子结构上存在弱键，在热能或辐射能的作用下，弱键会均裂成两个自由基，从而得到反应所需要的活性中心。这是目前工业和研究工作中采用最广泛的方法。

同一般催化剂相似，加入引发剂可以加快反应速度，但与催化剂不同的是引发剂残剂会存在于高聚物的端基上。

（2）常用引发剂

引发剂中弱键的离解能一般要求为100~170kJ/mol，按这一要求，常用的引发剂有偶氮双腈化合物、有机过氧化合物、无机盐过氧化合物和氧化-还原引发体系等。

这几类引发剂可归纳为两个体系，分别为热引发体系和氧化还原引发体系。

①热引发体系　是指这类引发剂加热时直接分解成初级自由基。常用的有偶氮类化合物和过氧化物类。如表 3-4 所示。

表 3-4　　主要热引发剂的结构及分解方式

分类	分解的键	化合物	分解方式	分解温度/℃
1	O—O	RO—OR	$2RO\cdot$	100~200
		$R_1C(=O)—O—O—C(=O)R_1$	$R_1C(=O)—O\cdot \longrightarrow R\cdot + CO_2$	50~100
		ROOH	$RO\cdot + \cdot OH$	85~150
2	N—N	$C_6H_5NH—N=N—R$	$C_6H_5\dot{N}H + N_2 + R\cdot$	50~120
		$C_6H_5—NH—N=NC_6H_5$	$C_6H_5\dot{N}H + C_6H_5N=N\cdot \longrightarrow C_6H_5\cdot + N_2$	
		$C_6H_5—S—N=NC_6H_5$	$C_6H_5S\cdot + C_6H_5N=N\cdot \longrightarrow C_6H_5\cdot + N_2$	
3	C—N	$R_1N=NR_2$	$R_1\cdot + N_2 + R_2\cdot$	
		$NC—C(CH_3)_2—N=N—C(CH_3)_2—CN$	$2NC—C(CH_3)_2\cdot + N_2$	50~400 30~100
4	N—N	$(R_1)(R_2)N—N=N—N(R_1)(R_2)$	$2\,(R_1)(R_2)N\cdot + N_2$	80~150
5	S—S	$—C(=Y)—S—S—C(=Y)—$	$2\,—C(=Y)—S\cdot$	80~150
6	O—N	$C_6H_5N=N—OH$	$HO\cdot + C_6H_5N=N\cdot \longrightarrow C_6H_5\cdot + N_2$	<100
		$C_6H_5N=N—O—C(=O)—R$	$R—C(=O)—O\cdot + C_6H_5N=N\cdot \longrightarrow C_6H_5\cdot + N_2$	
7	Me—R	MeR	$Me\cdot + R\cdot$	
8	C—C	$(C_6H_5)_3C—C(C_6H_5)_3$	$2(C_6H_5)_3C\cdot$	0~100
		$CCl_3—CCl_3$	$2\cdot CCl_3$	>100

偶氮二异丁腈，简称 AIBN，是偶氮类引发剂的代表，分解产生初级自由基的同时产生氮气。而且 AIBN 易吸收紫外线而分解，也被用于光聚合的敏化剂。

$$(CH_3)_2C(CN)—N=N—C(CN)(CH_3)_2 \longrightarrow 2(CH_3)_2C(CN)\cdot + N_2\uparrow$$

目前新品种偶氮二异庚腈（ABVN）有逐渐取代偶氮二异丁腈（AIBN）的趋势。

$$(CH_3)_2CHCH_2C(CH_3)(CN)—N=N—C(CH_3)(CN)CH_2CH(CH_3)_2 \longrightarrow 2(CH_3)_2CHCH_2C(CH_3)(CN)\cdot + N_2\uparrow$$

偶氮类引发剂优点是稳定性好、贮存、运输、使用均比较安全，分解过程只形成一种自由基，产品易提纯，价格便宜；缺点是分解速度低，属低活性引发剂，使聚合时间延长，且有毒性。

有机过氧化物类引发剂的代表是过氧化二苯甲酰，简称 BPO，其分解速度随所用溶剂种类而异。

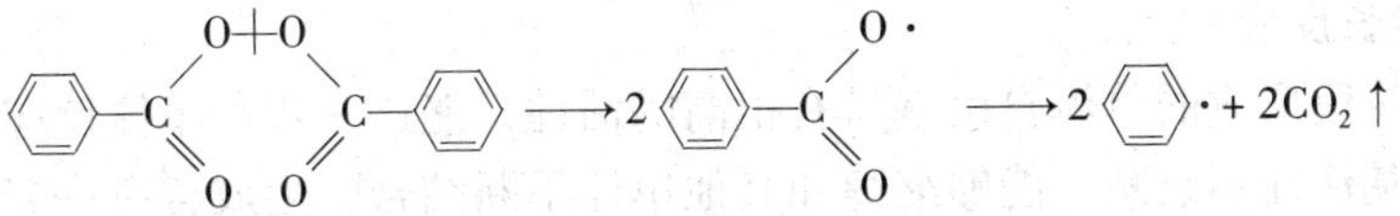

无机过氧化物类引发剂的代表是无机过硫酸盐，如过硫酸钾 $K_2S_2O_8$ 和过硫酸铵 $(NH_4)_2S_2O_8$，这类引发剂能溶于水，多用于乳液聚合和水溶液聚合。

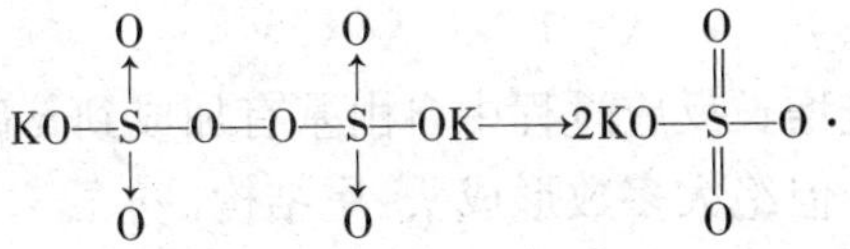

②氧化-还原体系　是在过氧化物引发剂中，加有还原剂，以降低分解活化能（活化能约为 40～60kJ/mol），从而具有较快的聚合速率，其分解温度要低于前两者，一般在 0～50℃，多用于乳液聚合。氧化还原体系按溶解性质分为水溶性氧化-还原引发体系和油溶性氧化-还原引发体系。

常见的水溶性氧化-还原引发体系有：

$$HO—OH + Fe^{2+} \longrightarrow OH^- + HO\cdot + Fe^{3+}$$

$$S_2O_8^{2-} + Fe^{2+} \longrightarrow SO_4^{2-} + SO_4^-\cdot + Fe^{3+}$$

$$RO—OH + Fe^{2+} \longrightarrow OH^- + RO\cdot + Fe^{3+}$$

常见的油溶性氧化-还原引发体系有：

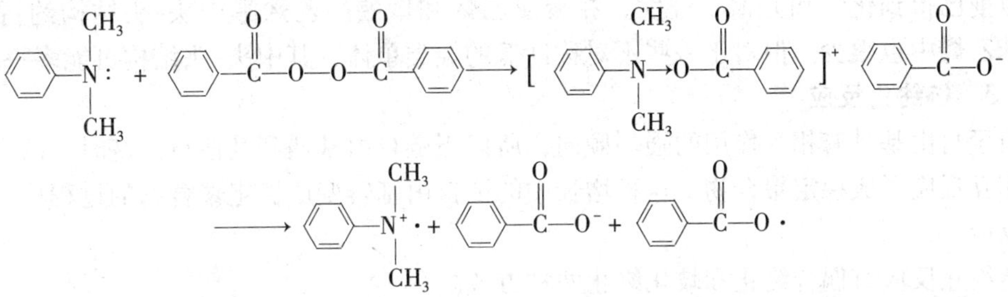

此外，在自由基型聚合反应中还有一类光化聚合反应。它是使用光敏剂进行引发聚合的。所谓光敏剂是指在紫外光作用下生成自由基的化合物。它可使聚合温度降低 50～80℃，使反应能在较低温度下进行。羰基化合物、偶氮化合物、有机过氧化合物等都可作光敏剂使用。

3.2.3　自由基聚合的基元反应

自由基聚合反应一般包括三步基元反应，分别是链引发反应、链增长反应和链终止反应。

3.2.3.1　链引发反应

链引发反应包括引发剂分解成初级自由基以及初级自由基与单体反应生成单体自由基两步反应。

$$I（引发剂）\longrightarrow 2R\cdot \qquad (1)$$

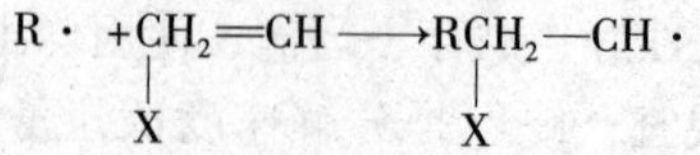

(2)

第（1）步反应引发剂分解成自由基需要能量，所以该反应为吸热反应。反应速度较小。当初级自由基生成后，自由基很活泼，迅速与单体反应，所以第（2）步反应速度较大，反应为放热反应。

3.2.3.2 链增长反应

在链引发阶段形成的单体自由基具有很高的活性，能进一步和单体反应生成新的自由基。新的自由基活性不衰减，能够继续和其他单体不断结合，生成含有许多结构单元的链自由基。这个过程称之为链增长反应。

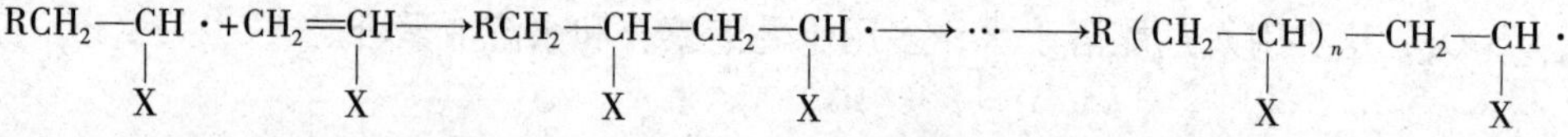

对于乙烯基单体，在链增长反应过程中自由基有加成到α碳和β碳上两种可能，即形成头-头结构和头-尾结构。但绝大多数形成头-尾结构。

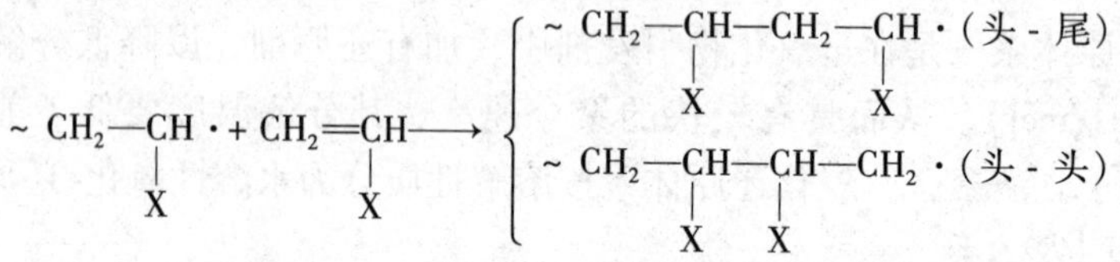

头-尾结构易形成的原因有两个，一是从电子效应所造成的自由基的稳定性上来讲，头-尾结构形成的链自由基上的未成对电子可以和取代基共轭而增加新生成的链自由基的稳定性，二是从空间位阻效应来讲取代基越大，空间位阻效应越明显，头-头连接越不可能。但对于一些共轭稳定性差的取代基，会有一些头-头连接。升高反应温度，头-头连接结构也会增多。

目前已得到化学和光谱学证实，在聚氯乙烯和聚醋酸乙烯酯中头-头结构约占1%，在聚苯乙烯中也很少。但对于一些不对称性低的烃类单体，其中头-头结构可能多一些。

3.2.3.3 链终止反应

由于自由基具有相互作用的强烈倾向，所以当链自由基遇到其他自由基时，两个自由基会相互反应形成稳定聚合物。这种增长中的链自由基转变成稳定聚合物的过程称之为链终止反应。

链终止反应有偶合终止和歧化终止两种方式。

（1）偶合终止

两个链自由基的独电子相互结合，形成共价键得到饱和聚合物的过程称之为偶合终止。

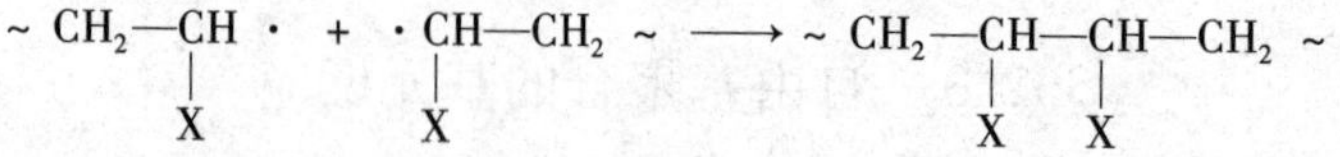

偶合终止的特点：聚合度为链自由基单元数的两倍，聚合物两端为引发剂残基，聚合物分子中至少含有一个头-头结构。

（2）歧化终止

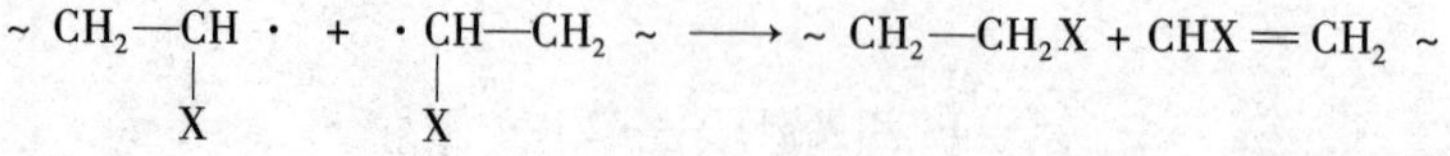

歧化终止的特点：聚合度与链自由基单元数相同，聚合物只有一端有引发剂残基，一半聚合物中另一端为饱和，另外一半为不饱和。

至于在链终止反应中采取何种方式，取决于自由基的类型和聚合温度。

在链引发、链增长、链终止三个基元反应中，反应活化能如表3-5所示。

表3-5　　各基元反应的比较

基元反应		活化能/(kJ/mol)	反应类型
链引发反应	引发剂分解成自由基	126	吸热反应
	形成单体自由基	21~33.5	放热反应
链增长反应		21~33.5	放热反应
链终止反应		8.4~21（甚至为0）	放热反应

由表3-5可看出在四步反应中，其中引发剂分解成自由基的反应活化能高，反应速率慢，所以它是控制整个聚合反应的关键。

从表3-5中还可看出链终止活化能很低，终止速率常数极高，但由于体系中单体浓度远远大于自由基浓度，所以链增长速度远大于链终止速度，故可得到相对分子质量极高的聚合物。

3.2.4　链转移反应

链自由基除进行链终止生成稳定聚合物外，还可与体系中的溶剂、单体、引发剂或聚合物等其他物质作用，把活性中心转移给其他物质使自身失去活性成为稳定聚合物。这个过程称之为链转移反应。

链转移反应的活化能通常比链增长反应高21~63kJ/mol，因此反应比链增长要困难一些，但提高温度可增加链转移反应速率。

3.2.4.1　向单体转移

链自由基向单体的转移是使链自由基活性消失成为稳定聚合物，而单体则变成新的单体自由基，继续与其他单体进行链增长反应。而链自由基由于进行链转移反应聚合度不再增加，所以相对分子质量降低。其反应可表示为：

$$\sim CH_2-\underset{\substack{|\\X}}{CH}\cdot + \underset{\substack{|\\X}}{CH}=CH_2 \longrightarrow \sim CH=\underset{\substack{|\\X}}{CH} + CH_3-\underset{\substack{|\\X}}{CH}\cdot$$

表3-6列出了一些单体的链转移常数与温度的关系。

表3-6　　一些单体的链转移常数与温度的关系（$C_M \times 10^4$）

单体	温度/℃				
	30	50	60	70	80
氯乙烯	6.25	13.5	20.2	23.8	—
苯乙烯	0.32	0.62	0.85	1.16	—
甲基丙烯酸甲酯	0.12	0.15	0.18	0.3	0.4
乙酸乙烯酯	0.94（40℃）	1.29	1.91	—	—
丙烯腈	0.15	0.27	0.30	—	—

从表3-6可以看出在以上几种单体中，氯乙烯聚合时链转移常数比较大，易发生链转移反应，而升高聚合温度可提高链转移速率，所以聚氯乙烯的相对分子质量与引发剂的浓度关系不大，主要决定于聚合温度。而对于苯乙烯、甲基丙烯酸甲酯等不易向单体转移，所以对聚合度的影响可忽略不计。

3.2.4.2 向引发剂转移

自由基向引发剂转移，导致引发剂诱导分解形成两个初级自由基。虽然有R·产生，但自由基的数目与原来长链自由基的数目相等，所以向引发剂转移等于浪费了一个引发剂，使引发效率降低，同时也使聚合度降低。表3-7列出了一些引发剂的链转移常数。

$$\sim CH_2-\underset{\displaystyle X}{\underset{|}{CH}}\cdot + R-R \longrightarrow \sim CH_2-\underset{\displaystyle X}{\underset{|}{CH}}-R + R\cdot$$

表3-7　一些引发剂的链转移常数（$C_I \times 10^2$）

引发剂	苯乙烯单体	甲基丙烯酸甲酯
AIBN	9.1	2
BPO	4.8~10	2
过氧化异丙苯（50℃）	1	—
异丙苯过氧化氢	6.3	33

3.2.4.3 向溶剂转移

根据“活泼单体的自由基不活泼，不活泼单体的自由基活泼”的规律以及在自由基聚合反应中起决定作用的是自由基的活性这两点可知，活泼单体聚合时对溶剂的链转移倾向较小。例如，苯乙烯的聚合，而对于不活泼单体则聚合时向溶剂的链转移倾向较大，如乙酸乙烯酯、氯乙烯等。

$$\sim CH_2-\underset{\displaystyle X}{\underset{|}{CH}}\cdot + HY \longrightarrow \sim CH_2-\underset{\displaystyle X}{\underset{|}{CH_2}} + Y\cdot$$

对于溶剂，含有活泼氢或卤素原子的溶剂链转移常数比较大，易发生链转移反应。表3-8是一些常用溶剂和链转移剂的链转移常数。

表3-8　一些溶剂和链转移剂的链转移常数（$C_S \times 10^4$）

单体	苯乙烯		MMA	乙酸乙烯酯
溶剂	60℃	80℃	80℃	60℃
苯	0.023	0.059	0.075	1.2
环已烷	0.031	0.66	0.10	7.0
甲苯	0.125	0.31	0.52	21.6
异丙苯	0.82	1.30	1.90	89.9
氯仿	0.5	0.9	1.40	150
CCl_4	90	130	2.39	9600
CBr_4	22000	23000	3.300	28700
正丁硫醇	210000	—	—	480000

综上所述，链自由基向单体、引发剂、溶剂的转移反应会使聚合物的相对分子质量降低。

3.2.4.4　向大分子转移

聚合反应进行到一定程度，聚合物浓度较大时，长链自由基与大分子的碰撞机会增多，就有可能发生向大分子转移反应。向大分子转移一般也多发生在叔氢原子上。

$$\sim CH_2—CH_2\cdot + \sim \overset{H}{\overset{|}{C}}H—CH_2\sim \longrightarrow \sim CH_2—CH_3 + \sim \dot{C}H—CH_2\sim$$

链自由基　　聚乙烯大分子　　聚乙烯大分子　　链自由基

所得到的链会继续反应：

$$\sim \underset{\cdot}{C}H—CH_2\sim + n\,CH_2=CH_2 \longrightarrow \sim \underset{\underset{\sim CH_2—CH_2\sim}{|}}{C}H—CH_2—CH_2—CH_2\sim$$

链自由基向大分子转移除了生成支链外，还可能产生交联结构。

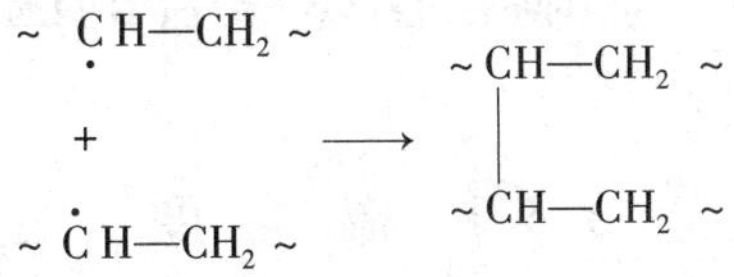

由于链自由基向大分子转移会产生支化和交联结构，所以会对聚合物性能产生影响，例如，不利于生成线型聚合物。表3-9是向大分子的链转移常数。

表3-9　向大分子的链转移常数（$C_P \times 10^4$）

聚合物	PB	PS	PMMA	PAN	PVAC	PVC
50℃	1.1	1.9	1.5	4.7	—	5
60℃	–	3.1	2.1	—	2～5	—

3.2.5　相对分子质量调节剂

相对分子质量的大小对聚合物的加工和使用都会有影响。例如，相对分子质量过大，成型时流动性不好，但力学性能优异等。所以控制产物的相对分子质量是聚合的关键环节之一。工业生产中可利用链转移反应控制相对分子质量。例如，利用硫醇链转移剂控制丁苯橡胶的相对分子质量。这种在聚合时加入少量即可以发生链转移反应，以调节聚合物的相对分子质量不致过高，同时抑制聚合反应向大分子的转移，以保证产物结构的物质，称之为相对分子质量调节剂。

工业常用相对分子质量调节剂有：卤代烃（四氯化碳、四氯乙烷等）和硫醇等。

统观整个自由基反应过程，可以看出自由基反应在微观上可以明显区分成链引发、增长、终止等基元反应和链转移副反应，并具有慢引发、快增长、速终止，易转移的特点。

自由基加聚反应和缩聚反应在工业上都占有非常重要的位置，其区别如表3-10所示：

表 3-10　　　　自由基聚合和缩聚反应特征的比较

	自由基聚合	缩聚反应
基元反应	各基元反应速率常数与活化能各不相同	逐步进行的各步反应的速率常数与活化能基本都相同
聚合度	聚合度不随聚合时间变化，相对分子质量高	相对分子质量逐步增大，需要较长的时间，聚合物相对分子质量较小
聚合过程	没有聚合度递增的中间产物	有聚合度递增的中间产物
时间的影响	延长时间提高转化率，对相对分子质量影响不大	延长时间可提高产物的相对分子质量，但转化率提高不大
热力学因素	放热反应	吸热反应，并且需要加热至高温
聚合物结构	能产生支化，甚至交联	不能产生支化

3.3　影响自由基聚合的因素

3.3.1　温　　度

一般情况下，温度升高反应速率增大。对于在 50～60℃下引发剂引发自由基的聚合，温度每升高 10℃，聚合速率增加 2～3 倍。因为提高温度可提高引发剂分解成自由基的速度以及链转移速度。

反应温度升高会导致聚合物的相对分子质量会随之下降。因为温度升高，引发聚合生产的活性中心增多，即活性链增多，所以产物相对分子质量下降。见表 3-11。

表 3-11　　　　PVC 悬浮聚合过程中温度对转化率及其产物聚合度的影响

聚合温度/℃	聚合时间/h	转化率/%	聚合度
30	38	73.7	5970
40	12	86.7	2390
50	6	89.87	990

温度升高有利于链转移反应，所以易形成支链型和头-头结构产物，影响产物结构。

3.3.2　压　　力

一般来说，增加压力，对气态单体影响较大，对液相或固相聚合影响较小。

压力增大，气相单体浓度增加，聚合速率增大，产物平均聚合度增大，支链数目减少。这是因为增加压力缩短了单体分子间距离，增加了活性链与单体的碰撞几率，提高了链增长速度，同时降低了反应活化能，由于对链终止速度没有影响，因此聚合速度增大，产物相对分子质量提高。降低压力可降低聚合温度，所以减少了支链结构和头-头结构。

虽然提高聚合压力对聚合速率和平均聚合度都有利，但对聚合设备要求是非常严格。

3.3.3 单体浓度

单体浓度增大，聚合速率升高，产物的聚合度也随之增大，如表3-12所示。

表3-12　在AIBN引发下醋酸乙烯酯在甲醇中进行聚合时（60℃）相对分子质量与单体浓度的关系

醋酸乙烯酯/%	时间/h	转化率/%	聚合度
60	4.25	54.8	1500
70	3.24	50.3	1750
80	3.62	49.5	2250
85	2.27	54.4	2500

3.3.4 引发剂

引发剂浓度增大，形成的活性中心会随之数目增多，所以聚合速率增大，聚合度降低。同时引发剂浓度增大，加大了链自由基向引发剂的转移，也促进了聚合度的进一步降低。由表3-13可以看出引发剂浓度不同对聚合物相对分子质量的影响。

表3-13　不同引发剂浓度与聚合物相对分子质量的关系

浓度/%	过氧化二苯甲酰引发的产物相对分子质量	偶氮二异定腈引发的产物相对分子质量
0.02	2.4×10^6	1.46×10^6
0.05	1.71×10^6	—
0.1	1.45×10^6	1.26×10^6
0.5	—	7.05×10^6
1	7.4×10^5	5.65×10^5

通过表3-13还可以看出，即使引发剂浓度相同，但引发剂不同，所得到的产物相对分子质量也会不同，从而可以知道不同引发剂，对反应的影响也是不同的。

3.3.5 氧

氧由于容易和链自由基生成稳定的过氧化物，所以一般情况下会对聚合反应起阻聚作用，使聚合速度降低，产物相对分子质量减少。因此，一些聚合体系会排除空气，在不活泼气体（N_2）保护下进行聚合。但对于乙烯的高压聚合例外。

3.3.6 杂质

纯度及所含杂质的多少都会对聚合有影响，它既可以影响聚合反应的进行，也会对聚合速度、聚合物相对分子质量的大小以及产物的使用性能产生影响。表3-14是PVC中乙炔含量对聚合速度和产品聚合度的影响。

许多杂质的作用与调节剂、缓聚剂、阻聚剂差不多，如乙烯单体中的醇、醛、丙烷、氢等都是较强的链转移剂。对于苯乙烯单体，若其中的二乙烯基苯含量超过0.002%时，将发生难于控制的剧烈聚合反应，会引起爆炸，聚合反应不能或难于控制，容易造成事故，且产物质量差。

表 3-14　　PVC 中乙炔含量对聚合速度和产品聚合度的影响

乙炔含量/%	达到85%转化率所需时间/h	平均聚合度
0.0009	11	2300
0.03	19.5	1000
0.07	21	500
0.13	24	300

要使聚合反应得到预期的结果，必须严格控制纯度及杂质的含量。一般聚合级的单体纯度在 99.9% ~ 99.99%，杂质含量在 0.01% ~ 0.1%，如聚合级的氯乙烯要求纯度 >99.9%，乙炔 <0.001%，铁 <0.001%，乙醛 <0.001%。

3.3.7　阻聚剂及缓聚剂

在单体分离、运输、精制及储运过程中，需加入一些化合物以防止发生聚合反应。在动力学研究或工业生产时，当达到一定转化率时，也常用加入这类物质使反应终止。这类物质能与初级或链自由基作用，形成非自由基物质或不能引发聚合的低活性自由基，致使聚合终止，这类物质称之为阻聚剂。这种阻止单体聚合的作用称为阻聚作用。当阻聚剂消耗完之后，聚合反应仍以正常速度进行。阻聚剂所的抑制的时间称为诱导期。

还有一类物质不是使聚合速度降低为零，只是使聚合速度下降，该物质称为缓聚剂。这种减缓单体聚合的作用称为缓聚作用。阻聚与缓聚的影响通过图 3-1 可以看出。

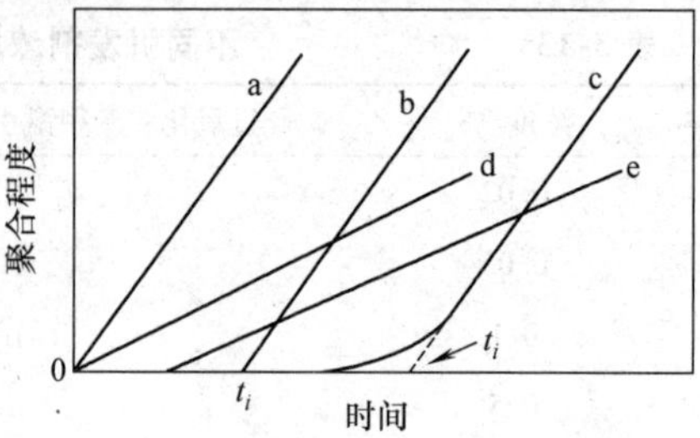

图 3-1　阻聚剂或缓聚剂对时间—聚合程度的影响示意图

a—无添加剂　b—理想的阻聚剂　c—阻聚剂与自由基反应速度不是很大的情况　d—理想的缓聚剂　e—阻聚和缓聚两种作用的情况

实际上，阻聚和缓聚并无本质的差别，它们只是程度上的不同，往往难以严格区分。

阻聚剂的种类很多，其中包括分子型的阻聚剂如苯醌、硝基化合物、芳胺、酚类、含硫化合物、氧等，稳定自由基型如 1,1-二苯基-2-三硝基苯肼（DPPH）等和电荷转移型阻聚剂如氯化铁、氯化铜等。

3.4　共聚合反应

3.4.1　基 本 概 念

由两种或两种以上单体共同参与聚合，所得到的产物含有两种或两种以上单体单元，这种聚合物称为共聚物，合成共聚物的反应称为共聚合反应（或称共聚反应）。

3.4.2　共聚物的构型

共聚物中单体单元的排列方式不同，可构成不同类型的共聚物。对于两元共聚物，可分为以下四种类型。

（1）无规共聚物

无规共聚物是指共聚物中两种单体单元 M_1、M_2 的排列没有一定的规律性。其构型为：

$$\sim M_1M_2M_2M_1M_2M_1M_1M_2M_1 \sim$$

一般自由基型共聚合反应的产物多为此类共聚物。如氯乙烯-醋酸乙烯共聚物。

（2）交替共聚物

交替共聚物是指共聚物分子链中的两种单体单元 M_1、M_2 有规律地交替排列。其构型为：

$$\sim M_1M_2M_1M_2M_1M_2M_1M_2M_1 \sim$$

苯乙烯-顺丁烯二酸酐共聚物就是交替共聚物。

（3）嵌段共聚物

嵌段共聚物是指共聚物分子中两种单体单元成段地出现，其构型为：

$$\sim M_1M_1M_1M_1M_1M_1M_1M_2M_2M_2M_2M_2 \sim$$

嵌段共聚物有：苯乙烯-丁二烯嵌段共聚物、乙烯-丙烯嵌段共聚物、嵌段丁苯弹性体等。

嵌段共聚物由于各链段之间仅通过少量化学键连接，因此各链段基本保持原有的性能，它类似于不同聚合物之间的共混物。

（4）接枝共聚物

接枝共聚物是指共聚物分子链中主链是由一种单体单元构成，而支链是由另一种单体单元构成。其构型为：

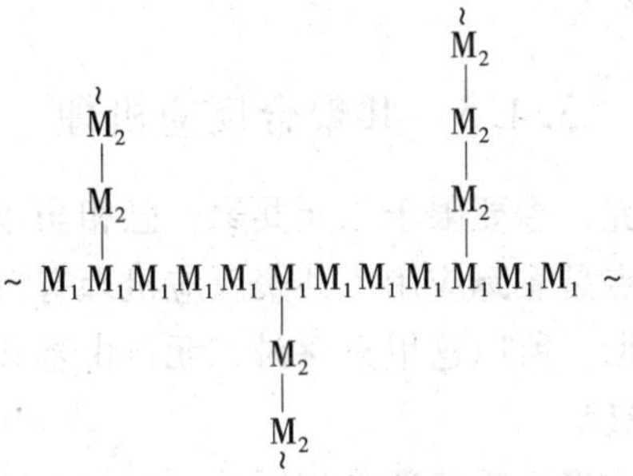

如 ABS 树脂，SB 为主链，A 为支链（亦可 AB 为主链，S 为支链）

3.4.3　共聚物的命名

（1）将两种或多种单体名称之间用短划线相连，并在前面冠以“聚”字。（如聚苯乙烯-马来酸酐。）

（2）将两种或多种单体名称之间用短划线相连，然后再后面加上“共聚物”。如苯乙烯-马来酸酐共聚物。需要指出的是在无规共聚物的名称中，前一单体为主单体，后一单体为次单体；嵌段共聚物中，前后单体代表单体聚合的顺序；接枝共聚物中，前一单体为主链，后一单体为支链。

（3）无规、嵌段、接枝等共聚物，需在“共聚物”前加上文字说明，如丁二烯-苯乙烯嵌段共聚物。在英文名称中，常以在单体名称间嵌入-ran-、-alt-、-b-、-g-等符号，分别表示无规、交替、嵌段、接枝。如苯乙烯-丁二烯嵌段共聚物则表示为 polystyrene-b-butadiene。

3.4.4　共聚合反应的应用

①通过共聚合反应可以改进聚合物的性能。

共聚后，可改变大分子的结构和性能，扩大应用范围。因此共聚是高分子材料的重要改性方法。表 3-15 列出了一些单体共聚物的性能和用途。

表 3-15　一些单体共聚物的性能和用途

主单体	第二单体	改进性能	用途
乙烯	乙酸乙烯酯	增加柔性	软塑料，可用作 PVC 共混料
乙烯	丙烯	破坏结晶性，增加柔性和弹性	乙丙橡胶
异丁烯	异戊二烯	引入双键供交联用	丁基橡胶
丁二烯	苯乙烯	增加强度、耐磨耗	通用丁苯橡胶
丁二烯	丙烯腈	增加耐油性	丁腈橡胶
苯乙烯	丙烯腈	提高抗冲强度	增韧塑料
氯乙烯	乙酸乙烯酯	增加塑性和溶解性能	塑料和涂料

②通过共聚合反应可以扩大单体的使用范围。

顺丁烯二酸酐、丁烯二酸乙酯和二氧化硫等物质，本身不能自聚，但可以进行共聚合反应，前二者可以和苯乙烯共聚，后者可以和各种烯类单体共聚，从而扩大单体的使用范围，增加了聚合物的品种。

3.4.5　共聚合反应机理

对共聚合反应的理论研究，主要限于二元共聚，已相当成熟。三元以上的共聚合，理论处理十分复杂，研究的重点是实际应用。共聚反应机理有自由基共聚和离子型共聚，其中以自由基共聚研究较为透彻。所以这里只探讨二元自由基共聚机理。

3.4.5.1　自由基共聚反应机理

自由基共聚反应机理同均聚反应机理是相同的，也包括链引发、链增长、链终止等基元反应。只是共聚过程比均聚合反应要复杂一些，单体由一种变为两种或多种，其过程如下：

$$\mathrm{R}^{\cdot} + \mathrm{M}_1 \xrightarrow{k_{i1}} \mathrm{RM}_1^{\cdot} \qquad R_{iM1}$$

$$\mathrm{R}^{\cdot} + \mathrm{M}_2 \xrightarrow{k_{i2}} \mathrm{RM}_2^{\cdot} \qquad R_{iM2}$$

$$\sim\sim\mathrm{M}_1^{\cdot} + \mathrm{M}_1 \xrightarrow{k_{11}} \sim\sim\mathrm{M}_1^{\cdot} \qquad R_{11} = k_{11}[\mathrm{M}_1^{\cdot}][\mathrm{M}_1]$$

$$\sim\sim\mathrm{M}_1^{\cdot} + \mathrm{M}_2 \xrightarrow{k_{12}} \sim\sim\mathrm{M}_2^{\cdot} \qquad R_{12} = k_{12}[\mathrm{M}_1^{\cdot}][\mathrm{M}_2]$$

$$\sim\sim\mathrm{M}_2^{\cdot} + \mathrm{M}_1 \xrightarrow{k_{21}} \sim\sim\mathrm{M}_1^{\cdot} \qquad R_{21} = k_{21}[\mathrm{M}_2^{\cdot}][\mathrm{M}_1]$$

$$\sim\!\sim M_2^{\cdot} + M_2 \xrightarrow{k_{22}} \sim\!\sim M_2^{\cdot} \qquad R_{22} = k_{22}[M_2^{\cdot}][M_2]$$

$$\sim\!\sim M_1^{\cdot} + M_1^{\cdot}\sim\!\sim \xrightarrow{k_{t11}} \text{大分子} \quad R_{t11} = k_{t11}[M_1^{\cdot}]^2$$

$$\sim\!\sim M_1^{\cdot} + M_2^{\cdot}\sim\!\sim \xrightarrow{k_{t12}} \text{大分子} \quad R_{t12} = k_{t12}[M_1^{\cdot}][M_2]$$

$$\sim\!\sim M_2^{\cdot} + M_2^{\cdot}\sim\!\sim \xrightarrow{k_{t22}} \text{大分子} \quad R_{t22} = k_{t22}[M_2^{\cdot}]^2$$

由于在反应过程中链引发和链终止对共聚物的组成没有明显影响，因此共聚物的组成主要决定于链增长反应。

3.4.5.2 共聚物组成

(1) 共聚物组成特点

两种单体进行共聚时，由于化学结构不同，反应活性存在差异，其组成往往有以下几种情况。

①两种单体各自都容易均聚，但不易共聚，如苯乙烯和醋酸乙烯。

②一种单体不能均聚，但能与另一种单体共聚。如马来酸酐，可以与苯乙烯共聚。

③两种单体都不能均聚，但能共聚。如1,2-二苯乙烯与马来酸酐。

④两种能互相共聚的单体，进入共聚物的速率不同，其产物的组成也会不相同。

(2) 共聚物组成方程

在等活性假定（假定链末端反应活性与链长无关）、最末端效应（假定链末端的反应活性只与末端单体单元的结构有关，与前面各单体单元结构无关）、相对分子质量极大（假定生成的共聚物分子量很大，即单体主要消耗在链增长反应中，且链增长反应都是不可逆反应，引发和终止对共聚物组成无关;）、稳态假定（假定活性中心的总浓度，以及两种自由基活性中心各自的浓度均达到平衡，不随反应时间变化）四个基本假定的基础上，得出共聚物组成方程式。

设 $r_1 = k_{11}/k_{12}$； $r_2 = k_{21}/k_{22}$

则

$$\frac{d[M_1]}{d[M_2]} = \frac{[M_1]}{[M_2]} \cdot \frac{r_1[M_1] + [M_2]}{[M_1] + r_2[M_2]}$$

上式称为“共聚物组成微分方程式”或简称为“共聚物组成方程式”。式中 r_1、r_2 为竞聚率，它是该单体均聚速率常数与另一单体的共聚速率常数的比值，表征两种单体的相对活性。

单体竞聚率是一个重要的参数，根据其数值大小可以判断这两个单体能够共聚及其共聚倾向的大小。表3-16列出了共聚反应中一些单体的竞聚率。

$r_1 = 0$： $k_{11} = 0$， $k_{12} \neq 0$，所以不能均聚，只能共聚，其共聚倾向最大；

$0 < r_1 < 1$： $k_{12} > k_{11}$，单体 M_1 能均聚，但共聚增长倾向较大，r_1 值越小共聚倾向越大；

$r_1 = 1$： $k_{11} = k_{12}$，即单体 M_1 的均聚和共聚倾向相同；

$1 < r_1 < \infty$： $k_{11} > k_{12}$单体 M_1 倾向于均聚，r_1 值越大，其共聚倾向越小。

表 3-16　　共聚反应中一些单体的竞聚率

M_1	M_2	r_1	r_2	温度/℃
苯乙烯	乙基乙烯基醚	80	0	80
苯乙烯	异戊二烯	0.54	1.92	80
苯乙烯	异戊二烯	0.03	5.9	20（阴）
苯乙烯	乙酸乙烯酯	55±10	0.01±0.01	60
苯乙烯	氯乙烯	17	0.02	60
苯乙烯	偏二氯乙烯	1.85	0.085	60
苯乙烯	异丁烯	2.0	9.0	-90（阳）
丁二烯	丙烯腈	0.3	0.02	60
丁二烯	丙烯腈	0.35	0.05	50（乳）
丁二烯	苯乙烯	1.35	0.58	50
丁二烯	氯乙烯	8.8	0.035	50
丙烯腈	丙烯酸	0.35	1.15	50
丙烯腈	苯乙烯	0.04	0.40	60
丙烯腈	异丁烯	0.02	1.8	50
甲基丙烯酸甲酯	苯乙烯	0.46	0.56	60
甲基丙烯酸甲酯	丙烯腈	1.224	0.150	80
甲基丙烯酸甲酯	氯乙烯	10	0.10	68
氯乙烯	偏二氯乙烯	0.3	3.2	60
氯乙烯	乙酸乙烯酯	1.68	0.23	60
四氟乙烯	三氟氯乙烯	1.0	1.0	60
乙酸乙烯酯	顺丁烯二酸酐	0.055	0.003	75

注：表中阳、阴、乳分别表示阳离子型、阴离子型、自由基型乳液聚合，其余都是自由基型聚合。

3.5　自由基聚合的实施方法

在聚合反应过程中，即使采用相同的原料，因为实施方法的不同也会导致高聚物性能、形态及应用范围有很大的差别，因此，选择高聚物时要注意其实施方法。自由基聚合的实施方法主要有四种：本体聚合、溶液聚合、悬浮聚合和乳液聚合。

3.5.1　本体聚合及其应用

（1）本体聚合的定义

所谓本体聚合是指反应体系中没有任何介质（溶剂或分散介质），只有单体本身在引发剂或光、热、辐射能等作用下进行聚合的反应，产物为块状物，又称为块状聚合。由于没有添加其他介质或添加剂，所以产物纯净。

（2）本体聚合的分类

按聚合物能否溶解于单体，有以下两种聚合方法。

①均相聚合　聚合物能够溶于单体，在反应过程中没有分相现象。例如，苯乙烯、甲基丙烯酸甲酯、乙酸乙烯酯聚合反应，其聚合物能溶于各自单体中，属于均相聚合。

②非均相聚合　聚合物不能溶于单体中，在反应过程中高聚物会逐渐沉析出来。例如，氯乙烯、丙烯腈、乙烯、偏二氯乙烯等聚合反应，其聚合物不溶于各自单体中，属于非均相聚合。

（3）本体聚合的优点

本体聚合具有聚合速度快，产品相对分子质量高，杂质少、纯度高和透明性好等优点，尤其适于制造板材、型材等透明制品，其工艺无公害、无废弃。

（4）本体聚合的缺点

本体聚合存在自动加速效应，即当反应进行到一定程度，转化率越来越高时，反应速度和产物的相对分子质量会突然增大，体系黏度增大，散热困难。如散热不良，轻则造成局部过热，使相对分子质量分布变宽；严重的则温度失控，引起爆聚。正是由于此缺点，其工业应用不如悬浮及乳液聚合应用广泛。

（5）应用

本体聚合产物纯净，适于实验室研究。例如，单体聚合能力的鉴定、聚合物的试制、动力学研究及共聚竞聚率的测定等。

对于一些要求纯净度高和透明度高的聚合物则都是采用本体聚合。例如，用于隐形眼镜的聚甲基丙烯酸羟乙酯共聚物、用于假牙和透镜用的聚甲基丙烯酸甲酯以及用于灯罩的聚苯乙烯等。

3.5.2　乳液聚合及其应用

（1）乳液聚合的定义

乳液聚合是指单体在乳化剂存在下，借助机械搅拌的作用，在介质（一般为水）中分散成乳液状，并在溶于介质的引发剂引发下进行聚合的一种实施方法。乳液聚合的粒径约为0.05～5μm，远小于悬浮聚合物的粒径。

（2）乳液聚合的机理

乳液聚合主要包括单体、水、水溶性引发剂及乳化剂四种组分，其中乳化剂是乳液聚合的重要组分，它是由含亲水的极性基团（如—COONa、—SO_3Na、—OH等）和疏水的（亲油）非极性基团（一般为烃基）构成的。两个基团分别与互不相溶的油（单体）和水结合在一起，极性基团伸向水层，非极性基团伸向油层，乳化剂集中在油与水的界面上，降低界面张力，同时吸附在液滴表面形成保护膜，使乳液得以稳定。当乳化剂超过一定浓度（临界胶束浓度）时，便形成了胶束，起到了增溶作用，使部分单体溶于胶束内。单体和乳化剂在水中的分散情况见图3-2。

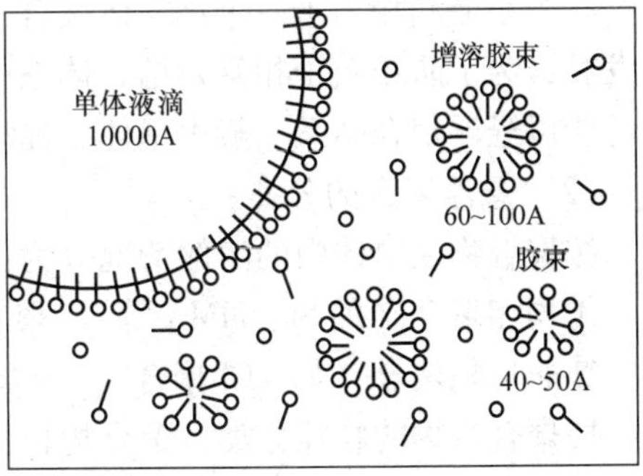

图3-2　单体和乳化剂在水中分散情况示意图

o—乳化剂分子　o—极性基团　—非极性基团

聚合时，水溶性引发剂在水中裂解产生初级自由基，首先扩散进入增溶胶束引发聚合，当胶束中的单体消耗完时，其他胶束或者单体液滴会向它提供单体继续聚合。随着反应的进行，胶束体积增大，成为含有高聚物的增溶胶束，称作单体-聚合物胶粒。图 3-3 为乳液聚合过程示意图。

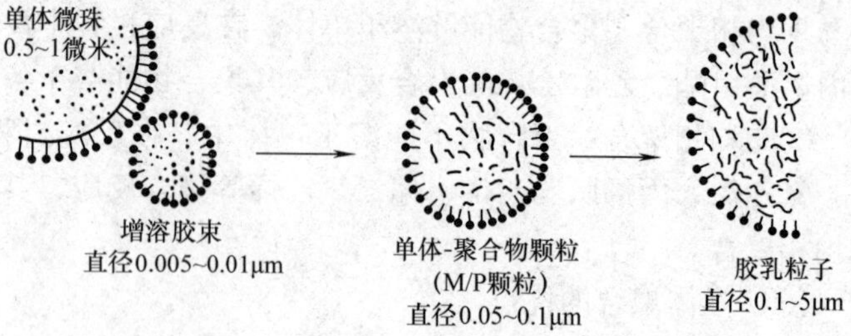

图 3-3　乳液聚合过程示意图

（3）乳液聚合的优点

乳液聚合的聚合速率快，反应温度低，产物相对分子质量高，为四种实施方法之首。同时绝大多数乳液聚合采用水为介质，价廉无毒害性。体系中乳液的黏度低，易传热，容易控制温度，便于连续生产，适于直接使用乳液的场合，如水乳漆等；也适于制备黏性较大的聚合物，如合成橡胶等。

（4）乳液聚合的缺点

①生产固体聚合物时，需要的工序较多，生产成本较高。

②因乳化剂等杂质不易除尽，聚合物纯度低，影响产品的电性能，使制品只能用于一些电性能要求不高的场合。

（5）乳液聚合的应用

广泛用于制造涂料、纸张、皮革及织物处理剂等，如 PVAc 乳液、丙烯酸酯类涂料和黏合剂等。也多用于生产丁苯、丁腈及氯丁等合成橡胶；生产人造革的糊状 PVC 树脂也是使用此法。

3.5.3　悬浮聚合及其应用

（1）悬浮聚合的定义

加入既不溶解单体又不溶解聚合物的分散介质（通常为水），使溶解有引发剂的单体在强烈搅拌下，以小液滴的形式悬浮分散在介质中进行聚合的反应称之为悬浮聚合。

一个小液滴相当于一个小本体聚合，所以容易排除聚合热。但当单体与聚合物共存时易发黏，为了防止粒子相互黏结，体系中通常加入分散剂，使粒子表面形成保护膜。

所以悬浮聚合体系一般由单体、油溶性引发剂、水及分散剂四个基本组分组成。

（2）悬浮聚合的分类

按聚合物在单体中的溶解情况分为：

①均相聚合（如 St、MMA 等）　聚合物溶于单体中，常得到透明珠体；

②非均相聚合（如 VCl 聚合）　聚合物不溶于单体中，常得到不透明的粉末。

按聚合产物的粒径分类，聚合物粒径一般在 0.01 ~ 5mm。

①珠状聚合　粒径在 1mm 左右；

②分散聚合　粒径在 0.01mm 以下。

粒径大小与搅拌强度、分散剂的性质与用量等有关。聚合结束后，回收未反应的单体，聚合物经洗涤、分离、干燥后，即得珠状或粉末状产品。

(3) 悬浮聚合的优点

①简单安全;

②聚合热易除去,聚合温度容易控制;

③聚合速度快,产物相对分子质量一般比溶液法高;

④用水作介质,较为经济;

⑤聚合物很容易从介质中分离出来,非常适宜大规模工业生产。

(4) 缺点

分散剂需经反复冲洗方能除去,一般处理产品中附有少量分散剂残留物,影响产品纯度。

(5) 应用

聚氯乙烯、聚苯乙烯、聚四氟乙烯、聚甲基丙烯酸甲酯及有关共聚物等都是采用悬浮法大规模生产出来的。

3.5.4 溶液聚合及其应用

(1) 溶液聚合的定义

将单体和引发剂溶于溶剂中进行聚合的方法称之为溶液聚合。

(2) 溶液聚合的分类

①均相溶液聚合 聚合物能溶于溶剂中的聚合反应。如丙烯腈在 DMF 中的聚合。均相溶液聚合产物可直接应用或经稀释后用作涂料、表面处理剂等。

②非均相溶液聚合 聚合物不溶于溶剂而从中析出的聚合反应。如丙烯腈的水溶液聚合。该类聚合产物相对分子质量分散性小、产物相对分子质量较高。

(3) 溶液聚合的优点

黏度较低,易除与聚合热,反应温度易控制。通常用作科研上。

(4) 溶液聚合的缺点

聚合速率相对较慢,易发生向溶剂的链转移,产物的相对分子质量一般不高;后期回收复杂,费用较高,一般不用于大规模的工业聚合。

(5) 应用

多用于制备可直接使用的原料及进行调聚反应的调聚物如涂料、黏合剂、合成纤维纺丝液、浸渍剂等。

3.5.5 各种实施方法的比较

各种实施方法的比较见表 3-17。

表 3-17　各种实施方法的比较

	本体聚合	乳液聚合	悬浮聚合	溶液聚合
配方主要组成	单体、引发剂	单体、引发剂、水、乳化剂	单体、引发剂、水、分散剂	单体、引发剂、溶剂
聚合场所	本体内	液滴内	胶束和乳胶粒中	溶液中

续表

	本体聚合	乳液聚合	悬浮聚合	溶液聚合
反应温度的控制	难于控制	容易控制	容易控制	较易控制
生产特征	自动加速效应，需搅拌散热、间协生产、设备简单	散热容易，反应在低温下进行，可连续生产	散热容易、间歇生产，后续分离容易，适宜大规模生产	散热容易，可连续生产
产物分子量特点	相对分子质量较低，相对分子质量分布较宽	相对分子质量较高	相对分子质量较低，相对分子质量分布较宽	相对分子质量较低，相对分子质量分布较窄
产品物理特征	产品纯净、透明，适于作板材或型材，以及生产透明、浅色制品	产品含有乳化剂或其他助剂，适用于电性能不高的场合	粒料或粉料，利于加工成型。产物较纯净	聚合物直接使用。不易制成干燥粉料或粒料
重要聚合产物	LDPE（粒料） HDPE（粒料） PS（粒料） PVC（粉料） PP（粒料）	PVC（粉料） 聚丙烯酸酯及其共聚物（乳液） 丁苯橡胶（胶粒或乳液）	PVC（粉料） PS（珠状）	HDPE（粒、粉料） PP（粒料） 顺丁橡胶（胶粒或胶片）

3.6 重要聚合物

3.6.1 聚氯乙烯

聚氯乙烯（PVC）是氯乙烯单体经聚合而制成的线形高分子聚合物。其反应如下：

$$n(\mathrm{CH_2{=}\underset{\displaystyle Cl}{\underset{|}{C}H}}) \longrightarrow n\text{-}\!\!\left[\mathrm{CH_2{-}\underset{\displaystyle Cl}{\underset{|}{C}H}}\right]\!\!_n$$

聚氯乙烯的生产主要以悬浮法为主，用于多种成型方式，如挤出、注射、压延等。乳液法所得制品用于制造 PVC 糊，人造革等。涂料、胶黏剂则由溶液聚合法得到。

聚氯乙烯具有良好的介电性能和优异的化学稳定性，难燃。但热稳定性差，在光和热作用下易分解，因此在成型加工中一定要加入稳定剂。聚氯乙烯主要用于农膜、电线电缆包覆、玩具、防水手套、下水用硬管、房间隔板以及滤布、渔网等。

3.6.2 聚苯乙烯

聚苯乙烯（PS）是苯乙烯单体在引发剂（有机过氧化物）的引发下，经自由基聚合而得。方程式如下：

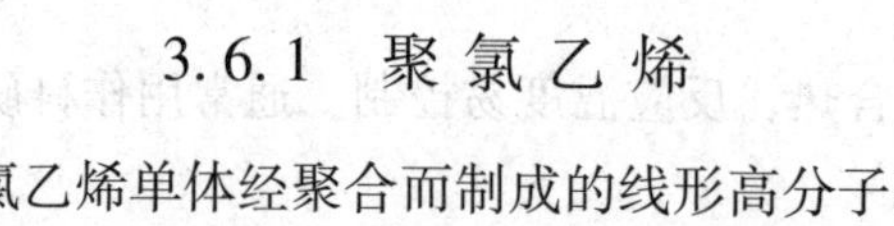

聚苯乙烯聚合方法和其他乙烯基化合物一样，但各种聚合方法制成的聚苯乙烯性能略

有差异。例如，本体聚合制成的聚苯乙烯透明性最好，悬浮聚合次之，而乳液聚合则为乳白色，不透明。

聚苯乙烯具有优异的电性能，特别是高频特性好；抗放射线能力是所有塑料中最强的。熔融时的热稳定性和流动性非常好，易成型加工，特别适于注塑成型。成型收缩率小，制品尺寸稳定性好。但由于其主链中含有苯基，分子结构不对称，使分子链具有较大刚性，所以表现出硬而脆的缺点。

聚苯乙烯制品大多用作电气仪表零件、日用品及卫生间用品等。目前聚苯乙烯研究工作进展很快，苯乙烯系列树脂种类繁多，有一般用 PS、耐冲击 PS、特殊 PS 和 AS 树脂等，每一种又有很多等级。它们的用途也有所不同。一般用PS 和耐冲击 PS 主要用作收音机、电视、冷库等的电气器具，泡沫 PS 广泛用于包装材料、保温及装潢制品。AS 树脂用于电风扇的叶片、计算器套、电视机的正面玻璃等电气用具以及仪表壳等汽车领域中。

3.6.3　聚甲基丙烯酸甲酯

聚甲基丙烯酸甲酯，俗称有机玻璃，是甲基丙烯酸甲酯在引发剂（偶氮二异丁腈或过氧化二苯甲酰）引发下，按自由基聚合机理反应所得制品。方程式如下：

$$n(CH_2{=}\overset{\displaystyle CH_3}{\overset{|}{C}}{-}COOCH_3) \longrightarrow {-}\!\!\left(CH_2{-}\underset{\underset{\displaystyle COOCH_3}{|}}{\overset{\overset{\displaystyle CH_3}{|}}{C}}\right)\!\!{-}_n$$

有机玻璃最突出性能是具有很高透明度，透光率达 92%，可见光可以全部通过，而且均匀透明性是所有塑料中最好的。其密度小（是玻璃的 1/2），耐冲击强度高（是玻璃的 10 倍），耐候性好，即使长期暴露在室外，强度变化及变色小，耐药品、电绝缘性能好，是光学仪器和航空工业的重要原料。又因其易着色，着色后色彩鲜艳夺目，被广泛用作装饰及广告板等。此外，还可用做外科手术器具、绝缘材料。

3.6.4　聚醋酸乙烯酯

聚醋酸乙烯酯是醋酸乙烯酯在引发剂（偶氮二异丁腈或过氧化二苯甲酰）引发下，经聚合反应制得。

$$n(CH_2{=}CH{-}OCOCH_3) \longrightarrow {-}\!\!\left(CH_2{-}\underset{\underset{\displaystyle OCOCH_3}{|}}{\overset{\overset{\displaystyle H}{|}}{C}}\right)\!\!{-}_n$$

作为涂料的聚醋酸乙烯酯乳液，其胶接性、耐光性、耐磨耗性好，价格便宜，主要用于室内装修。作为胶黏剂，分为乳液型和溶液型，乳液型主要用于胶合板的生产，以及家具的组装等木材胶接；溶液型的用于金属、塑料以及要求速干的胶接，也可作为口香糖的基料。

习题

1. 连锁反应有几种分类方式？各有几种类型？
2. 判断下列单体是否能进行自由基聚合反应？

$CH_2=CH(C_6H_5)$　$CHCl=CHCl$　$CF_2=CFCl$　$CH_2=CH(CH_3)C_2H_5$

$CH_2=C(CH_3)COOCH_3$　$(CH_3)CH=CH\ COOCH_3$　$CH_2=CCl_2$

3. 连锁反应共包括几个基元反应？分别是什么？
4. 什么是引发剂？引发剂的作用是什么？写出偶氮二异丁腈、过氧化苯甲酰的结构式。
5. 在链增长反应中会出现头-头结构和头-尾结构，哪一种更稳定，为什么？
6. 链终止方式有几种？对产物结构和聚合度分别有什么影响？
7. 控制自由基聚合反应的关键是什么？为什么？
8. 链转移反应有几种？对聚合物有什么影响？
9. 自由基聚合反应与缩聚反应有什么不同？
10. 什么叫相对分子质量调节剂？
11. 什么叫自动加速效应？
12. 本体聚合分为两类，分别是什么？
13. 四种实施方法的优缺点分别是什么？
14. 四种实施方法一般都生产什么制品？
15. 影响自由基聚合反应的因素有哪些？分别产生什么样的影响结果？
16. 共聚合反应和共聚物的定义分别是什么？二元共聚物构型共有几种？
17. 竞聚率的定义是什么，对生产实践有什么指导意义？

第4章　离子型聚合

应知要点

1. 离子型聚合反应的分类及单体与引发剂的选择
2. 离子型聚合反应机理

应会要点

1. 活性聚合物等专业术语的物理意义
2. 离子型聚合反应特点
3. 离子型聚合与自由基聚合的比较

课前认知实习

1. 实习形式

参观离子型聚合实验室或化工厂生产过程以及观看录像。

2. 实习内容

观察离子型聚合实验或生产过程。

3. 实习目的

(1) 了解离子型聚合实验过程。

(2) 了解离子型聚合产物特点及应用。

4. 演示设备、材料

(1) 设备：实验或生产设备，在参观中能够看到整个聚合过程。录像片中有实验过程及每步骤解释。

(2) 材料：实验或生产所需要的原材料。

5. 演示步骤

(1) 按照实验过程或生产过程进行参观或观看录像；

(2) 在参观或观看录像时，由老师或单位工作人员进行讲解，并对应用进行介绍。

6. 问题讨论

(1) 首先就观察到的现象中不明白的地方进行讨论。

(2) 离子型聚合反应产物特点及形成原因。

连锁聚合反应除自由基聚合反应外，还包括离子型聚合反应。离子型聚合是单体在阳离子或阴离子作用下，活化为带正电荷或带负电荷的活性离子，再与单体连锁聚合形成高聚物的化学反应。

离子型聚合包括三种聚合反应：阳离子聚合反应、阴离子聚合反应和配位离子聚合反应（定向聚合）。其特征是对单体的选择性高、聚合速率快、不存在偶合终止，只能单基终止。

离子型聚合的工业应用非常广泛，一些重要的聚合物如聚丙烯（PP）、高密度聚乙烯

(HDPE)、顺丁橡胶(PBR)、丁基橡胶(PIBR)、异戊橡胶(PIPR)、聚甲醛(POM)、氯化聚醚(PBCMO)活性高聚物和遥爪高聚物等只能通过离子型聚合来制备。除此之外，离子聚合能将常用的单体如乙烯、丙烯、丁二烯、苯乙烯等进行聚合，所得到的聚合物，其结构和性能具有独特的优点，在工业生产中具有重要意义。而在制备嵌段共聚物方面，离子型聚合也起着重要作用。

由于离子型聚合所用催化剂对水极为敏感，不能采用以水为介质的悬浮聚合或乳液聚合。所以离子型聚合在工业生产上大多采用溶液聚合法，只有部分采用本体聚合。由于聚合只限于使用高纯有机溶剂，因而生产成本较高。一般来说，凡是可采用自由基聚合的单体都不采用离子型聚合来制备聚合物。

4.1 阳离子聚合反应

4.1.1 阳离子聚合反应单体

如第3章所述，阳离子聚合反应的单体大多具有强推电子取代基的烯烃类化合物如异丁烯、α-甲基苯乙烯和烷基乙烯醚等，这是因为在这类化合物中，由于推电子基团的诱导效应，使双键上的π-电子云密度增大，因而易与亲电子引发剂结合，形成稳定的碳阳离子，进行阳离子聚合反应。

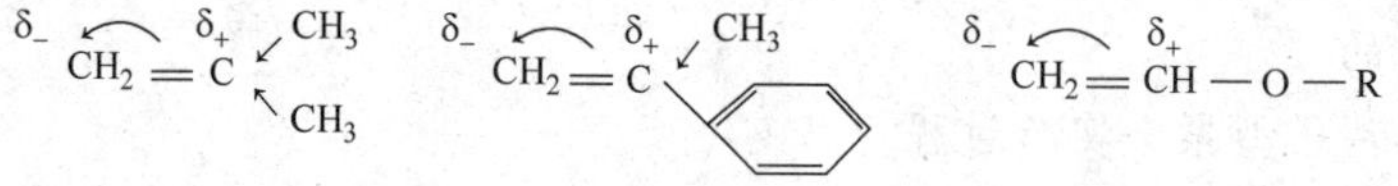

异丁烯　　α-甲基苯乙烯　　烷基乙烯醚

阳离子型聚合反应单体除烯类化合物外，还有环氧乙烷、四氢呋喃和三聚甲醛等环氧化合物。工业化生产常用的主要单体有异丁烯、乙烯、环醚、甲醛、异戊二烯。

4.1.2 阳离子聚合反应引发剂

阳离子聚合反应的活性中心是阳离子，所用的引发剂为亲电试剂，目的是提供氢质子或碳阳离子与单体作用完成链引发过程。常用引发剂见表4-1。

表4-1　常用引发剂

类型	化合物	特点
含氢酸	$HClO_4$、H_2SO_4、H_3PO_4、CH_3COOH	反离子亲核能力较强，一般只能形成低聚物
Lewis 酸 (泛指能接受电子的任何物质)	BF_3、$AlCl_3$、$SbCl_5$　较强 $FeCl_3$、$SnCl_4$、$TiCl_4$　中强 $BiCl_3$、$ZnCl_2$　较弱	需要加入微量水、醇、酸等助催化剂才能引发单体
其他物质	I_2、Cu^{2+}等阳离子型化合物 $AlRCl_2$等金属有机化合物 RBF_4等阳离子盐	只能引发活性较大的单体

其中路易斯酸中含有缺电子的金属元素与含有成对电子的路易斯碱会形成不稳定的离子型络合物，电离出阳离子和阴离子，方程式如下所示。

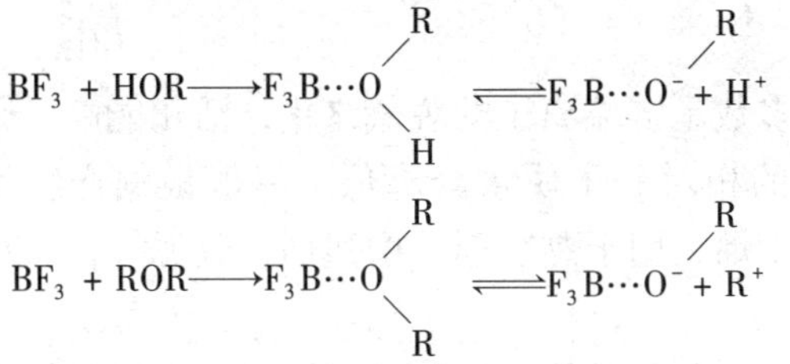

$$TiCl_4 + HX \longrightarrow Cl_4Ti\cdots HX \rightleftharpoons Cl_4Ti\cdots X^- + H^+$$

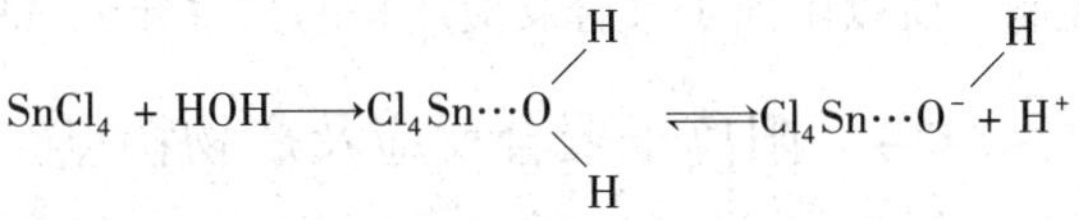

$$SnCl_4 + RCl \longrightarrow Cl_4Sn\cdots ClR \rightleftharpoons Cl_4Sn\cdots Cl^- + R^+$$

4.1.3　阳离子聚合反应机理

下面是以 BF_3、H_2O 为引发剂，异丁烯为单体进行阳离子聚合反应机理介绍。

4.1.3.1　链引发反应

首先是引发剂反应形成离子型络合物，然后引发单体进行聚合。

$$BF_3 + HOH \longrightarrow H^+[BF_3OH]^-$$

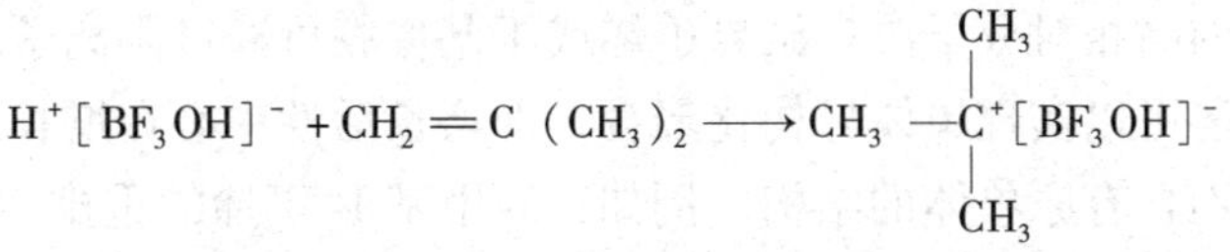

由于引发剂形成的离子型络合物不需要分解就可以引发单体，所以活化能低，在低温下就可以快速引发。

4.1.3.2　链增长反应

在链增长过程中，每一次增长，由于电性，单体都是以“头-尾”的形式进入链端离子对之间的。

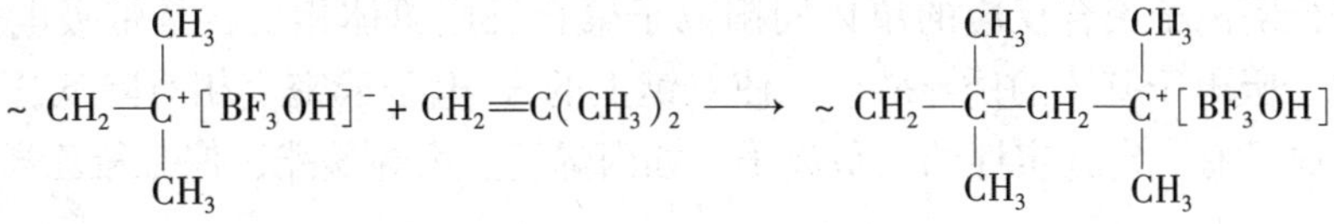

4.1.3.3　链终止反应

链终止反应有以下两种终止方式。

（1）链端离子对的重排

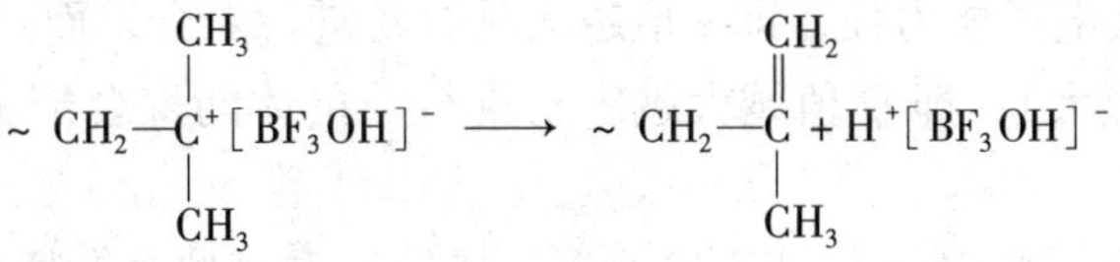

（2）活性中心向单体转移

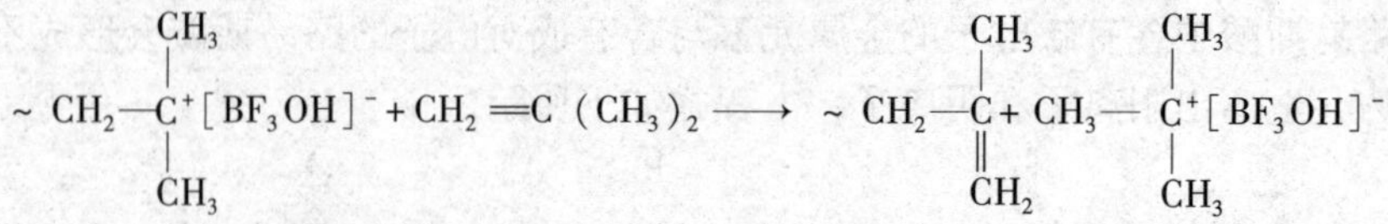

由于链终止反应大多数是链端离子的脱氢终止，活化能高，因此反应温度提高，有利于链终止反应，但产物的相对分子质量会降低。一般根据产物用途合理确定聚合温度，-40℃以上生产的聚异丁烯，用于黏合剂、增塑剂、胶泥等；-78℃以下生产的聚异丁烯用于塑料添加剂。

降低聚合温度，可以抑制向单体转移的反应，有利于增长反应，聚合度增大。链终止反应可以通过升温来控制，所以阳离子聚合反应产物的相对分子质量分散性小。

4.1.4 阳离子聚合反应及产物特点

阳离子聚合反应具有快引发、快增长、极易链转移和较难终止的反应特点，常需加入终止剂。

由于可以通过温度控制链终止（链转移）反应，所以聚合物相对分子质量较高，分散性较小。在聚合反应过程中，催化剂引发后单体始终以“头-尾”相连的方式进入链端离子对之间，即聚合物的链节排列总是“头-尾”结构，所以阳离子聚合产物具有线性规整性。

4.1.5 阳离子聚合反应的应用

作为橡胶原料的高相对分子质量聚异丁烯或丁基橡胶可通过阳离子聚合反应制得。通过阳离子聚合反应还可以实现单体异构化聚合，即增长活性中心在增长之前先重排，使得高聚物中重复单元不含有原单体的结构，例如，3-甲基1-丁烯的重排。

4.2 阴离子聚合反应

4.2.1 阴离子聚合反应的单体

能够进行阴离子聚合反应的单体同阳离子聚合反应单体相反，是带吸电子取代基的α-烯烃，由于吸电子基团的诱导效应，使双键上的π-电子云密度相对降低，易与亲核试剂结合，形成具有一定稳定性的碳负离子。如丙烯腈、丙烯酸酯、偏二氰乙烯等

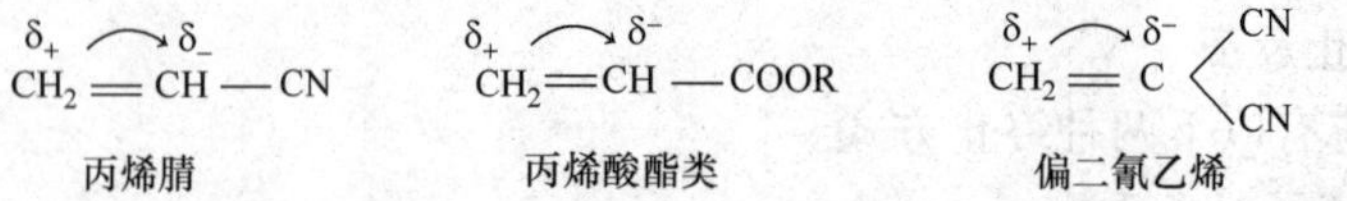

丙烯腈　　丙烯酸酯类　　偏二氰乙烯

单体取代基的吸电子能力强，即e值越大越容易进行聚合，而对于共轭结构，π电子流动性大（共轭效应大），即Q值越大越容易进行。单体的聚合能力随结构不同而变化，如表4-2所示。

具有共轭结构的α-烯烃（如苯乙烯、丁二烯等）和某些含杂原子（O，N）的化合物如环氧乙烷、四氢呋喃（既可以进行阴离子聚合，也可以进行阳离子聚合）等也可进行阴离子聚合反应。

表 4-2　　一些单体的聚合能力

聚合能力	小 →			大
单体	$CH_2=CH(C_6H_5)$	$CH_2=CH(COOCH_3)$	$CH_2=CH(CN)$	$CH_2=C(CN)COOCH_3$
Q 值	1.0	0.42	1.78	12.6
e 值	-0.8	0.60	1.20	2.10

4.2.2　阴离子聚合反应引发剂

阴离子聚合反应的引发剂是具有亲核能力的亲核试剂（多为碱性物质）。有以下三种类型：

（1）碱金属烷基化合物

常用的有氨基钾（钠）、醇化物、格利雅试剂、烷基化钠（锂）（正丁基锂）等；

（2）碱金属

如 Li，Na，K 等，因其最外层只有一个电子，易失去，亲核性强，是最早使用的阴离子型聚合引发剂；

（3）碱金属络合物

如萘钠、苯基锂等。

上述三种引发剂体系中以丁基锂和萘钠最为重要也最为常用。表 4-3 是常见阴离子聚合单体和引发剂的反应活性。

表 4-3　　常见阴离子聚合单体和引发剂的反应活性

单体活性类别	单体	Q 值	引发剂活性类别	引发剂
高活性	硝基乙烯	100	低活性	吡啶
	偏二氰基乙烯			NR_3
次高活性	丙烯腈	2.70	中活性	ROK
	甲基丙烯腈	3.33		NAOH
中活性	丙烯酸甲酯	1.33	次高活性	RMgX
	甲基丙烯酸甲酯	1.92		
低活性	苯乙烯	1.00	高活性	Li、Na、K
	丁二烯	1.28		Li-R

4.2.3　阴离子聚合反应机理

下面以正丁基锂为引发剂，苯乙烯为单体，四氢呋喃为溶剂，甲醇为终止剂的阴离子聚合反应机理为例介绍。

4.2.3.1　链引发反应

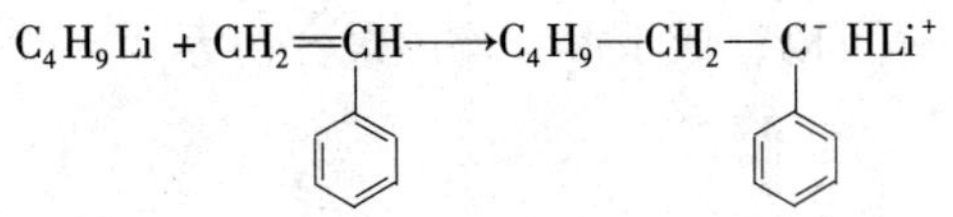

4.2.3.2 链增长反应

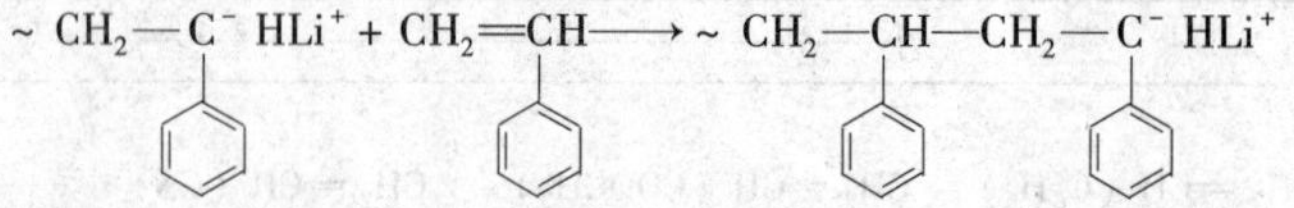

4.2.3.3 链终止反应

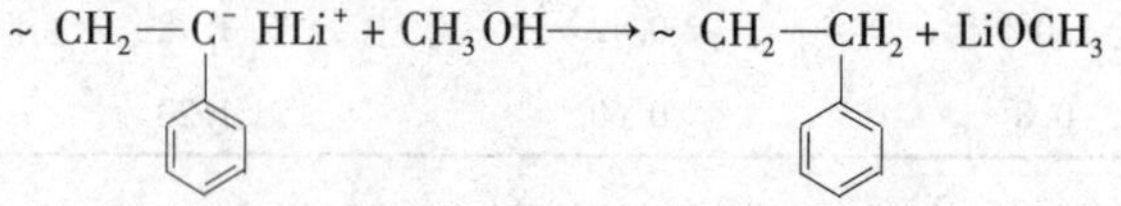

如果反应体系中，这些终止试剂完全除尽，链活性末端的活性能长期保持下来，直到把所有的单体消耗完全，形成的带有活性的高分子链称为活性聚合物。

4.2.4 活性聚合物

4.2.4.1 活性聚合物

（1）活性高聚物的定义

在适当条件下，不发生链转移或链终止反应，而使增长的活性链反应直至单体完全耗尽仍保持活性的聚合物阴离子。

（2）活性聚合物的形成条件

首先体系中没有杂质，溶剂为惰性，不能进行链终止和链转移反应；同时单体不发生其他反应；而且引发速率要大于增长速率，体系内浓度、温度均一，无明显链解聚反应。

4.2.4.2 活性聚合物的应用

（1）合成单分散高聚物

在阴离子聚合反应中，链引发速度极快，所以活性中心几乎同时产生，随即所有增长链同时以相同的速率进行链增长，直到单体消耗完全。由于每个活性链有相同的机会分享全部单体，生成大分子的相对分子质量大小非常接近，即具有单分散性。目前可合成 α（分散系数）$\leqslant 1.1$ 的聚苯乙烯和聚异戊二烯。

（2）合成嵌段共聚物

在阴离子聚合反应中，只要链终止反应不发生，将所有单体消耗完后，所得聚合物链会继续保持活性，此时再加入同种单体，会继续聚合，若加入另一种单体则会生成嵌段共聚物。例如，制备热塑性橡胶时，就是先将丁二烯在金属锂的催化下进行聚合，然后交替加入苯乙烯和丁二烯。

（3）遥爪聚合物

所谓遥爪聚合物是指分子链两端具有反应能力很强的端基，像两个爪子一样，所以叫遥爪聚合物。它是近年来高分子化学发展的一个新领域，通过它的端基进行反应可以生成具有特殊性能的高聚物。例如，在有机碱金属化合物的催化下，将丁二烯进行聚合，再用二氧化碳将其端基转化成羧基，可进行交联反应，使橡胶在成型加工和产品性能上具有许多新的特点。

另外通过活性聚合物还可以合成星形、梳形聚合物等。

4.2.5　阴离子聚合反应的应用

由于碳负离子比碳正离子稳定，无杂质存在，所以不会发生链转移反应，离子能长时间保存，因而阴离子聚合能生成“活性聚合物”。活性聚合应用广泛，可以合成单分散高聚物、嵌段共聚物、遥爪高聚物以及用来测定负离子聚合速率常数等。合成的具有特定结构的聚合物，如ABA型嵌段共聚物、星形、梳形等聚合物，达到了聚合物分子设计的目的。工业上也取得了实际应用，如液体丁苯橡胶、丁苯嵌段共聚物SBS树脂。

4.3　定向聚合反应

4.3.1　基本概念

国际纯粹与应用化学联合会（IUPAC）规定：凡能形成以有规立构高聚物为主的聚合反应（包括自由基型、阳离子型、阴离子型、配位阴离子型等聚合反应）都称为立体定向聚合反应或有规立构聚合反应。所得产物称为立体定向聚合物。定向聚合产物特点是产物立构规整性好、相对分子质量高、支链少、结晶度高。

高聚物中有规立构高聚物所占的百分数称为立构规整度。又称为定向指数、等规度。

4.3.2　定向聚合反应的应用

在高压、高温和微量氧存在条件下，乙烯进行自由基型聚合反应可得到高压聚乙烯（低密度聚乙烯），而1953年德国人Ziegler等人在庚烷中加入三乙基铝［$Al(C_2H_5)_3$］和四氯化钛（$TiCl_4$）催化剂，并在常压和较低温度下进行聚合得到低压聚乙烯（高密度聚乙烯）。而对于一直无论用自由基或阴阳离子聚合都得不到有实用价值的聚丙烯，则通过定向聚合得到了具有高度立体结构规整的、性能优异、用途广泛的聚丙烯。所以定向聚合反应是能够成功地实现了获得所需要的、具有工业生产意义的立构规整性聚合物的聚合反应。

定向聚合会得到规整性高的聚合物，而聚合物的立构规整性会影响聚合物的结晶能力。聚合物的立构规整性好，分子排列有序，有利于结晶，结晶度高会使制品具有高熔点、高强度和高耐溶剂性。例如，天然产物纤维素和淀粉，两种聚合物的结构单元都是葡萄糖单元，只是立体构型不同，其性质相差极大。纤维素因具有较高的结晶度，所以其强度和力学性能很好，溶解度较低，不易水解，在植物体内和材料应用中都属结构材料；而淀粉因结晶性差，易水解，不能作结构材料，只能作为食物和动植物的储存能量的材料。

同样作为五大通用塑料之一的聚丙烯，无规聚丙烯为非结晶聚合物，松软发黏，几乎无物理强度，没有多大用途。而等规聚丙烯，为结晶材料，相对密度0.90，熔点高过175℃，具有高强度，相对密度小，优良的耐溶剂性和耐化学腐蚀性，在塑料和纤维材料中应用非常广泛，是价廉、优质的通用高分子材料。

4.3.3　定向聚合催化剂

在研究中发现除$Al(C_2H_5)_3$和$TiCl_4$外，过渡金属化合物和金属烷基化合物组合成的催化体系都可用作定向聚合反应的催化剂，统称为 Ziegler-Natta 催化剂。它是由主催化剂和助催化剂组成。

（1）主催化剂

用于α-烯烃的配位阴离子聚合：第Ⅳ～第Ⅵ族过渡金属（Ti、V、Mo、W、Cr 等）卤化物、氧氯化物。

用于双烯烃配位阴离子聚合：第Ⅷ过渡金属（Co、Ni、Ru、Rh 等）的卤化物羧盐。

（2）助催化剂

周期表中Ⅰ～Ⅲ族的金属烷基化合物和烷基化的金属卤化物。如 LiR、BeR_2、MgRCl、AlR_3、AlR_2Cl。

常用 Ziegler-Natta 催化剂如表 4-4 所示。

表 4-4　常用的 Ziegler-Natta 催化剂组分

主催化剂	助催化剂	主催化剂	助催化剂
$TiCl_4$	$Al(C_2H_5)_3$	$Ti(OH)_2$	$Zn(C_2H_5)_2$
$TiCl_3$	$Al(C_2H_5)_2Cl$	$MoCl_5$	$Al[N(C_6H_5)_2]_3$
$TiBr_3$	$Al(C_2H_5)_2Br$	NiO	MgC_6H_5Br
VCl_4	$Al(C_2H_5)_3Cl_2$	$CrCl_3$	$LiAl(C_2H_5)_4$
VCl_3	$Al(i\text{-}C_4H_9)_3$	$ZrCl_4$	NaC_5H_{11}
$Ti(C_5H_5)_2Cl_2$	$Be(C_2H_5)_2$	WCl_6	$Cd(C_2H_5)_2$
$V(CH_3COCHCOCH_3)_3$	$Mg(C_2H_5)_5$	$MnCl_2$	$Ga(C_2H_5)_3$
$Ti(OC_4H_9)_4$	LiC_4H_9		

4.3.4　定向聚合反应机理

大量实验事实已证实 Ziegler-Natta 催化剂引发的定向聚合反应机理是属于阴离子配位聚合，又称作配位阴离子聚合。

关于配位阴离子聚合活性中心的结构及链引发、链增长过程目前主要有两种理论，即早期的双金属理论和目前多数人比较认可的单金属理论。前者认为催化体系中的主催化剂和助催化剂会发生反应形成含有两种金属的桥型络合物活性中性，进而引发单体进行增长。而后者认为只含有一种金属的活性中心引发单体增长。实际上真正的聚合机理可能并不属于某一种，大致情况可以用下式来表达。

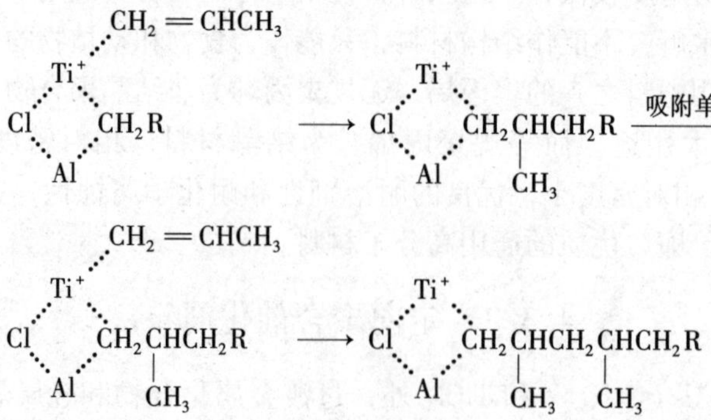

4.4　离子型聚合与自由基型聚合的比较

虽然离子型聚合与自由基型聚合都属于连锁聚合反应，但它们在活性中心、单体、引发剂、增长方式、终止方式、产物结构、聚合温度和实施方法等方面又会有一些差异，现比较如表4-5所示。

表4-5　离子型聚合与自由基型聚合的比较

	自由基聚合	阳离子聚合	阴离子聚合	配位聚合
活性中心	自由基	阳离子	阴离子	配位阴离子
聚合机理	连锁聚合反应	连锁聚合反应	连锁聚合反应	连锁聚合反应
单体	带弱吸电子基团的烯烃	带推电子基团的烯烃	带吸电子基团的烯烃	吸推均可
引发剂	偶氮类、有机过氧化物、无机过氧化物、氧化-还原引发体系	亲电试剂 含氢酸、Lewis酸、有机金属化合物	亲核试剂 碱金属、碱金属的有机化合物	具有特殊定位效应的Ziegler-Natta催化剂体系
增长方式	以头尾为主，头头为辅	头尾连接	头尾连接	头尾连接
终止方式	偶合终止、歧化终止、链转移终止	“自发”终止、与反离子结合终止、链转移终止	正常无链终止、形成活性高聚物	以外加终止剂为主
产物结构	多无规	视离子对存在形式而定		规整
聚合温度	50～80℃	0℃以下	0℃或室温	0℃以上
实施方法	本体、溶液、悬浮、乳液		本体聚合、溶液聚合	
实例	氯乙烯的自由基聚合反应	异丁烯的聚合反应	苯乙烯的聚合反应	丙烯的聚合反应

4.5　重要的聚合物

4.5.1　聚异丁烯

聚异丁烯（PIB）可用无机酸或路易斯酸作为引发剂进行阳离子聚合，也可采用Ziegler-Natta催化剂或利用辐照引发进行聚合。异丁烯采用BF_3-HX引发体系进行阳离子聚合的机理如前所述，其特点是低温、高速，聚合完成时间不到一秒钟。采用$AlCl_3$时，在稀释剂中也只需几分钟就可完成聚合。因此，在工业生产中如何及时排除聚合热，以维持聚合温度恒定，是一个十分重要的问题。

聚异丁烯的结构式为 $-CH_2-\overset{\overset{\displaystyle CH_3}{|}}{\underset{\underset{\displaystyle CH_3}{|}}{C}}-$ ，数均相对分子质量<1000时称为低相对分子质

量聚异丁烯。数均相对分子质量 >1000 时称为中高相对分子质量聚异丁烯。低相对分子质量聚异丁烯外观为浅黄色黏稠液体，耐光、耐热和抗氧化性能良好。可用作胶黏剂基料、增黏剂、涂料、密封材料等。高相对分子质量聚异丁烯为无色、无味、无臭、无定形固体，耐水、耐氧化性和电绝缘性良好，耐化学品性优良，可用于制作橡胶制品、密封材料等。未硫化聚合物可作润滑剂、增稠剂、润滑油和燃料的添加剂、聚丙烯膜和乙丙橡胶压敏胶黏剂等。

4.5.2 聚 丙 烯

聚丙烯（PP）是由丙烯（$CH_2=CHCH_3$）在溶剂中与 Ziegler-Natta 催化剂接触，在 0.3 ~1MPa 压力下进行聚合得到等规聚合物，聚合物也含有少量的无规聚合物。

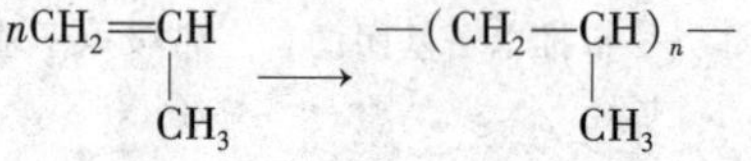

聚丙烯的相对密度为 0.90 ~0.92，在塑料品种中属于相对密度较小的一类。和高密度聚乙烯相比，软化温度高（等规 PP 熔点为 176℃），拉伸强度、弯曲强度、刚性好，但冲击强度不高。耐电压、耐电弧性好，可用于高频绝缘材料。透明性好于聚乙烯，可用于薄膜包装。

聚丙烯是用途最为广泛的通用塑料，它既可以作为塑料使用也可以纺丝制成纤。注射成型制品是聚丙烯最大的应用领域，例如，周转箱、容器、手提箱、汽车部件（汽车内饰件，如仪表盘；挡泥板、通风管、风扇；保险杠）、家用电器部件、医疗器械（一次性针筒）和家具等。挤出制品可制成聚丙烯纤维，也可制成聚丙烯薄膜，其中双向拉伸薄膜的强度和透明度都大幅度提高，是重要的包装用高分子材料。同时可生产热成型制品，例如，饮水杯。

4.5.3 聚 丁 二 烯

聚丁二烯（PB）可以采用自由基乳液聚合、阴离子聚合和定向聚合。其中自由基乳液聚合不能得到结构规整的聚丁二烯；由于用烷基锂容易控制引发过程，广泛用来研究丁二烯的阴离子聚合。而用 Ziegler-Natta 催化剂可合成出不同立体结构的聚丁二烯。

丁二烯分子有两个双键，既可发生 1,4 加成聚合，生成顺式 1,4 或反式 1,4 聚合物；也可发生 1,2 加成聚合，其中又有全同 1,2 和间同 1,2 之分，所以规整聚丁二烯的结构可有四种：反式 1,4、顺式 1,4、全同 1,2、间同 1,2。实际多以 1,2 键合的比较多，结构式 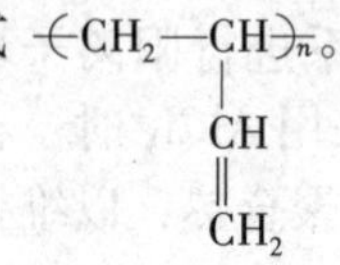。

聚丁二烯具有良好的成型性和广泛的应用范围。主要用作合成橡胶，溶液聚合的聚丁二烯常与丁苯橡胶或天然橡胶并用，做轮胎的胎面和胎体。此外，由于它耐磨，可用作输送带的包皮、鞋底、摩托车零部件等。1,2-聚丁二烯主要用作胶黏剂和密封剂。

习题

1. 下列单体是与何种机理聚合？并说明原因。

$CH_2{=}CH(Cl)$　　$CH_2{=}CH(C_6H_5)$　　$CH_2{=}C(C_6H_5)_2$　　$CH_2{=}CH(CN)$

$CH_2{=}C(CN)_2$　　$CH_2{=}C(CH_3)_2$　　$CF_2{=}CF_2$　　$CH_2{=}CH{-}CH{=}CH_2$

2. 解释下列概念：

活性聚合物　立构规整度　定向聚合物　全同立构高聚物　间同立构高聚物　无规立构高聚物

3. 阴阳离子及定向聚合反应的特点。

4. 叙述合成下列嵌段共聚物的反应步骤。

～SSSSSSS～～～BBBBBBBBBBB～～～～SSSSSSSSSSS

5. 定向聚合反应的意义。

6. 比较自由基型聚合反应与离子型聚合反应的差异。

第5章 高分子链的结构

应知要点

1. 高分子的结构层次与性能的关系
2. 端基对高聚物性能的影响

应会要点

1. 不同主链结构高聚物的性能差异
2. 不同几何形状高聚物的性能差异
3. 不同构型高聚物的性能
4. 高分子链具有柔性的根本原因及其影响因素
5. 高分子链柔性的表征

课前认知实习

1. 实习形式

参观性能测试实验中心或观看各种材料应用录像。

2. 实习内容

了解不同结构对高聚物性能的影响。

3. 实习目的

（1）了解主链结构对高聚物性能的影响。

（2）了解几何形状对高聚物性能的影响。

（3）了解不同构型对高聚物性能的影响。

（4）了解不同结构对高聚物柔性的影响。

4. 演示设备、材料

（1）设备：测试设备或录像设备。

（2）材料：不同结构的高聚物。

5. 演示步骤

（1）观看测试过程或测试录像；

（2）比较测试数据，分析影响结果；

（3）老师讲解演示过程中的各个步骤，加深对性能的认识。

6. 问题讨论

（1）不同结构是如何影响高聚物的性能？

（2）高聚物实际性能与理论分析是否有差距，为什么？

高聚物的应用是由其性能决定的，性能是和分子链的化学组成以及分子链上的各个原子、基团或结构单元的排列存在直接的关系，所以首先要了解高分子结构。

5.1　结构层次

所谓高分子结构是指组成高分子的单元在平衡状态下在空间的几何排列，按研究单元的不同可以分为两大类：一为分子内结构即链的结构，主要研究一个分子链内原子或基团的排列，它包括近程结构和远程结构；二是分子间结构，即聚集态结构，主要研究分子链之间的几何排列与堆砌。

5.1.1　高分子的近程结构及与性能的关系

高分子的近程结构（一次结构）是构成聚合物最基本的微观结构，它主要研究高分子的基本组成和构型，前者包括高分子链的原子种类、排列、取代基、端基的种类、结构单元的链接方式、支链的类型和长度等；后者是研究取代基围绕特定原子在空间的排列规律，例如，旋光异构、几何异构等。由于近程结构是由单体经聚合反应确定，所以要改变它，必须通过化学键的断裂才能实现。

高分子的近程结构是保留该物质特性并能独立存在的最小单位，所以它是反映高分子各种特性的最主要结构层次，会直接影响到高聚物的熔点（T_m）、密度（ρ）、溶解性、黏度、强度、黏附性等，对其他性能也会产生间接影响。因此研究高聚物的结构应该首先研究高聚物的近程结构。

5.1.2　高分子的远程结构及与性能的关系

高分子的远程结构（二级结构）是指单个大分子的大小和在空间存在的各种形态（又称构象），例如：伸直链等。一条高分子链在空间可以呈现不同的形态，图 5-1 是不同结构高聚物所呈现的几种常见的稳定构象。

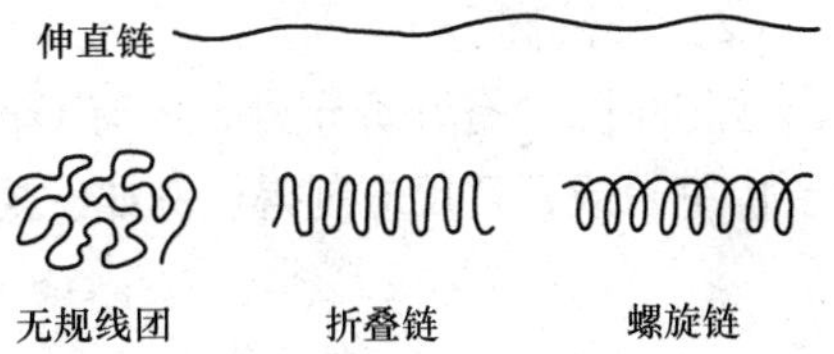

图 5-1　不同结构高聚物常见稳定构象

四种稳定构象中，伸直链一般存在于线型高分子拉绳、纱等拉伸制品中，无规线团是无规高分子在溶液中或非结晶状态下所呈现的状态，平面锯齿与螺旋构象常见于结晶高聚物中。

高聚物的远程结构主要研究单个高分子的大小和柔顺性，是大分子独有的结构，它赋予高分子链柔性，使聚合物具有高弹性。

5.1.3　高分子的聚集态结构及与性能的关系

高分子的聚集态结构（三次结构）是指在聚集体系中，大分子之间的几何排列（如何堆砌的）。它是由微观结构向宏观结构过渡的状态，主要包括晶态，非晶态和液晶态等结构。

高分子的聚集态结构是决定高聚物制品使用性能的主要因素，在很大程度上受到成型加工过程的影响。即对于具有同样结构的同一种高聚物，在不同的成型加工条件下，其制品的使用性能会有很大的差别。例如，成型时的冷却温度不同，制品的结晶度就会有所不同，制品的耐热性、力学性能和透明性等就会有很大的差异，进而影响应用。而对于挤出管材，牵引速度的不同则会导致制品的取向度不同，从而影响其力学性能。所以高分子的聚集态结构是影响制品性能的直接因素。

5.2 高分子链的近程结构

5.2.1 高分子链的化学组成与结构

高分子链由许多链节重复连接在一起，所以高分子链的化学组成结构主要是指链节的化学结构。

5.2.1.1 主链结构按主链结构的化学组成不同高聚物主要分为以下几种

(1) 碳链高分子

主链全部由碳原子组成（由共价键连接而成）的高聚物称之为碳链高聚物，例如，聚乙烯、聚丙烯、聚氯乙烯、聚苯乙烯、聚甲基丙烯酸甲酯等。

碳链高聚物由于含有极性不大的主链，所以这类高聚物具有以下特点：不溶于水，可塑性（可加工性）好，但耐热性差，易燃烧。即使同是碳链高聚物，由于取代基不同，性能也会有差异，例如，聚苯乙烯［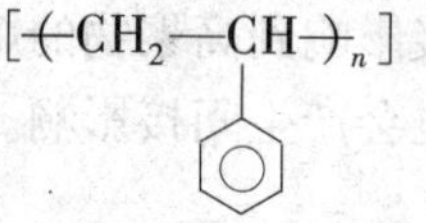］由于含有庞大的苯环，高分子链不易旋转，所以柔性差，材料表现为硬和脆。聚氯乙烯和聚丙烯腈，因含有的取代基使分子的极性增强，分子间作用力加大，材料表现出较好的硬度、强度和耐溶剂性。而聚乙烯因不含有取代基材料较柔软。

(2) 杂链高分子

主链中除含有 C 原子外，还有 O、S、N 等其他杂原子的高聚物称之为杂链高聚物。它主要由缩聚或开环反应制得。例如，尼龙、涤纶、聚苯醚、聚砜、聚甲醛、聚苯硫醚等。

$\lbrack\!\!-CH_2-O-\rbrack_n$ 聚甲醛 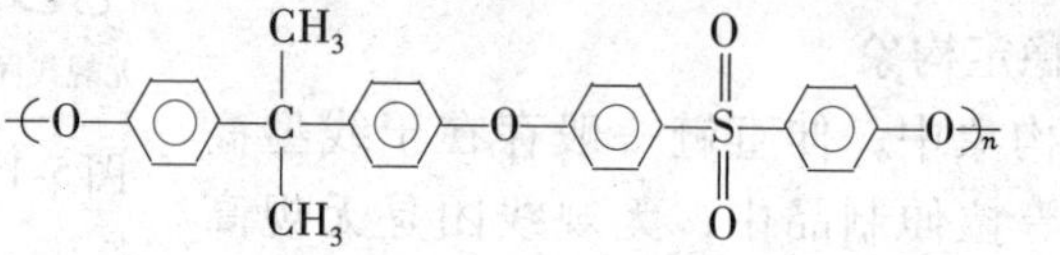 聚砜

$\lbrack\!\!-O-R-O-\overset{O}{\overset{\|}{C}}-R'-\overset{O}{\overset{\|}{C}}-\rbrack_n$ 聚酯

$\lbrack\!\!-NH-R-NH-\overset{O}{\overset{\|}{C}}-R'-\overset{O}{\overset{\|}{C}}-\rbrack_n$ 聚氨酯

杂链高分子因主链结构中具有极性基团，所以这类高聚物具有以下特点：易水解，耐热性比较好，强度高，可用作工程塑料。

(3) 元素有机高分子

主链中不含碳，但含有硅（Si）、磷（P）、钛（Ti）、铝（Al）、砷（As）等元素，如有机硅橡胶［$\lbrack\!\!-\underset{CH_3}{\overset{CH_3}{Si}}-O-\rbrack_n$］和聚钛氧烷［$\lbrack\!\!-\underset{R}{\overset{R}{Ti}}-O-\rbrack_n$］等。这些高聚物因兼有无机物和

有机物结构，所以具有以下特点：具有很高的耐热性和耐寒性（例如，有机硅橡胶可在 -123℃使用），具有弹性、塑性和可溶性，但机械强度较低。

5.2.1.2　端基

端基在高分子链中所占的分量虽然很小，但对聚合物的性能会有直接的影响，尤其对热稳定性影响最大，因为链的断裂可以先从端基开始。如聚甲醛的羟端基和聚碳酸酯的酰氯端基与羟端基都是导致其高聚物高温易降解的因素。所以要提高高聚物的耐热性，一般要对高分子链进行封端。例如，甲醛聚合时会加入乙酸酐、醚等作为终止剂进行封端。

5.2.2　高分子结构单元的键接结构及对材料性能的影响

键接结构是指结构单元在高分子链中的连接方式（顺序）。对于缩聚物，键接结构比较明确，但对于加聚物就比较复杂，下面分以下几个方面分析。

5.2.2.1　单烯类高分子的连接方式

对于结构对称的单烯类高分子，如聚乙烯，结构单元的连接方式只有一种。但对于 α-烯烃，由于结构不对称，主要有以下几种方式：头-尾、头-头和尾-尾结构，如聚氯乙烯中的分子结构。在高分子链中也有可能上面的几种方式同时出现，称为无规键接。

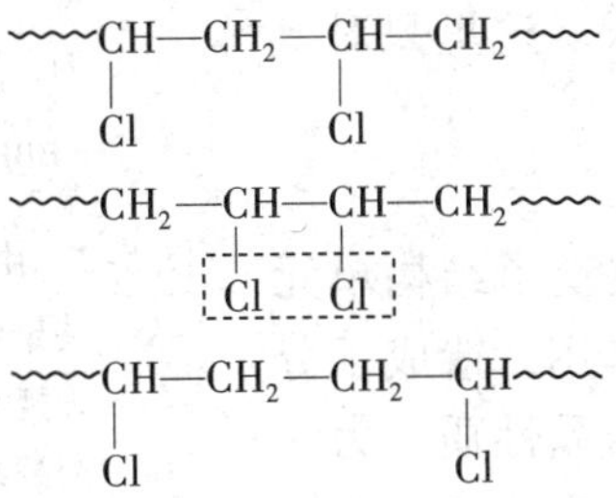

头-尾结构

头-头结构

尾-尾结构

实验证明单烯类高分子其分子链结构中主要是头-尾结构，但也含有少量的头-头结构和尾-尾结构，如自由基聚合的聚氯乙烯中头-头结构含量为 1.5%；也有这种不规则排列含量多一些的高聚物，如聚氟乙烯中头-头结构可达 26% ~30%。

在头-头结构中，由于相邻取代基的相互排斥作用导致之间的化学键较弱，使高聚物的力学性能和耐热性降低，这也是聚氯乙烯受紫外线照射易断裂材料易老化的原因。而对于结晶高聚物，头-头结构会导致结晶度降低。

5.2.2.2　双烯类单体的键接方式

双烯类单体的键接方式比单烯类键接方式更加复杂，除有头-尾、头-头、尾-尾结构外，还有多种加成方式，如 1,4 加成、1,2 加成或 3,4 加成。例如，下面的丁二烯和异戊二烯。

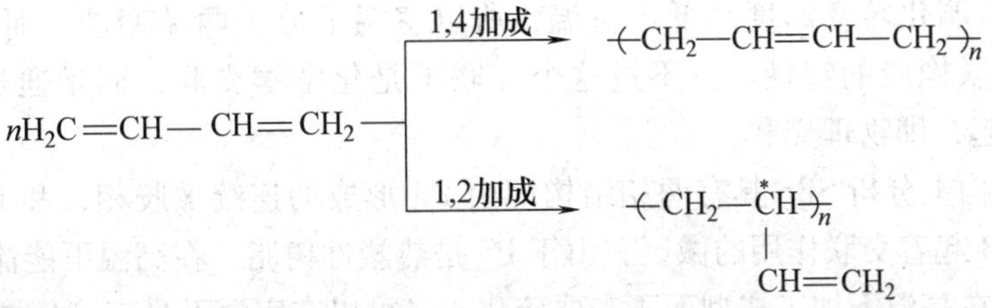

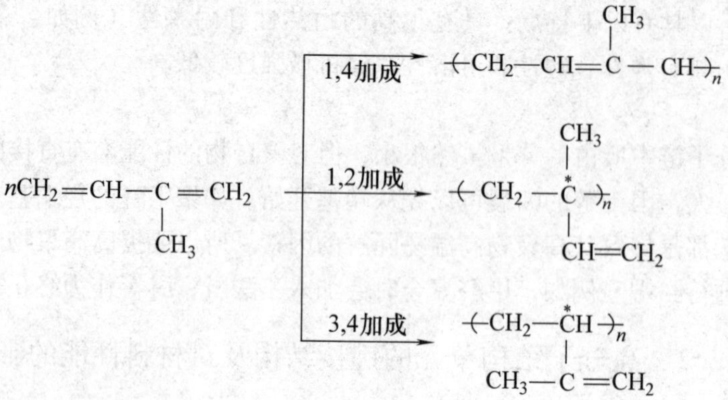

5.2.2.3 共聚物的序列结构

由两种或两种以上的单体键合而成的聚合物称为共聚物，由于合成工艺与单体活性不同，可以有不同的连接方式。以A、B两种单体所构成的共聚物为例，按连接方式可分为图5-2中四种连接方式。

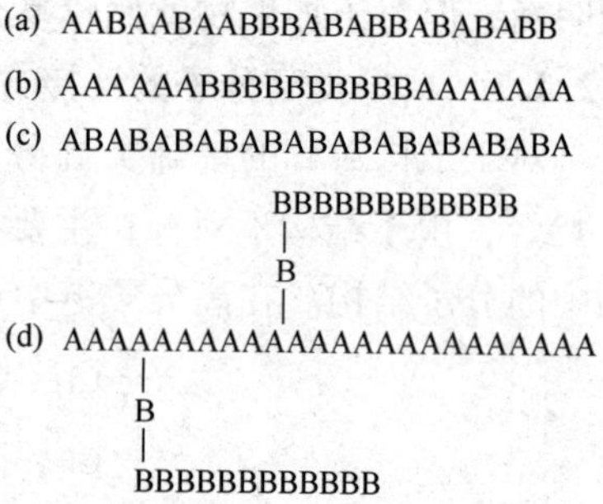

图5-2 由A、B两种单体构成的共聚物的单体连接方式

（a）无规共聚物 （b）嵌段共聚物

（c）交替共聚物 （d）接枝共聚物

实际上共聚物的结构不像理论上分得这么清楚，可能在一个分子上同时有几种连接方式。这里只对上述四种典型结构进行讨论。

（1）无规共聚物

由于两种单体无规则地排列，既改变了结构单元的相互作用，又改变了分子间的相互作用，造成了分子链的不均匀性，因此在溶液性质、结晶性质、力学性质方面和均聚物有明显不同。例如，聚乙烯，全同立构聚丙烯都是塑料，但乙烯与丙烯无规共聚物则为橡胶。再如被称为塑料王的聚四氟乙烯，不能熔融加工，但四氟乙烯与六氟丙烯的共聚物则是易熔融加工的热塑性塑料。

（2）嵌段共聚物

嵌段共聚物是指A序列和B序列互相交替排列的共聚物。例如，用阴离子聚合反应制得的SBS树脂就是苯乙烯与丁二烯的嵌聚共聚物，其分子链的中段是顺式聚丁二烯，两端是聚苯乙烯。

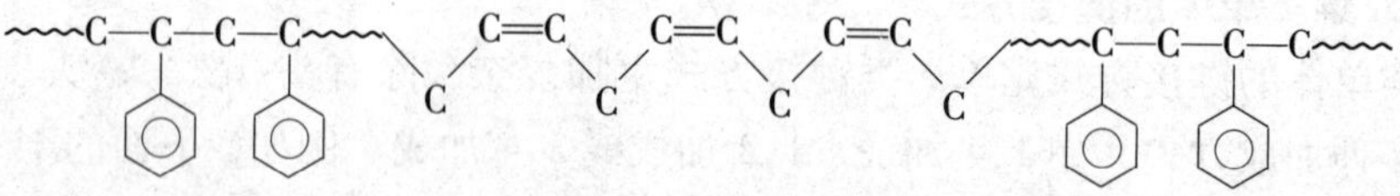

由于分子两端（聚苯乙烯）PS的玻璃化转变温度高于室温，分子链中间部分（聚丁二烯）PB的玻璃化转变温度却低于室温，所以室温下分子两端变硬，而中间仍具有弹性，显示高交联橡胶的特性。只不过这个交联不是化学键交联，而是通过玻璃态的PS“交联”在一起，即物理交联。

从微观结构上分析SBS具有两相结构即由PB形成的连续橡胶相，和PS形成的分散于树脂中对PB起着交联作用的微区，由于PS是热塑性树脂，在高温下能流动，所以SBS是一种既可以在高温下加工成型而不需要硫化，又可以在室温下具有硫化橡胶的热塑性弹性体，这是橡胶工业上一个重大进步。

（3）接枝共聚物

接枝共聚物是以单体 A（或 B）为主链，以单体 B（或 A）为支链的共聚物。它和嵌段共聚物具有相同的结构特点即各组分分别保持各自均聚物结构，只是在不同链之间以共价键连接在一起的。通常不同高聚物在分子层次上是不能相互混合的，所以接枝共聚物和嵌段共聚物在分子链结构中都会形成微相分离结构，从而呈现出其均聚物和无规共聚物所没有的特性。例如，将丁二烯气体注入聚氯乙烯粉末中，再用 Co^{60} 辐照，则会形成以聚氯乙烯为主链，丁二烯为支链的接枝共聚物，此共聚物在 –30℃时其机械强度是通常聚氯乙烯的 50 倍以上，改善了聚氯乙烯低温性能差的缺点。

（4）交替共聚物

交替共聚物是指共聚物分子链中的两种单体单元 A、B 有规律地交替排列的共聚物。它可以看作由两种单体构成一个重复单元的均聚物。

综上所述，共聚物不仅可以在一定范围内提高和改善高聚物材料的性能，而且还可以合成具有特殊性能的高聚物材料。所以改变高聚物性能，增加新品种，共聚是一种广泛采用的合成方法。

5.2.3　高分子链的几何形状及其对性能的影响

（1）线型高分子

大多数高聚物都是线型高分子。线型高分子的整个分子像一根线型长链，如图 5-3（a）所示。它是由含二官能团的单体反应而得，如聚氯乙烯和聚酯等，根据分子本身的柔顺性及外部条件，分子长链可以卷曲成团，也可以部分伸展成直线。线型高分子间没有化学键结合，在受热或者受力的情况下分子间可以相互位移，因此线型高聚物可以溶于适当的溶剂，受热可以熔融。

（2）支化高分子

支化高分子有多种形式如支链型、星型、梳型和蓖型等如图 5-3 所示。

在缩聚反应过程中有三个以上官能度的单体存在时，会引起支化和交联；在加聚过程中有链转移反应；双烯类单体中第二键的活化以及通过共聚或某些线型高分子因外界因素影响（如辐射源辐照）在链上形成活性点的情况下，均可以产生支化，形成支链高聚物。

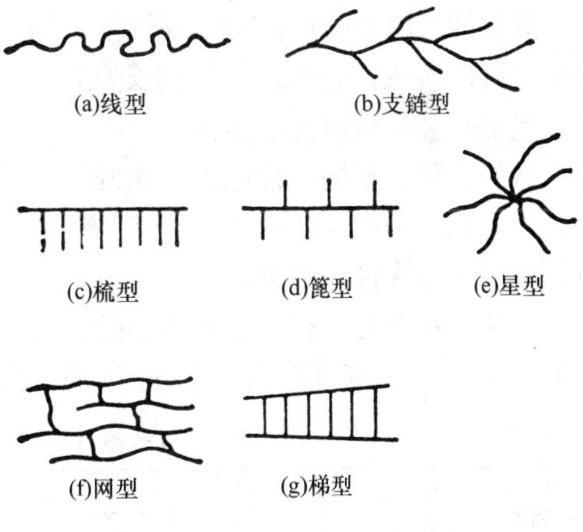

图 5-3　几种高分子链的形状示意图

支链高分子与线型高分子的化学性质相似，但物理力学性能不同。通过表 5-1 可以看出，高密度聚乙烯（HDPE）和低密度聚乙烯（LDPE）在性能上的差别。这是因为采用定向聚合的高密度聚乙烯是几乎没有支链的线型高分子，规整度高，分子容易排列在一起，易结晶，而采用自由基聚合的低密度聚乙烯是带有许多支链的高分子，分子不易规整排列，不易结晶，所以密度，熔点，结晶度和硬度方面都低于前者。支化破坏了分子的规整性，导致了与线型高分子在物理力学性能的差异。支化度越高，支链结构越复杂则对性能的影响越大，例如，低密度聚乙烯是具有长支链的支链型高分子，而线型低密度聚乙烯（LLDPE）是具有规整短支链的直线结构高分子。所以 LLDPE 的结晶度和熔点比 LDPE 高。另外无规支化不但会降低塑料、橡胶、纤维的强度，而且会影响纤维、单丝和薄膜的拉伸度，所以生产纤维、单丝时不应选择支链高分子，但适量的支链可以改善材料的柔韧性。

表征支链高分子的支化程度的参数有支化点密度或两相邻支化点之间链的平均相对分子质量，统称为支化度。

（3）交联高分子

高分子链之间通过支链或化学键连接成一个三维网状结构的大分子即为交联高分子（网状高分子）。例如，热固性塑料（如酚醛树脂、氨基树脂和环氧树脂等）和硫化橡胶都是交联高分子。橡胶硫化如下式。

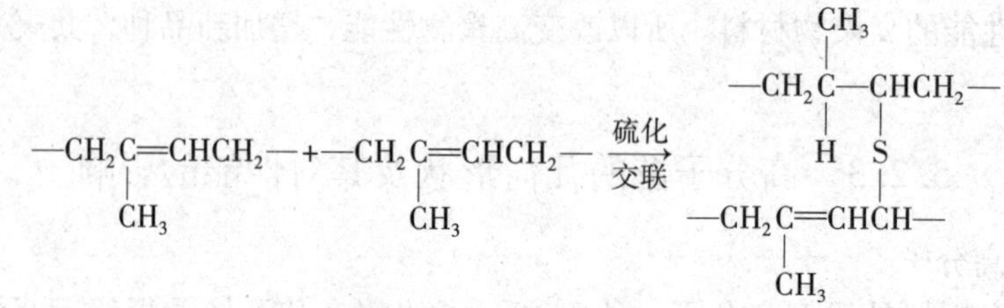

通过硫化可以使分子间容易滑动，受力后不能迅速恢复原状的聚异戊二烯在分子间形成硫桥，使分子链不易滑动，从而具有弹性变形，成为具有实用价值的橡胶。

由此可以看出交联可以使分子在使用时克服分子间的流动，提高制品的强度、耐热性和抗溶剂性。因而交联高分子在性能上与支链高分子具有很大的差异。如支链高分子可以溶解，可以熔融，有软化点；而交联高分子不溶解也不熔融，只有交联度不大时可以溶胀，但也不会形成高分子溶液。

另外交联度不同，性能也不相同。如交联度小的橡胶（含硫量 <5%）弹性好，交联度大（含硫量 20% ~30%）的橡胶弹性差，随着交联度的增加，力学性能和硬度都将增加，最后失去弹性而变脆。

表征交联高分子交联程度的参数有交联点密度和相邻两个交联点之间的链的平均相对分子质量 M_c。交联度越大，交联点密度越大，M_c 越小。

表 5-1　　PE 链几何形状对其性能的影响

PE 种类	链的几何形状	密度/(g/cm³)	结晶度/%	拉伸强度/×10⁵ Pa	T_m/℃	最高使用温度/℃	用途
LDPE	支化结构	0.91 ~ 0.94	60 ~ 70	70 ~ 150	105	80 ~ 100	薄膜材料、软制品
HDPE	线型结构	0.95 ~ 0.97	95	210 ~ 370	135	120	硬制品、管材
交联 PE	交联结构	0.95 ~ 1.40	—	100 ~ 210	—	135	海底电缆、电工器材

表 5-2 是三种不同几何形状高聚物性能差别。

表5-2　　　　线型、支链、交联高分子的性能差别

高分子材料	性能	代表产品
线型高分子	可溶，可熔，易于加工，具有弹性和塑性。容易结晶，可重复应用	一些合成纤维，热塑性塑料
支链高分子	可溶，可熔，但结晶度、密度、强度均比线型差	低密度聚乙烯
交联高分子	不溶，不熔，耐热，耐溶剂等性能好，但加工只能在形成网状结构之前，一旦交联为网状，便无法再加工	酚醛树脂、脲醛树脂，热固性塑料

（4）梯形和双螺旋形高分子

高分子主链不是单链而是像“梯子”或“双股螺旋线”形和“双螺旋”形的高分子称之为梯形和双螺旋形高分子，如聚丙烯腈纤维。

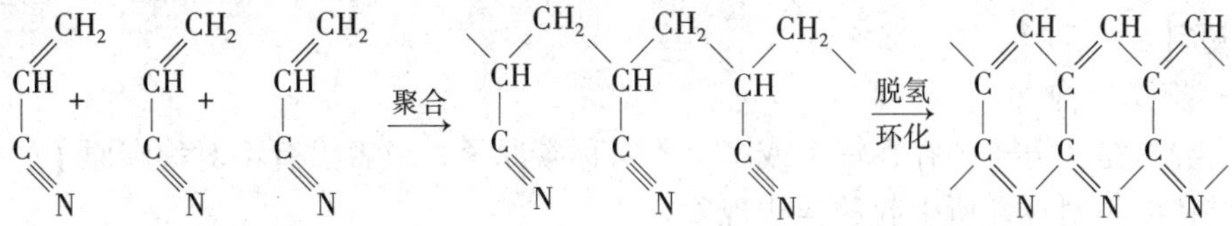

聚酰亚胺

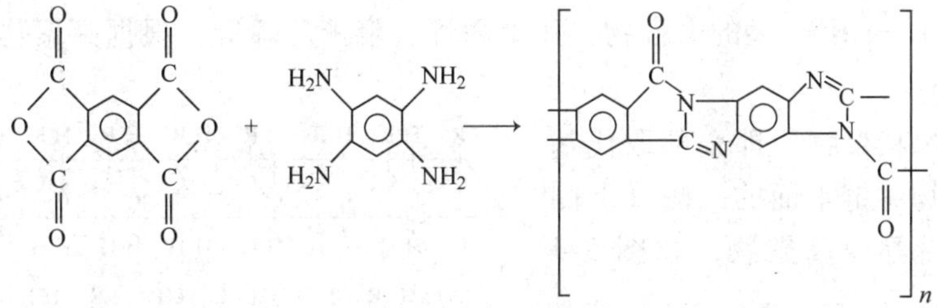

梯形和双螺旋形高分子由于受热时链不易被打断，或者即使几个链断了，只要不在同一个梯格中相对分子质量也不会降低，所以这类聚合物具有优异的热稳定性，如聚酰亚胺可耐320℃的高温，聚丙烯腈纤维，也可作为耐高温高聚物的增强填料。

5.2.4　高分子链的构型及其对性能的影响

所谓构型是指分子中由化学键所固定的原子在空间的几何排列。这种排列是稳定的，只有当化学键断裂或重组时构型才会改变。

高分子的构型包括几何异构和旋光异构。

（1）几何异构

由于双键或环上的取代基在空间排布的不同而形成的异构体称之为几何异构体。例如，双烯类聚合时在1,4加成的方式上，有顺式1,4加成和反式1,4加成。

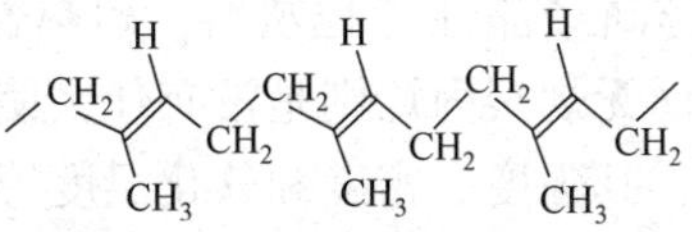

反式1,4-聚合物

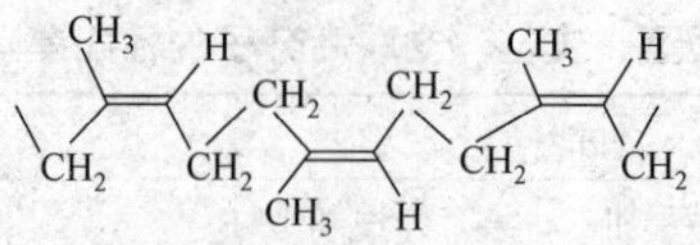

顺式1,4-聚合物

丁二烯采用不同的催化剂会得到不同的几何异构。例如，用钴、镍和钛催化体系可以得到顺式构型含量大于94%的顺丁橡胶。而用钒和醇烯催化体系可以得到反式聚丁二烯。其中前者链柔性高，低温性能好（$T_g = -110℃$）弹性大，耐磨性能优良、老化性能好，在室温下是一种重要的商业合成橡胶材料，主要用于轮胎、胶管、胶鞋、输送带等。后者由于结构较规整，容易结晶，玻璃化转变温度和熔点高，在室温下作为塑料、硬橡胶制品应用。异戊二烯也具有同样的情况：天然橡胶以含有顺式聚1,4-异戊二烯为主，柔软且有弹性，室温下为非晶态，$T_m = 28℃$，$T_g = -73℃$。而古塔波胶为反式聚1,4-异戊二烯，由于结构对称，有两种结晶态，$T_m = 65℃$和$T_m = 56℃$，是一种坚硬塑料。

（2）旋光异构

旋光异构是指分子中存在一个或多个不对称碳原子，或者没有不对称碳原子，但存在着分子整体的不对称性所引起的异构现象。

对于 $\left(CH_2—\underset{}{\overset{R\atop|}{C}H}\right)_n$ 型的聚合物，如聚丙烯、聚苯乙烯等，根据高聚物的不同构型可分为以下三类：

①全同立构高聚物　即全部取代基都分布在高聚物主链平面的一侧（上侧或下侧），又叫等规高聚物，如图5-4（a）所示。

②间同立构高聚物　即取代基在高聚物主链平面的上侧或下侧轮番交替出现，又叫间规高聚物，如图5-4（b）所示。

③无规立构高聚物　即取代基都在高聚物主链平面上的分布是不规则的，如图5-4（c）所示。

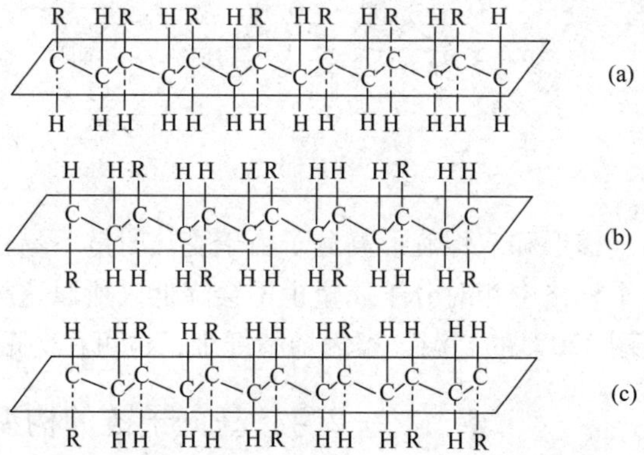

图5-4　聚合物大分子的立体化学结构

（a）全同立构　（b）间同立构　（c）无规立构

高分子链的立构规整性对高聚物的性能有很大影响。例如，全同立构的聚苯乙烯结构规整，结晶度高，$T_m = 240℃$，不溶于苯；间同立构聚苯乙烯为工程塑料；无规立构聚苯乙烯由于结构不规整不能结晶，所以透明度高，软化温度只有80℃，可溶于苯。再如全同立构聚丙烯结晶度高，$T_m = 175℃$，坚韧可纺丝称为“丙纶”，也可作高结晶性工程塑料，耐热性好，可在110℃下连续使用；间同立构聚丙烯正在工业化；而无规聚丙烯则是没有什么使用价值的弹性体。由此可以看出规整度高的高聚物，易结晶，其强度、密度和软化温度等都较高。有规立构高聚物与无规立构高聚物性能差别从表5-3也可以看出。

表5-3 有规立构高聚物与无规立构高聚物部分物理-力学性能对比

	高聚物	软化温度/℃	密度/(g/cm³)	溶解性			拉伸强度/MPa
				乙醚	正庚烷	甲苯	
全同立构	聚乙烯	125~130	0.95	—	—	—	25~35
	聚丙烯	158~170	0.92	不溶	不溶	溶	30~38
	聚丁烯	125~130	0.91	不溶	溶	易溶	25~38
	聚苯乙烯	230	1.08	不溶	不溶	易溶	35~63
间同立构	聚乙烯	105	0.92	—	—	—	14
	聚丙烯	75	0.85	溶	溶	易溶	油状低聚物
	聚丁烯	65	0.87	溶	易溶	易溶	
	聚苯乙烯	70~100	1.04~1.07	溶	溶	溶	

5.3 高分子链的远程结构

5.3.1 高分子链的柔性

高聚物具有许多优异的性能，如橡胶带可以拉长几倍或几十倍，松手后又可以恢复原状，这种特性称为高弹性，这是低分子所没有的。再如有些塑料具有的韧性等，这些特性都和高分子的长链结构以及链上各个单键内旋转有关。

线型高聚物是又细又长的分子，其分子链长度与直径之比很大。例如，聚异丁烯大分子 $L=2.5\times10^4$nm，$D=0.5$nm，所以 $L/D=5\times10^4$。也就是说，这个大分子长度是直径的5万倍。对于这样一根长丝，在无外力作用下，具有“柔顺性”，从而表现出独特的“高弹性”。实际上高分子运动不像长丝运动那么简单，由于分子内各个化学键和原子也在不停地转动或振动，高分子链的形状是时刻变化的。这种特性称为高分子链的柔性。

5.3.1.1 小分子的内旋转

我们知道C—C，C—O，C—N等单键都是 σ 键，其电子云分布是轴对称的。因此 σ 键相连的两个原子可以相对旋转（内旋转）而不影响其电子云的分布，但会使分子内与这两个原子相连的原子或基团在空间的位置发生变化。图5-5为二氯乙烷单键内旋转各原子排列情况。

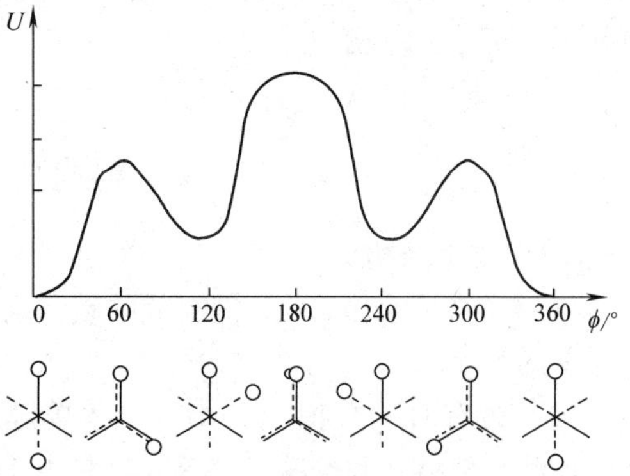

图5-5 二氯乙烷单键内旋转各原子排列情况

这种由于单键内旋转而产生的分子在空间的不同形态称为构象。不同的构象分子的势能也不同，例如，反式结构，由于两个氯原子距离最远，斥力最小，所以势能最低，结构最稳定。而顺式结构由于两个氯原子距离最近，斥力最大，分子的势能最大，结构最不稳定。因此从反式结构到顺式结构，需要消耗能量，我们把从一种构象改变为另一种构象时，能量的差值称为位垒或势垒。位垒越高，内旋转越困难。表5-4列举了一些化合物单键内旋转位垒值。

表5-4 一些化合物的内旋转势垒

化合物（甲基的转动）	分子式	单键	内旋势垒
乙烷	$CH_3—CH_3$	C—C	11.7
丙烷	$CH_3—C_2H_5$	C—C	14.2
异丁烷	$CH_3—CH(CH_3)_2$	C—C	16.3
异戊烷	$CH_3—C(CH_3)_3$	C—C	18.4
丙烯	$CH_3—CH═CH_2$	C—C	8.2
二甲基乙炔	$CH_3—C≡C—CH_3$	C—C	<8.2
1,2-二氯乙烷	CH_2ClCH_2Cl	C—C	20.9
三氟乙烷	$CH_3—CF_3$	C—C	15.5±1.9
甲醇	$CH_3—OH$	C—O	7.1
甲硫醇	$CH_3—SH$	C—S	4.4
甲胺	$CH_3—NH_2$	C—N	7.9
甲基硅烷	$CH_3—SiH_3$	C—Si	7.1

5.3.1.2 高分子链柔顺性的本质

高分子链中含有许多单键，如聚乙烯、聚丙烯、聚苯乙烯等，其主链100%是单键，对于聚异戊二烯主链上也有75%是单键。如果主链上每个单键的内旋转是完全自由的，则高分子链具有无穷多的构象。实际高分子链中键角是固定的，而且由于分子链上非键合原子之间的相互作用，其内旋转不是完全自由的。如图5-6大分子的内旋转。即使单键的内旋转幅度很小，但对于含有单键数量很多的高分子链来说，其构象数也是一个庞大的数字。构象数越多，分子链卷曲越厉害，说明分子链柔性越好。由此可见，高分子链具有柔性的根本原因是σ单键的内旋转。

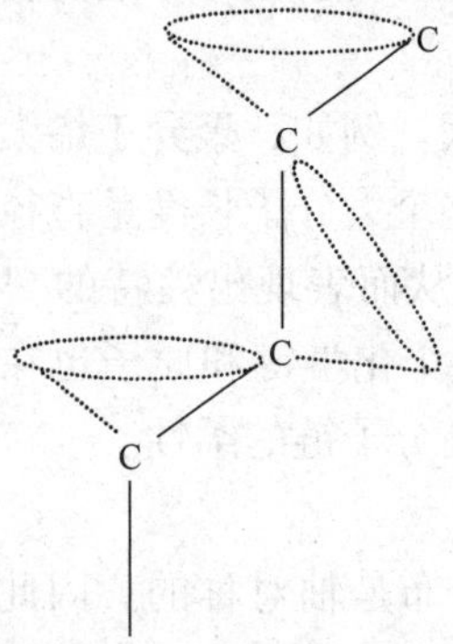

图5-6 大分子的内旋转

需要说明的是以上讨论的都是单个高分子链，对于高分子链聚集体系，高分子链的内旋转，不仅受到分子内原子或原子团的影响，同时还受到分子间原子或原子团相互作用力的影响。即使内旋转能力很大的柔性链，是否能够内旋转以及内旋转能力强弱还要取决于聚集体系的内旋转条件。如聚乙烯分子，虽为柔性分子链，但由于聚集态为结晶态，所以聚集体的弹性很差，常温下为塑料。

5.3.2 影响高分子链柔性的因素

5.3.2.1 主链结构

（1）主链完全由C—C键组成的碳链高分子都具有较大的柔性。如聚乙烯、聚丙烯和聚异丁烯等。

（2）带有C—O，C—N，Si—O等单键的杂链高分子，其高聚物柔性好，例如，聚氨酯、聚酯、聚酰胺和聚硅氧烷等。这是由于C—O等单键键长大于C—C键长，同时和氧、氮等原子直接相连的原子或基团数少于碳，内旋转位阻小，所以柔性好。

$\left(\mathrm{R-CO-O-R'-O}\right)_n$　　聚酯

$\left(\mathrm{R-NH-CO-O-R'}\right)_n$　　聚氨酯

$\left(\mathrm{\underset{CH_3}{\overset{CH_3}{Si}}-O}\right)_n$　　聚甲基硅氧烷（低温下仍能使用的特种橡胶）

（3）主链上带有孤立双键（非共轭双键）的高聚物柔性好，例如，用作橡胶材料的聚丁二烯、聚异戊二烯等。这是因为尽管双键本身不能内旋转，但连在双键上的原子或基团数因双键的原因少了一个侧基，同时加大了键角，使得原子之间相互作用力减小，内旋转阻力变小，因此高聚物柔性增加。

（4）主链上带有共轭双键的高分子或主链上带有苯环的高分子链，分子的刚性会大大提高，柔性大大下降。这是因为由于共轭双键的 π 电子云没有轴对称性，导致高分子链不能内旋转，所以高分子链为刚性大分子。

例如，　$\left(\mathrm{CH=CH}\right)_n$　　聚乙炔

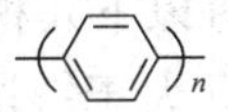

聚对苯

5.3.2.2　取代基

对于主链结构相同的高聚物，主链上所带有的取代基同样会影响大分链的柔性。

（1）极性取代基

①取代基极性越大，柔性越低。这是因为分子间的作用力随着主链或侧基的极性增加而增加，即取代基的极性越大，分子内和分子间（基团间）的相互作用力越大，分子链内旋转越困难，分子链柔性降低，刚性增加。

$$\left(\mathrm{CH_2-CH_2}\right)_n \quad \left(\mathrm{\underset{CH_3}{CH}-CH_2}\right)_n \quad \left(\mathrm{\underset{Cl}{CH}-CH_2}\right)_n \quad \left(\mathrm{\underset{CN}{CH}-CH_2}\right)_n$$

$$\xrightarrow{\hspace{12em}}$$

侧基极性增大，柔性降低，刚性增加

②取代基在高分子链上分布密度越大，则柔性越差。这是因为分布越紧密，内旋转受到的阻力越大，所以柔性越差。例如，氯化聚乙烯柔性好于聚氯乙烯，这是因为后者氯原子密度大于前者。

③如果取代基在主链上呈对称性分布，其柔性要好于相应单取代基的分子链。这是因为两个对称取代基极性相互抵消，内旋转容易，所以柔性好。例如，下式中的聚偏二氯乙烯柔性要好于聚氯乙烯，因为前者同一个碳原子上连接两个氯原子，对称性好。

$$\left(\mathrm{\underset{Cl}{\overset{Cl}{C}}-CH_2}\right)_n > \left(\mathrm{\underset{Cl}{CH}-CH_2}\right)_n$$

（2）非极性取代基

非极性取代基对链的柔性有以下两方面的影响：一是取代基的存在增加了内旋转时的空间位阻，使内旋转困难，柔性降低；二是取代基的存在又增大了分子间的距离，减小了分子间作用力，使柔性增大。最终的结果取决于哪一方面起主导作用。

5.3.2.3 氢键的作用

因为氢键的影响要远远超过任何极性基团，所以如果分子内或分子间有氢键生成，则分子链柔性大大降低，刚性大大增加。例如，聚酰胺类。

5.3.2.4 分子链的规整性

我们知道分子结构越规整，分子链越容易结晶，由于结晶后分子中原子和基团都被严格固定在晶格上，无法进行内旋转，所以高分子一旦结晶，则柔顺性大大降低，因此分子链规整性越好，柔性越差，刚性越好。例如，聚乙烯，分子链本身是柔性的，但因规整性好，易结晶。所以材料不是橡胶而是塑料。

5.3.2.5 分子链的长短

分子链越长，可以内旋转的单键数目越多，分子的构象数也就越多，所以分子链越长，柔性越好，但当相对分子质量增大到一定限度，也就是当分子的构象数服从统计规律时，则相对分子质量对构象的影响就不存在了。

5.3.2.6 交联

大分子链间存在交联时，对柔性的影响会有以下几种情况。

①交联程度低，并且两交联点之间的分子远大于链段长度，交联对内旋转影响不大。例如，含硫量为2%～3%的橡胶，和天然橡胶柔性相似，弹性很好。

②交联度较大时，由于交联的阻碍分子的内旋转变得困难，所以柔性降低，刚性增加。

③交联度大到一定程度时，两交联点之间不能进行内旋转，所以柔性完全消失。例如，交联达到30%以上的橡胶，成为硬橡胶。

5.3.2.7 外界因素对柔性影响

①温度　温度升高，柔性增加。这是因为温度升高，热运动能增大，内旋转容易，所以柔性好。例如，聚氯乙烯雨衣夏天比冬天柔软。再如顺丁橡胶常温下柔软但在－120～－70℃的低温下却是硬而脆的。

②外力作用时间长，柔性好。这是因为高分子在一定温度下从一种构象向另一种构象过渡是需要时间的。如果外力作用时间短，分子链来不及内旋转柔性无法体现而表现为刚性，反之则表现为柔性。

5.3.3 高分子链柔性的表征

5.3.3.1 链段长度表示法

大分子链由于受到取代基的存在，内旋转总是受到一定的限制，无法完全自由的运动，在同一时间内平均只有一部分 C—C 单键能自由旋转，所以高分子链中只有某些区段发生相对运动，而整个大分子并未发生移动或运动。如图5-7所示。

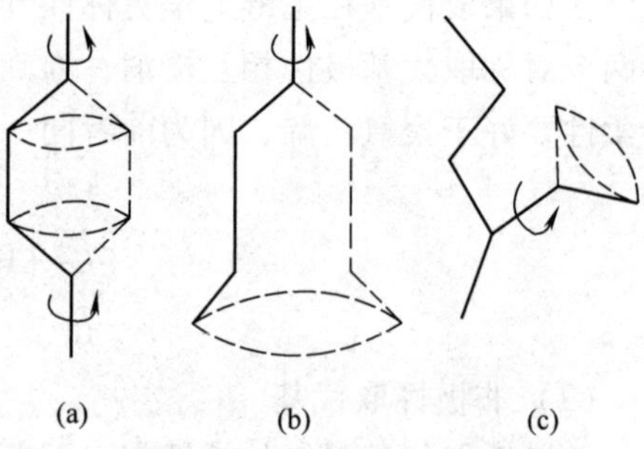

图5-7　链段运动
（a）分子链中间部分的链段内旋转　（b）分子链近端的内旋转　（c）侧链中间的内旋转

所以高分子链存在两种独立运动单元：高分子本身和由若干链节组成的具有独立运动的单元（称为链段）。

链段这个运动单元是高分子链独有的，这也是高分子与低分子的一个显著区别。高分子的许多独特性能都与链段的运动密不可分。

链段的大小并不是固定不变的，它不仅与分子结构有关，而且与大分子所受的外部条件如温度、外力和介质等也有很大的关系。同时链段与高分子链的柔性具有很大的关系。这也是它可以表征柔性的原因。高分子链柔性越好，各个单键越容易内旋转，高分子链中相对独立运动的区段越小，即链段越短。所以高分子越柔顺，链段越短。反之高分子链刚性越好，链段越长。

5.3.3.2　均方末端距表示方法

末端距是指一个分子链两端点之间的直线距离，如图 5-8 所示，以 h 表示。由于无规卷曲分子的末端距短，相同势能的构象数多，而伸直分子的末端距大，相同势能的构象数少，所以可以用末端距的大小来表示大分子的柔性与刚性，高分子链越柔顺、卷曲越厉害，末端距越小。

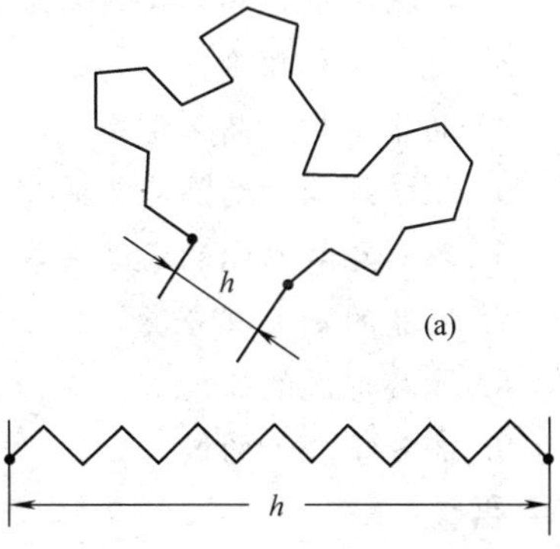

图 5-8　高分子链的末端距
（a）卷曲状　（b）伸展状

由于热运动，分子链的构象随时在改变，所以末端距也在变化，只能求平均值，但由于 h 是一个矢量，它在各个方向取向的几率是相等的，方向任意，所以平均值必为零，没有意义。因此用均方末端距来表示。所谓均方末端距是指各种大小不同的末端距的平方的平均值，这时一个标量就有意义了。

然而，在通常状况下，试验测不到均方末端距而能够测到均方回转半径 R，两者有以下近似关系：

$$\overline{R^2} = 1/6\,\overline{h^2}$$

所以高分子链的柔性既可用均方末端距也可用均方回转半径来衡量。

习题

1. 高分子的近程结构、远程结构和聚集态结构对高聚物的性能有何影响？
2. 常见稳定构象是什么？举例说明？
3. 按主链结构分类，高聚物分为几种？各有何特点？
4. 为什么聚氯乙烯受热易分解？
5. 共聚物的四种构型是什么？
6. 分析几何形状对高聚物性能的影响。
7. 试分析构型和构象之间有何差别？
8. 高分子链具有柔顺性的根本原因是什么？
9. 影响分子链柔性的因素有哪些？各有何影响？
10. 高分子链包含几种运动单元？分别是什么？
11. 链段的概念及与柔性的关系。

第6章　高聚物的聚集态结构

应知要点

1. 分子间作用力的种类及其特点
2. 根据次价力和内聚能密度划分塑料、纤维和橡胶
3. 自由体积理论
4. 晶体结构及晶体形态
5. 化学结构对结晶能力的影响
6. 取向与解取向的定义及取向的分类
7. 液晶的定义及分类
8. 液晶形成的原因
9. 高分子合金的概念

应会要点

1. 高聚物没有气态的原因
2. 线型非晶态高聚物温度-形变曲线运动机理及其影响因素
3. 提高或降低玻璃化转变温度、黏流温度和熔点的方法
4. 提高耐热性的方法
5. 结晶度的定义及其对性能的影响
6. 取向度的物理意义及对高聚物性能的影响
7. 液晶的应用
8. 共混高聚物组分含量变化对性能的影响

课前认知实习

1. 实习形式

参观塑料厂、性能测试实验中心或观看各种材料应用录像。

2. 实习内容

了解工艺条件对高聚物结构的影响，从而影响其性能，并且影响其应用的过程。

3. 实习目的

（1）了解线型非晶态高聚物温度-形变曲线形成过程，观察各种因素对其的影响。

（2）了解几种产品工艺条件设计的原则，如拉伸产品、挤出产品等。

（3）明确工艺中如何实现提高（或降低）结晶度的方法。

（4）明确工艺中如何实现提高（或降低）取向度的方法。

（5）了解液晶及共混高聚物的应用。

4. 演示设备、材料

（1）设备：工厂生产设备、性能测试设备或录像设备。

(2) 材料：不同结构的高聚物、各种产品。

5. 演示步骤

(1) 观看测试过程、生产过程或测试录像；

(2) 对于性能测试部分，比较测试数据，分析影响结果。生产过程分析各个工艺条件设计原则；

(3) 启发学生将结果与理论学习结合起来，巩固温度-形变曲线、结晶、取向的应用。

6. 问题讨论

(1) 实验中不同样品的温度-形变曲线为什么不同，它受到哪些因素的影响？

(2) 生产中哪些工艺条件是为了提高（或降低）结晶度的？为什么？

(3) 拉伸产品生产中为提高取向都采用了什么方法？如何在工艺中体现？

(4) 注射制品中为避免取向，采取了什么措施？采取措施的原因是什么？

(5) 不同液晶产品都是利用了液晶高聚物的什么特性？

高分子聚集态结构是指高聚物分子链之间的几何排列和堆砌结构。

高分子链结构影响高聚物的基本性质，而高分子聚集态结构则直接影响高聚物及其制品的性能，进而影响其应用。实践证明，即使有同样链结构的同一种高聚物，由于加工成型条件不同，制品性能也有很大差别。例如，缓慢冷却的涤纶片是脆性的；迅速冷却，双轴拉伸的涤纶薄膜是韧性很好的材料。所以了解高分子聚集态结构特征、形成条件与材料性能的关系，可以指导生产，通过控制成型加工条件来获得预定的结构和性能关系。

6.1 基本概念

6.1.1 分子间作用力

任何质点间的相互作用都包含着引力和斥力，分子或原子间也不例外。当这两个力相等时，原子和分子的几何排列就会处于平衡状态，此时的结构我们称为聚集态结构或分子结构。其中键合原子间的强烈相互作用称为化学键，包括有共价键、金属键、离子键等，一般键能较强，在（1.0~2.0）$\times 10^5$J/mol之间。而非键合原子之间、基团之间或分子之间的相互作用称为次价力（或称为次价键或分子间键），它的键能一般较弱，在0.1×10^3~4.0×10^4J/mol。

研究次价力具有非常重要的意义。次价力不仅决定着物质所处的聚集状态，而且在大多数情况下会导致结构变弱，使材料易于断裂，引起黏性或塑性形变，同时它对高聚物的耐热性、溶解性、电性能和机械强度等也会产生很大的影响。

次价力包括范德华力和氢键，范德华力包括静电力、诱导力和色散力三种。

(1) 静电力

静电力存在于极性分子之间。这是由于极性分子中，分子结构不对称，正负电荷的重心分离，产生正负两极，形成永久性偶极，永久性偶极之间形成的引力称为静电力。

PVC、PVA、PMMA 等极性高聚物分子间作用力主要是静电力。它的作用能范围为 13 ~ 21kJ/mol，但会随温度升高而减小。

（2）诱导力

诱导力存在于极性分子与非极性分子或极性分子之间。这是由于极性分子周围存在分子电场，会对它周围的其他分子产生诱导效益，从而产生诱导偶极。我们把极性分子的永久偶极与它在其他分子上引起的诱导偶极之间的相互作用力称为诱导力。它的作用能范围为 6 ~ 13kJ/mol。

（3）色散力

色散力存在于一切分子中，是范德华力最普遍的一种。这是由于在一切分子中，电子总是在不停的旋转、原子核也在不停的振动，在某一瞬间，分子的正负电荷中心不相重合而产生瞬间偶极。我们把分子瞬间偶极之间的相互作用力称为色散力。聚乙烯、聚丙烯、聚苯乙烯等非极性高聚物中的分子间作用力主要是色散力，在一般非极性高分子中，它甚至占分子间作用总能量的 80% ~ 100%。色散力作用能较小，一般为 0. 8 ~ 8. 4kJ/mol。

（4）氢键

氢键存在于分子间或分子内，它是极性很强的 X—H 键上的氢原子与另外一个键上的电负性很大的原子 Y 上的孤对电子相互吸引而形成的一种键（X—H····Y）。其中 X、Y 代表电负性大、原子半径小的原子，如 F、O、N 等。C 原子电负性小，一般不能形成氢键。氢键的作用能比化学键小，但比范德华力大，为 21 ~ 42kJ/mol。

在高聚物中聚乙烯醇、聚丙烯腈、聚酰胺、蛋白质和纤维素等极性高聚物都能形成氢键。下面是聚酰胺形成的分子间氢键结构。

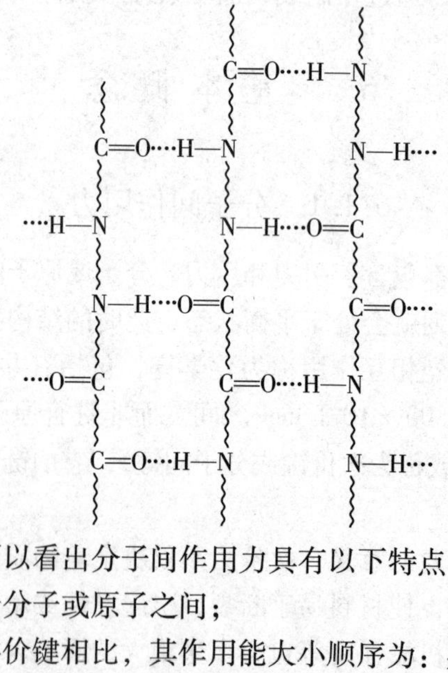

通过以上分析，我们可以看出分子间作用力具有以下特点：

①范德华力永远存在于分子或原子之间；

②范德华力、氢键和共价键相比，其作用能大小顺序为：共价键 > 氢键 > 范德华力；

③高聚物分子间作用力大小与相对分子质量的大小、极性基团的极性与分布、氢键的种类与数量有关。其中相对分子质量越大、极性越强、氢键数目越多，分子间作用力越大；

④分子间作用力作用范围很小，只在很小的距离内才会明显地表现出来，并且随着距

离加大，作用力减小。所以高聚物的支化程度、大的非极性取代基以及添加的各种助剂都会使分子间距离加大，分子间作用力减小。

分子间作用力虽然很小，但对于高聚物来讲，由于相对分子质量很大，其次价力总和已经大于主链的主价键，所以高聚物在气化之前，所有的大分子已分解成低分子或已碳化，因此高聚物没有气态。由此可以看出分子间作用力会影响高聚物的物理性能。实际上它还会影响高聚物的其他性能，为此在生产高分子材料时，为获得好的力学性能和其他性能，对相对分子质量都会有一定的要求，一般为几万到几十万。

由于分子间作用力会影响高聚物的性能，导致高聚物表现出特有的性质，例如，常温下分子间作用力小于 4.4×10^3 J/mol 的高聚物通常具有高度弹性变形特征，大于 2.1×10^5 J/mol 的大多数具有坚固性。因此可以通过次价力来判断高聚物的应用领域，如分子间作用力小于 4.4×10^3 J/mol 的高聚物可以用作橡胶，大于 2.1×10^5 J/mol 的可以用作纤维，两者之间的可以用作塑料。值得一提的是聚乙烯，虽然分子间作用力为 4.2×10^3 J/mol，应该属于橡胶，但由于聚乙烯高分子链比较规整，容易结晶，所以不属于橡胶，而是塑料。

6.1.2　内聚能密度

对于高聚物，其分子间作用力是很复杂的，如聚酰胺，既含有极性基团又含有非极性基团，同时分子间还形成氢键，所以整个分子间的作用力实际上是各种作用力的综合反映。不仅如此，高聚物相对分子质量高且具有多分散性，其分子间作用力情况就更为复杂。因此现在一般用内聚能或内聚能密度来表征高聚物分子间作用力大小。

所谓内聚能是指将 1mol 分子气化所需要的能量。内聚能密度是指单位体积的内聚能。表 6-1 列出一些线型高聚物的内聚能密度。

表 6-1　　一些线型高聚物的内聚能密度

高聚物名称	高聚物结构式	内聚能密度 /(J/cm^3)
聚乙烯	$-[CH_2-CH_2]_n-$	259
聚异丁烯	$-[CH_2-C(CH_3)_2]_n-$	272
聚异戊二烯	$-[CH_2-C(CH_3)=CH-CH_2]_n-$	280
聚苯乙烯	$-[CH_2-CH(C_6H_5)]_n-$	309
聚甲基丙烯酸甲酯	$-[CH_2-C(CH_3)(COOCH_3)]_n-$	347
聚乙酸乙烯酯	$-[CH_2-CH(OCOCH_3)]_n-$	368
聚氯乙烯	$-[CH_2-CH(Cl)]_n-$	380
聚对苯二甲酸乙二醇酯	$-[CH_2CH_2-OCOC_6H_4COO]_n-$	477
聚酰胺 66	$-[NH(CH_2)_6NHOC(CH_2)_4CO]_n-$	773
聚丙烯腈	$-[CH_2-CH(CN)]_n-$	991

通过内聚能密度可以来判断高聚物应用领域，如表6-1数据可见，内聚能密度一般在290J/cm^{3}以下的高聚物都是非极性高聚物，分子间作用力小，分子链柔顺性好，材料具有较好的弹性，通常用作橡胶。而内聚能密度在420J/cm^{3}以上的聚合物都是具有强极性基团的极性聚合物，分子间作用力相当强，材料具有很好的机械强度和耐热性，同时由于这类高分子链结构比较规整，易结晶和取向，通常用作纤维。内聚能密度介于两者之间的高聚物，由于分子间作用力中等，材料既具有一定强度又易于加工，通常用作塑料。同用分子间作用力判断一样，聚乙烯例外。

需要指出的是分子间作用力是使高聚物聚集成聚集态的主要原因，但要明确生成聚集态还与高分子的各层次结构有关系，所以内聚能密度数值不能作为判断高聚物分类的唯一依据。

6.1.3 聚集态与相态

6.1.3.1 低分子聚集态

（1）聚集态

聚集态是动力学概念，是根据力学和分子热运动特征来划分的。小分子有气态、液态和固态三种聚集态。气态是指分子间距离大，彼此的吸引能小，分子能自由地运动，表现出密度小，能流动、扩散、被压缩以及没有固定的体积和形状等特性。固态是指分子堆砌紧密，彼此距离小，吸引能大，分子不能自由地运动，只能在一定的范围以一定的频率绕平衡中心振动，表现出硬度大，不能流动，不能扩散，难以被压缩，但有固定的体积和形状等特性。液态介于气态和固态之间，分子堆砌也很紧密，分子除转动和摆动外，还能相对移动，表现出能够流动和扩散、难以压缩，有一定的体积但无固定形状等特性。改变温度，三种聚集态可以相互转化。

（2）相态

相态是热力学概念，是根据热力学和结构学特征来划分的。小分子物质有三种相态：气相、液相和晶相。气相物质，分子的堆砌方式完全是无规紊乱的即近程无序、远程也无序。液相物质，分子排列是远程无序、近程有序，即一个分子周围几埃内存在有序排列，但这种近程结构由于存在的时间很短，只是瞬时有序的分子集群，所以是瞬时变化的动态结构。这一点对于高分子聚集态结构的研究具有重要的意义。晶相物质是近程有序、远程也有序的结构，分子排列是在三维空间上规整紧密堆砌，有一定的晶格，它是位能最低的稳定结构。

前面所说的近程有序包括三方面：一是任一邻近质点的数目（配位数）一定；二是邻近质点的距离一定；三是邻近质点在空间排列的方式一定。远程有序是指在三维空间方位上，质点重复出现并呈周期性地排列。

一般而言，气体为气相，液体为液相，但固体并不都是晶相，如无机玻璃它是液相固体，只是常温下黏度太大不能流动。此外还有晶相液态物质——液晶，它是某类晶体受热熔融（热致性）或被溶剂溶解（溶致性）后，失去固体的刚性，转变成液体，但仍然保留有晶相结构的一类物质，呈现各向异性，它也是从各向异性的晶态过渡到各向同性的液体之间的过渡状态。

6.1.3.2　高分子聚集态

高分子的聚集态结构指的是高聚物材料内部高分子链之间的几何排列。

高聚物没有气态，也就没有气相。处于固态的有晶态和非晶态之分，由于高分子链在聚集体系中互相交织缠结，很难形成完整的晶体，所以高聚物一般是半晶态结构，晶相中存在着各种缺陷。非晶态又称无定型态，具有液相结构，在不同条件下可以呈现玻璃态、高弹态和黏流态三种力学状态。其中玻璃态高聚物宏观表现为硬的固体，黏流态高聚物宏观状态为黏稠的流体，而高弹态高聚物宏观表现为弹性固体。

此外，由于高聚物长链大分子具有明显的几何不对称性，高聚物经拉伸后会呈现取向结构，取向高聚物又分为取向结晶态和取向无定型态。

不同聚集态性能差别很大，应用领域差距也很大。例如，塑料使用一般是在玻璃态或结晶态。橡胶在高弹态，纤维为取向结构。挤出或注射等成型中一般将高聚物转变成黏流态。因此为了正确使用高聚物材料和选择适当的高聚物成型方法及条件，我们需了解高聚物在不同聚集态下的特性以及这些状态转变规律。

6.2　高聚物的非晶态

6.2.1　线型非晶态高聚物的力学状态

线型非晶态高聚物在一定应力下，在不同温度下由于运动单元的不同而表现出三种不同的力学状态：玻璃态、高弹态和黏流态。这些状态变化规律可通过温度-形变曲线（又称作热机械曲线）反映出来。

6.2.1.1　线型非晶态高聚物的温度-形变曲线

对某一非晶态聚合物试样施加一恒定外力，然后以一定速率升温，观察试样升温过程中发生的形变与温度的关系，将得到如图 6-1 所示的温度-形变曲线。

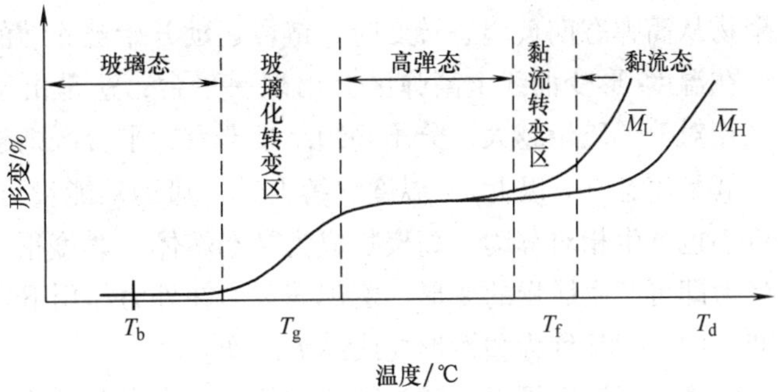

图 6-1　线型非晶相高聚物在恒定应力作用下的变形温度-曲线（恒加载速率）

T_b—脆化温度　T_g—玻璃化温度　T_f—黏流温度　T_d—分解温度

典型的线型非晶态高聚物的温度-形变曲线存在两个斜率突变区，这两个突变区把热-机械曲线分为三个区域，即玻璃化温度（T_g）以下的玻璃态区，玻璃化温度到黏流温度（T_f）之间的高弹区，黏流温度到分解温度（T_d）之间的黏流态区。三个区域代表三种不同的力学状态。

当温度低时，高聚物表现为质硬而脆，在外力作用下产生很小的形变，并且瞬间完成，当外力除去后，形变又立即恢复，具有胡克弹性行为，这种力学状态与无机玻璃相似，称为玻璃态。

随着温度的升高，形变逐渐增大，当温度升至某范围内，形变明显增加，即在较小的外力作用下，也能迅速产生很大的形变，然后随温度升高，形变保持不变，此时的试样为柔软的弹性体。当外力消除后，形变可逐渐恢复，这种受力能产生很大的形变，除去外力后能恢复原状的性能称高弹性，对应的力学状态称高弹态。

由玻璃态向高弹态发生突变的区域叫玻璃化转变区，玻璃态开始向高弹态转变的温度称为玻璃化转变温度（用切线法求出），以 T_g 表示。

当温度进一步升高，形变量随之变化更大，试样完全变为黏性流体，在外力作用下，该流体产生很大的不可逆形变，这种力学状态称为黏流态。

由高弹态向黏流态发生突变的区域叫黏流转变区，高弹态开始向黏流态转变的温度称为黏流温度（也可用切线法求出），以 T_f表示。

6.2.1.2 运动机理

①玻璃态（T_g 以下） 温度较低时，分子热运动的能量不足以使链段运动，只有主链的键长和键角的微小改变和侧基、支链和小链节等小运动单元的运动能够进行，并且瞬间完成。这种受力后发生微小形变，且形变与受力大小成正比，除去外力后形变立即恢复的性质称为胡克型弹性，形变属于普弹形变。

②高弹态（$T_g \sim T_f$） 随着温度的升高，分子所获得的能量足以克服主链中 σ 单键的内旋转，使链段运动，我们能够宏观上观察到链段运动导致的力学性质的变化，即高聚物显得柔韧有弹性。但此时整个大分子并未产生移动，所产生的形变是由普弹形变以及链段运动改变大分子构象引起的较大形变共同构成的，其中链段运动引起的形变量可达 100% ~ 1000%，而且在外力消除后形变可以恢复，故称为可逆的高弹形变。

从高弹态运动机理可以看出高弹态和玻璃态的区别是以链段是否运动作为分界点，所以玻璃化温度可以理解为高聚物从玻璃态向高弹态转变时，链段开始运动的温度，或者是高聚物从高弹态向玻璃态转变时，链段运动开始被冻结的温度。

在温度-形变曲线上高弹区会出现一平台，这是由于链段运动受限于分子间的缠结，并且相对分子质量越大，分子间缠结越严重，平台区则越长，黏流温度越高。

③黏流态（T_f以上） 温度继续上升，热运动能量可以克服缠结，导致整个大分子链的重心也产生相对移动，高聚物成为黏态熔体（黏度很大的液体）。熔体的强度很低，稍一受力即可产生缓慢的变形，宏观表现为在外力作用下发生黏性流动，产生不可逆的永久形变，此形变又称为塑性形变或黏流形变。

同理黏流温度可以理解为高聚物从高弹态向黏流态转变时，大分子开始运动的温度，或者是高聚物从黏流态向高弹态转变时，大分子运动开始被冻结的温度。黏流温度是这类高聚物成型加工的最低温度，黏流温度越高越不易加工，黏流温度的高低对高聚物材料的成型加工具有很重要的意义。表 6-2 是线型非晶态高聚物力学三态的比较。

由于低分子分子小，没有可产生链段运动的结构特征，所以没有高弹态，如图 6-2 所示，因此高弹态是高聚物所特有的力学状态。

需要指出的是非晶态高聚物力学状态的转变不是突变过程，这可以从图 6-1 中的两个转变区可以看出，它们都是在一定温度范围内完成的。这个过渡区的温度范围一般在 20 ~ 30℃。

表 6-2　　线型非晶态高聚物力学三态的比较

项目	玻璃态	高弹态	黏流态
温度区间	$T<T_g$	$T_g \sim T_f$	$T_f \sim T_d$
运动单元	键长、键角的改变或小尺寸单元的运动	链段运动	整个分子链产生相对位移
力学特征	形变量小（0.01% ~1%）、模量高（$10^9 \sim 10^{10}$Pa） 形变与时间无关，呈普弹性，表现为坚硬的固态	形变量大，100% ~1000% 模量小，$10^5 \sim 10^7$Pa 形变可逆，但松弛时间较长 表现为高弹态固态，橡胶状	形变量更大 模量更低 表现为塑性状态或高黏滞状态
应用	常温下处于玻璃态的聚合物通常用作塑料，如 PS、PMMA、PVC 等	常温下处于高弹态的高聚物用作橡胶材料	常温下处于黏流态的高聚物用作涂料和黏合剂
加工可能性	可作为结构材料进行车、铣、刨、锉、锯、钻等机械加工	弯曲、吹塑、压延、冲压等，成型后会产生较大的内应力	可注射、挤出、压缩、压注等，成型后应力小

6.2.2　影响高聚物温度-形变的因素及实践意义

6.2.2.1　相对分子质量及其相对分子质量分布的影响及实践意义

（1）相对分子质量的影响及实践意义

化学组成相同的同类高聚物，相对分子质量对温度-形变曲线如图 6-3 所示。

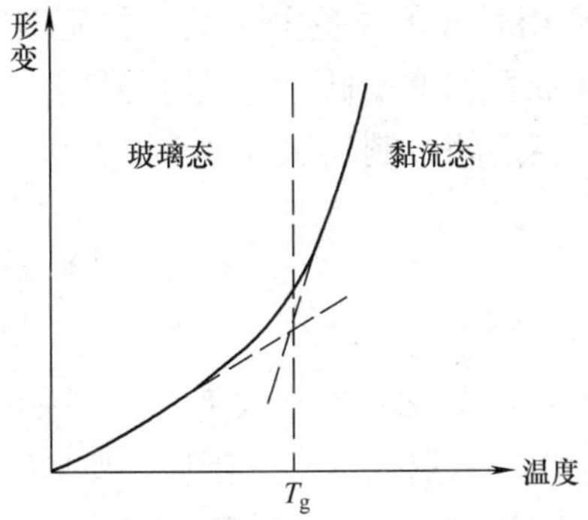

图 6-2　无定型小分子的温度-形变曲线

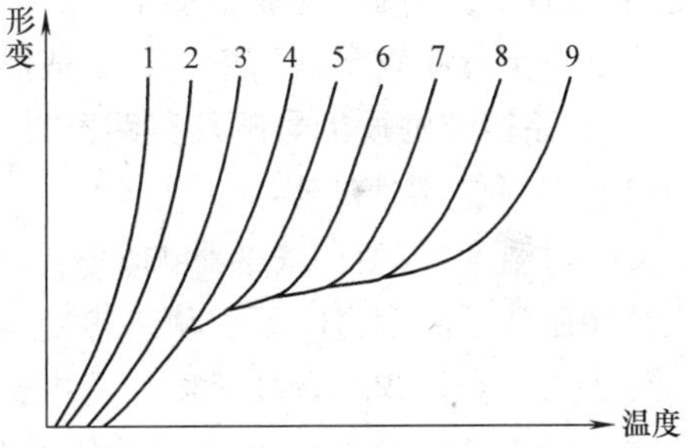

图 6-3　同种高聚物不同相对分子质量的温度-形变曲线
（聚合度从 1 ~9 逐渐增大）

从图中可以看出当相对分子质量较低时只有玻璃态和黏流态两种力学状态，并且随相对分子质量增大，玻璃化温度随之升高，当相对分子质量高到一定值后，玻璃化温度不再变化。这是因为 T_g 与相对分子质量的关系是由高分子链中间链段和末端链段的不同活性引起的。中间链段两头受到相邻链段的牵制，而末端链段只有一头，所以末端链段活动性大于中间链段。对于低相对分子质量的高聚物，末端链段含量比较多，活动性比较强，所以 T_g 低，随着相对分子质量的升高，末端链段含量逐渐减少，当相对分子质量高到一定值后，末端链段所占的比例极小，可以忽略不计，此时相对分子质量对 T_g 的影响也就可以忽略不计了，T_g 即为一定值。

在图中我们还可以看出当相对分子质量越来越大时，曲线出现高弹区，黏流温度越来越高。这是因为分子量增大，分子链变长，内缠结严重，整个分子链向运动的阻碍增大，只有温度升高才能流动，所以 T_f 随之升高。

通过对相对分子质量的分析，我们首先明确高分子材料应有最低相对分子质量的要求，否则就是没有高弹特性的低分子物或低聚物。在实际应用中我们需要用作橡胶材料的高聚物高弹温度范围要宽，这样橡胶材料才会有很宽的使用温度范围，根据以上分析，我们知道可以通过提高相对分子质量来达到要求。

（2）相对分子质量分布的影响及实践意义

对于平均相对分子质量相同的同种高聚物，相对分子质量分布对温度-形变曲线的影响如图6-4 所示。

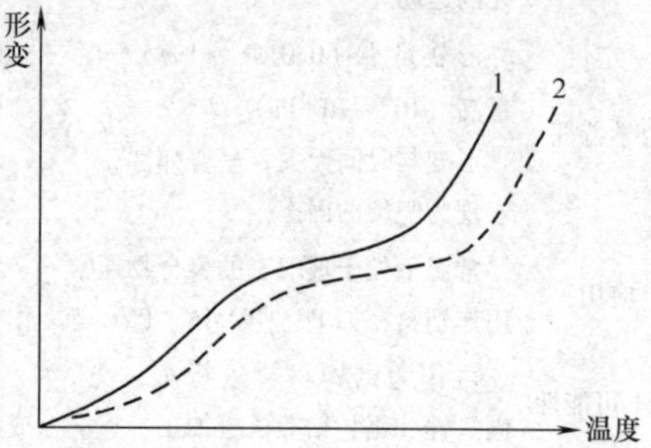

图 6-4　聚氯乙烯相对分子质量分布对温度-形变曲线的影响
1—相对分子质量分布较窄
2—相对分子质量分布较宽

从图 6-4 中可以看出当相对分子质量分布窄时，黏流温度范围窄，相对分子质量分布宽时，黏流温度随之也宽。这是因为相对分子质量分布窄，分子链长短均匀，所以黏流温度范围窄，如图 6-4 曲线 1。反之相对分子质量分布宽，分子链长短差距大，即相对分子质量低的 T_f 小，相对分子质量高的 T_f 高，因此黏流温度范围宽，如图 6-4 曲线 2。

通过对相对分子质量分布的分析，我们可以看到相对分子质量分布宽，黏流温度低，黏流温度范围宽，因此在成型加工中这类高聚物不仅成型温度偏低，而且容易控制加工温度。反之对于分布较窄的高聚物，其成型温度偏高，需严格控制加工温度。

6.2.2.2　高聚物性质的影响及实践意义

（1）分子链柔性的影响

柔性对温度-形变曲线的影响如图 6-5 所示。

结晶使分子链变得刚硬，状态转变温度（熔点）高，如图 6-5 曲线 1 和 5。图 6-5 中的曲线 2、3、4 是非晶态高聚物，其中聚苯乙烯由于含有大取代基——苯环，所以分子链柔性差，链段长，T_g 高。聚异丁烯分子链柔性好，链段短，T_g 低，高弹温度范围宽。聚氯乙烯介于两者之间。

通过以上分析橡胶材料应选择柔性好、不易结晶的高聚物。

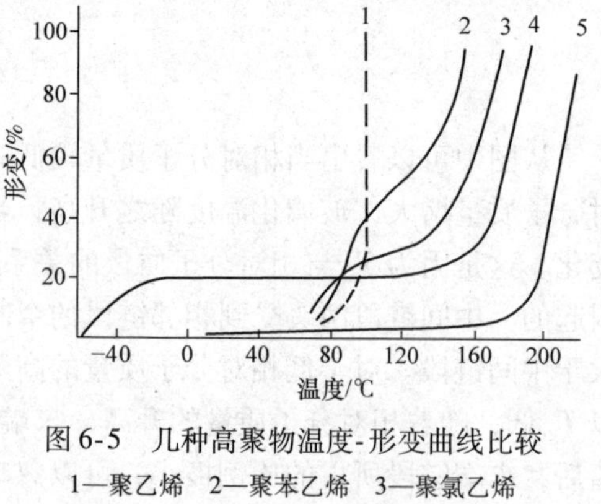

图 6-5　几种高聚物温度-形变曲线比较
1—聚乙烯　2—聚苯乙烯　3—聚氯乙烯
4—聚异丁烯　5—聚酰胺

（2）结晶的影响

结晶聚合物中处于晶相和非晶相两相共存的状态。对于低结晶度的高聚物（结晶度低于40%），材料中主要是无定形部分，因此，所表现的力学特征与无定形态相近，如图 6-6 所示。由于微晶体起着物理交联点的作用，所以处于高弹态试样因外力作用发生的形变没有线型非晶态高聚物试样那样大。

对于高结晶度的高聚物，由于晶格的束缚，晶区的链段很难运动，在熔点 T_m 以下时，结晶高聚物只能处于玻璃态，即温度升高，形变变化不大，曲线较平缓。能否观察到高弹态取决于非晶区的 T_f 是否大于晶区的 T_m。若 $T_m > T_f$，则当晶区熔融后，非晶区已进入黏流态，不呈现高弹态；若 $T_m < T_f$，晶区熔融后，聚合物处于非晶区的高弹态，只有当温度 $> T_f$时才进入黏流态。如相对分子质量不大，由于分子运动容易，$T_m > T_f$，所以加热到 T_m 后结晶熔化直接产生流动而进入黏流态，即温度升高形变突然增大，曲线陡然上升，如图 6-5 中的曲线 1 和 5 和图 6-6、图 6-7 中的 M_L；由此可见相对分子质量不大的结晶高聚物只有两种状态：熔点以下的结晶态（玻璃态）和熔点之上的熔融态（黏流态）。对于相对分子质量大的结晶高聚物，大分子运动阻力加大，$T_m < T_f$，所以要经过一个小的高弹形变区，最后进入黏流态。如图 6-7 中的 M_H。

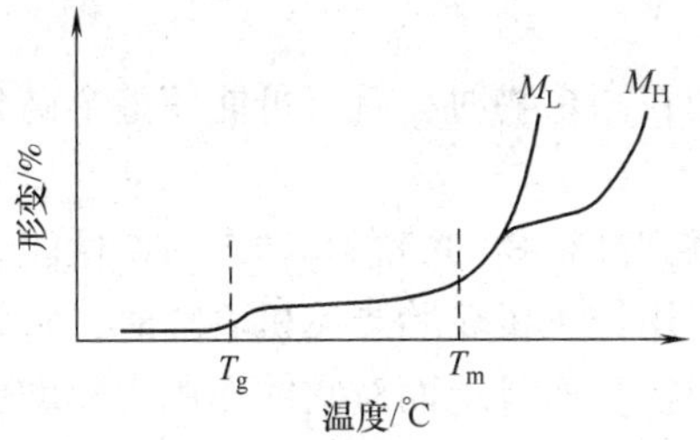

图 6-6　低结晶度的结晶高聚物的形变-温度曲线

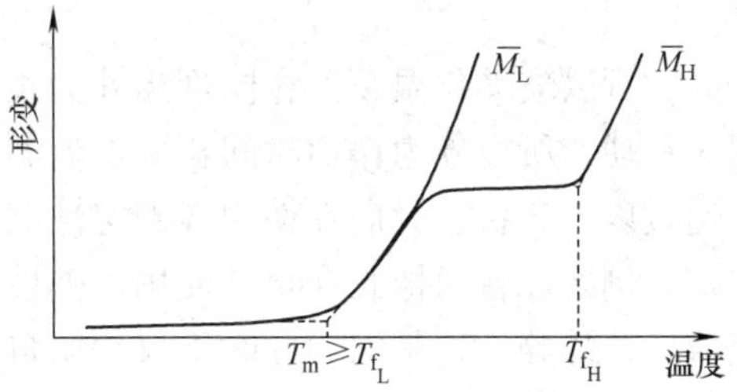

图 6-7　高结晶度的结晶高聚物的形变-温度曲线

在实际应用中，不同相对分子质量的结晶高聚物对成型有很大的影响。如聚乙烯，相对分子质量为 10 万 ~ 15 万，T_m、T_f 重合，$T_m = 135℃$，可采用通常的成型方法，如挤出、注射等。对于超高相对分子质量聚乙烯（重均相对分子质量 100 万以上）的 $T_m = 139℃$，$T_f = 190℃$，这种情况对成型加工很不利，一方面这种聚合物的加工成型温度过高，易引起分解等问题，另一方面，由于出现高弹态，造成制品尺寸不精确等问题。所以对于超高相对分子质量聚乙烯，当温度高于 139℃时，材料熔融为橡胶弹性体，只能采用压制或烧结方法成型；当温度高于 190℃时，材料成为高黏度流体，须有特殊的专用设备进行注射或挤出成型。这也就要求为满足机械强度的要求，结晶高聚物的相对分子质量一般较低，这也是作为纤维用的聚合物相对分子质量不高的原因。

（3）交联的影响

交联的影响如图 6-8 所示。交联高聚物不溶不熔，没有黏流态。当交联度低时，两相邻交联点之间有链段在运动，产生高弹形变。随着交联度增大，相邻交联点间可运动的链段减少，直至没有链段运动，不再出现高弹态。

6.2.2.3　增塑剂对温度-形变曲线的影响及实践意义

增塑剂加入到高聚物中后，增大了高分子链之间的距离，有利于链段运动，因此高聚物变得柔韧，玻璃化温度降低。同时使分子链运动容易，黏流温度降低，有利于成型。

6.2.2.4　外力大小及其作用时间对温度-形变曲线的影响及实践意义

在相同的温度条件下，外力作用时间对温度-形变曲线的影响如图 6-9 所示。

由于当外力作用在高聚物上的时间很短时，链段来不及运动，只有通过提高温度，链段才能运动，所以玻璃化温度升高。当外力作用时间长时，外力可以使链段运动，不需要

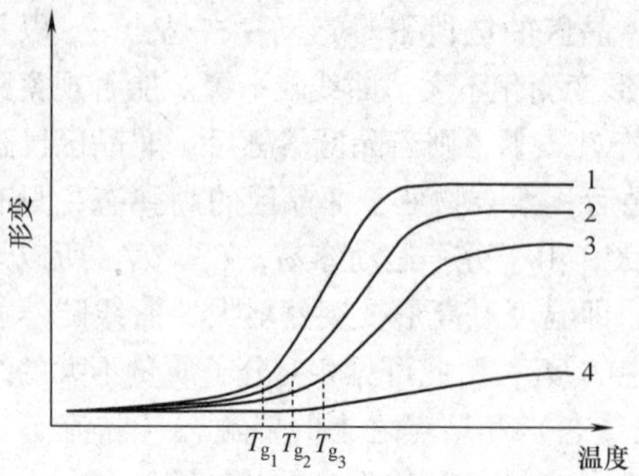

图 6-8　交联对温度-形变曲线的影响
（从 1～4 交联度增大）

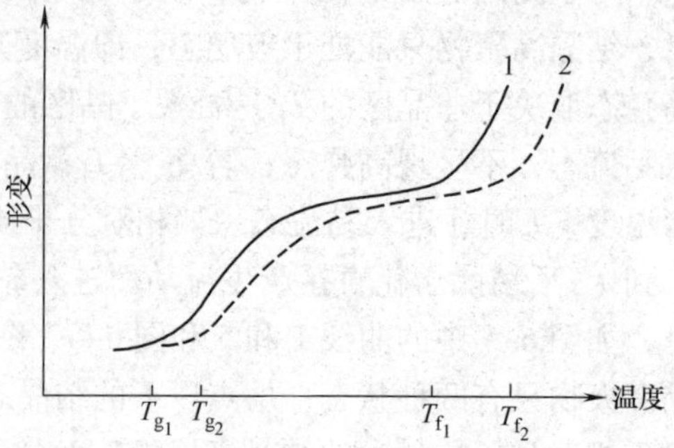

图 6-9　外力作用时间对温度-形变曲线的影响
1—外力作用时间短　2—外力作用时间长

再升温，所以玻璃化温度低；同理当外力长时间作用在高聚物时，就有可能使整个高分子链相对移动，所以外力作用时间长，黏流温度下降。

通过以上分析，我们在使用或测定性能时要注意到高聚物的静态和动态力学性能有很大差别，例如，普通橡胶在日常使用时弹性很好，但用作飞机轮胎当飞机着陆时，它就会像玻璃一样易碎。这是因为此时不仅轮胎自身转动很快，而且地面对它的作用力速度也很快，使它从静态的高弹态转变为动态的玻璃态，从而失去弹性。

6.2.2.5　加热速度对温度-形变曲线的影响及实践意义

加热速度的影响同外力作用时间的影响相同。当加热速度快，即高聚物在某一温度停留的时间很短时，链段来不及运动，只有在更高温度下，链段才能运动，因此会引起玻璃化温度升高，同理，加热速度快，黏流温度随之升高。

由于加热速度对温度-形变曲线会产生影响，所以在测定曲线时，实验会规定恒定的缓慢升（降）温速度。

6.2.3　温度-形变曲线的应用

温度-形变曲线对高聚物材料的应用、成型及加工具有重要的指导意义。塑料一般在室温条件下处于玻璃态或结晶态，T_g 和 T_m 为最高使用温度，是衡量其耐热性的重要指标。室温下处于高弹态的高聚物，可用作橡胶，玻璃化温度为其最低使用温度（应低于室温 70℃以上），是耐寒性指标，黏流温度为其最高使用温度，是耐热性指标。大部分纤维是晶态高聚物，熔点为最高使用温度（T_m 应高于室温 150℃以上），是衡量其耐热性的重要指标。

对于非晶态塑料的热塑性成型，一般都是加热至黏流态后借助压力进入模具成型后冷却定型，最后得到玻璃态制品。所以黏流温度是成型的最低温度，玻璃化温度是冷却定型的最高温度。

研究力学三态特征及其转变规律还可以指导成型方法、选择工艺条件以及原料的选择和配制等。例如，聚四氟乙烯、聚丙烯腈等其黏流温度比分解温度高，所以不能选择热塑成型，而是采用特殊方法，如聚四氟乙烯采用烧结成型，聚丙烯腈采用溶液纺丝。对于聚氯乙烯这样成型温度范围窄（170～190℃）、受热易分解（140℃少量分解，190℃大量分解）的热敏性塑料，不仅要严格控制成型温度，而且由于受热时间不宜长，所以设备不能有死角，为改善这种情况配料时可加入稳定剂以提高分解温度，或加入增塑剂以降低玻璃化温度，使成型温度范围变宽，容易控制成型温度。

6.2.4　高聚物的玻璃化转变及体积松弛

玻璃化转变是指高聚物在玻璃态和高弹态之间的转变过程。这不仅包括非晶态高聚物从玻璃态向高弹态的转变（或反之），而且包括结晶高聚物中非晶区这种转变。但由于晶区对非晶区部分分子运动有明显的影响，故非晶区的玻璃化转变比较复杂，因此这里只讨论非晶态高聚物的玻璃化转变。

玻璃化转变区是一个对温度十分敏感的区域，在 3～5℃范围内对高聚物的许多物理性能都会产生极大的影响（例如，热膨胀系数、模量、介电常数和折光指数等），尤其是力学性能。如温度升高，模量会下降 3～4 个数量级，如图 6-10 所示。材料从坚硬的固体变成柔软的弹性体（或反之）。同时玻璃化温度作为塑料使用的最高温度，橡胶使用的最低温度，是表征高聚物性质的重要数据，是划分聚合物用途的重要指标。因此研究高聚物的玻璃化转变具有重要的意义。

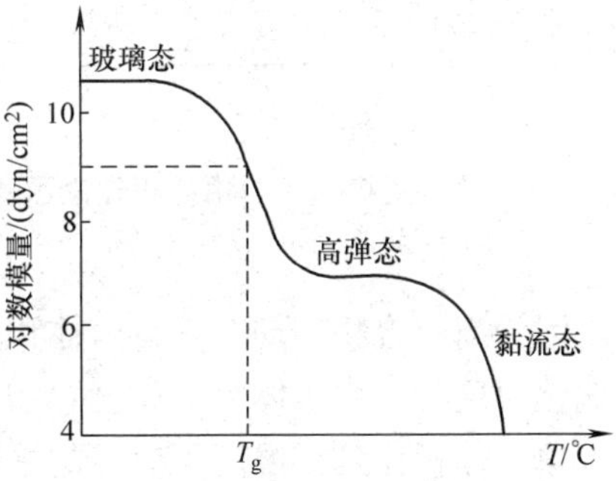

图 6-10　非晶态高聚物的模量-温度曲线

6.2.4.1　玻璃化转变理论

玻璃化转变理论至今为止尚无一个理论能完善地解释所有实验事实，目前常见的有热力学理论、自由体积理论和动力学理论。下面重点介绍自由体积理论。

自由体积理论最初由 Fox 和 Flory 提出，他们认为液体或固体的总体积是由组成物质的分子所占据的体积（称占有体积 V_0）和分子间的空穴（总称为自由体积 V_f）组成，即在一定温度下，物质总体积 V 和占有体积与自由体积之间存在以下关系：

$$V = V_0 + V_f \tag{6-1}$$

自由体积提供了分子活动空间，在 T_g 以上，自由体积由于膨胀率大，为链段运动改变构象提供了足够的空间，随着温度降低，自由体积迅速收缩，逐渐变小，当温度降至某一临界值时，自由体积小到链段无法运动，即链段运动被"冻结"，自由体积也不再缩小。此时温度为玻璃化温度，物理状态为玻璃态。玻璃化转变过程如图 6-11 所示，由图可看出玻璃态为等自由体积状态。由分析可知玻璃化转变温度是使聚合物的自由体积大小达到让链段开始运动（冻结）时的温度。

高聚物自由体积随温度的变化宏观可以表现在高聚物的比容上，如图 6-12 所示。

由图中可以看出当温度低于 T_g 时，高聚物的比容随温度的变化率小，这是因为此时的形变主要由键长键角运动引起的普弹形变。当温度高于 T_g 时，温度升高不仅为链段运动提供到足够的能量而且使自由体积增大到链段运动所需的足够空间，使链段可以运动，引起高弹形变，所以比容随温度的变化率大。

6.2.4.2　玻璃化转变的体积松弛理论

从图 6-12 可以看出，快速冷却，T_g 高、比容大，慢速冷却，T_g 低，比容小。这种体积松弛现象可以由松弛理论来解释。松弛理论认为，当高聚物由高弹态向玻璃态转变时，随温度降低体积逐渐收缩，但要达到与某一温度对应的平衡体积需要经过一段较长的时

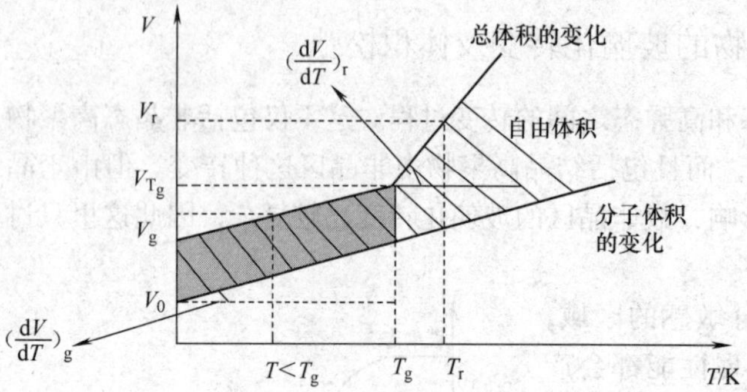

图 6-11　自由体积理论示意图

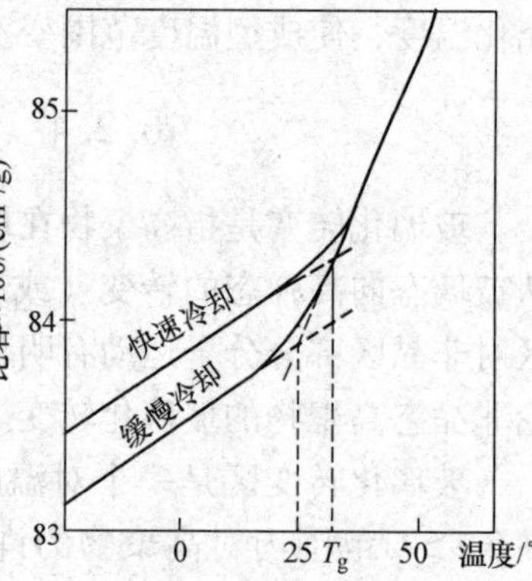

图 6-12　聚醋酸乙烯酯的温度-比容曲线

间。因为当高聚物冷却时，自由体积会收缩，分子链也要调整构象趋于紧密堆集，当接近玻璃化温度时，由于体系的黏度急增几个数量级，自由体积来不及逸出，分子链来不及调整构象，体积比到该温度下应有的平衡体积要大，只有经过一段时间，调整结束后才能达到平衡体积。所以当快速冷却时，体系黏度提早急增，链段也被提早冻结，自由体积来不及逸出，曲线在高比容下出现拐点。若冷却速度慢，链段能够及时调整构象，自由体积小，比容小，T_g 就低。

同理升温速度对玻璃化温度也有同样的影响。升温速度过快，链段来不及运动，自由体积来不及增大，只有升高温度才能使链段运动，所以 T_g 则高，反之则低。如用膨胀计测定 T_g 时，不同的冷却速度（升温速度）测得的 T_g 值会相差 3 ~5℃。

体积松弛现象对高聚物成型及制品性能有很大影响。如冷却速度会影响高聚物的比容，而高聚物的密度决定其制品物理-力学性能。所以冷却速度不同，不仅影响到 T_g，而且会影响到制品的尺寸稳定性。因此对于一些 T_g 高的高聚物，成型时冷却速度不能太快，必要时可在成型后将制品进行退火处理（在 T_g 以上保持一段时间，然后缓慢冷却至平衡状态），以使制品内分子链调整到稳定状态，增加尺寸稳定性，减少内应力，提高制品的力学性能。对于 T_g 低的柔性高聚物，由于 T_g 低，分子链可在室温下进行能够体积松弛，内应力逐渐减小，适于制造形状较复杂的多金属嵌件制品，如氯化聚醚。

6.2.5　影响玻璃化温度的因素

为提高塑料和纤维的耐热性，应尽量提高其玻璃化温度，而对于橡胶，为提高耐寒性，应尽量降低其玻璃化温度。因此玻璃化温度及其影响因素的研究，对指导高聚物的合成及材料的应用具有非常重要的实际意义。

玻璃化温度是链段开始运动或被冻结时的温度，所以凡是影响链段运动能力的因素都会影响到玻璃化温度。

6.2.5.1　聚合物的结构

（1）主链结构

链段运动是通过主链单键的内旋转来实现，因此 T_g 的高低与高分子链的柔顺性相关，柔顺性好，链段容易运动，T_g 低，柔顺性差，链段运动困难，T_g 高。

①主链由饱和单键所组成的聚合物，如—C—C—，—C—N—，—C—O—，—Si—O—等，柔顺性较好，T_g 较低。如含有—Si—O—的聚有机硅树脂，含有—C—O—的聚甲醛，以及含有—C—C—的聚乙烯、聚丙烯等。

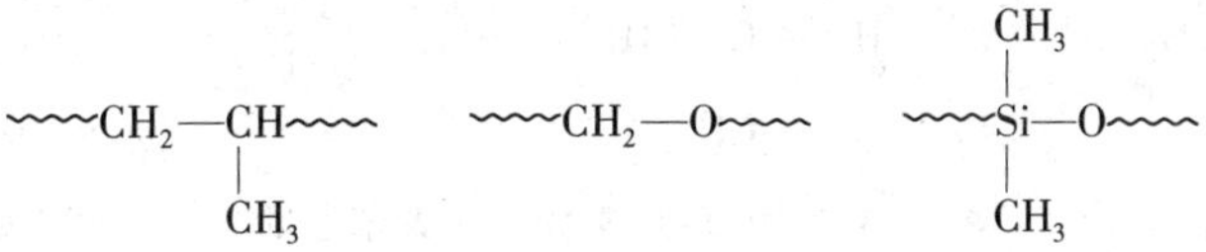

T_g/℃　　−18　　−50　　−123

②主链中引入孤立双键的高聚物，分子链的柔顺性好，T_g 低（低于室温），都是很好的橡胶材料，例如天然橡胶。

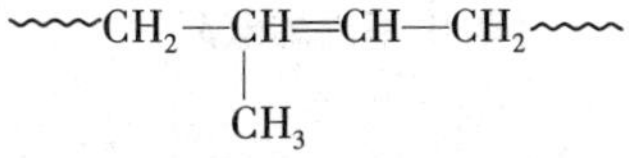

T_g/℃　　−73

③主链中引入共轭双键、芳环或芳杂环，分子链的刚性提高，T_g 升高，如聚碳酸酯和聚苯醚等。这也是合成耐高温高聚物的一个重要途径。

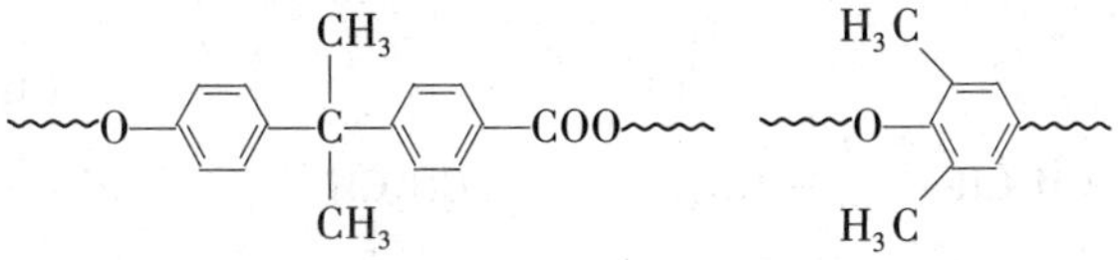

聚碳酸酯　　聚苯醚

T_g/℃　　150　　220

从以上分析可知，塑料和纤维为提高耐热性，使玻璃化温度升高，应选用分子链较刚硬的高聚物。反之，橡胶材料应选择分子链柔性好的高聚物。

④主链中含有能够形成氢键的极性基团，会增加分子间作用力，链段运动困难，T_g 升高。例如：

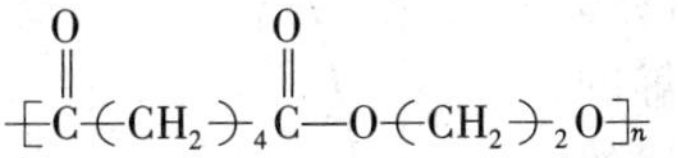

聚己二酸乙二酯，T_g = −70℃

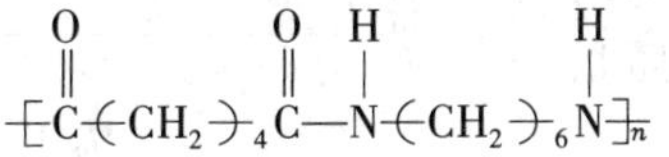

聚己二酰己二胺，T_g = 50℃

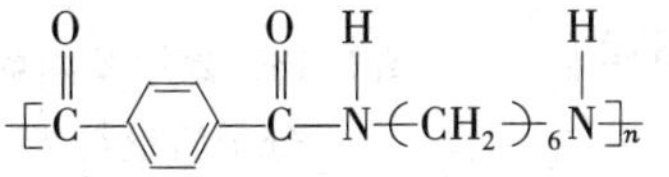

聚对苯二甲酰己二胺，T_g = 120℃

（2）取代基

①取代基的极性　取代基的极性越强，分子链内旋转越困难，刚性越好，数目越多，T_g 越高，例如：

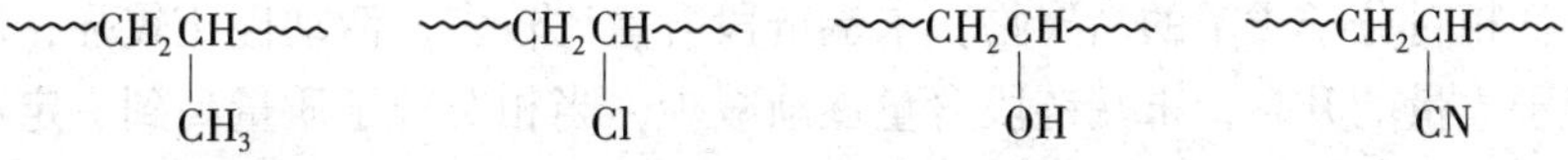

聚丙烯　　聚氯乙烯　　聚乙烯醇　　聚丙烯腈

T_g/℃　　−18　　81　　85　　90

②取代基的体积　刚性取代基越大，空间位阻越大，分子链的柔顺性就会越差，T_g越高，例如：

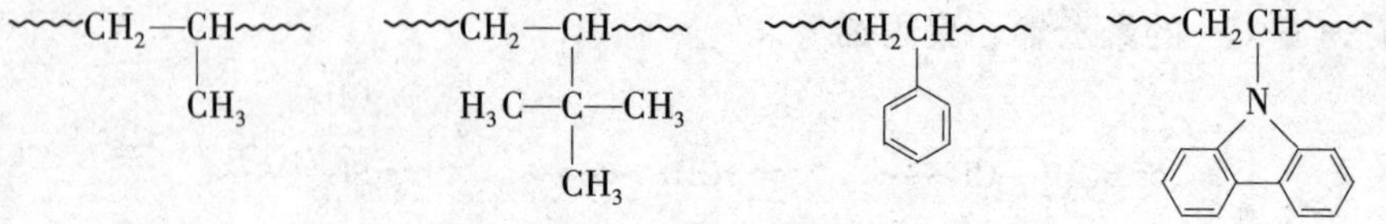

	聚丙烯	聚3，3-二甲基-1-丁烯	聚苯乙烯	聚乙烯基咔唑
T_g/℃	-18	64	100	208

柔性取代基越长，分子链柔顺性越好，T_g越低，例如：

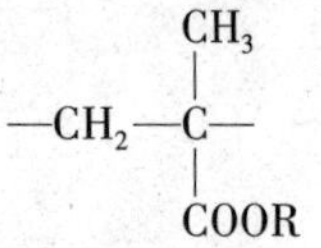

（聚甲基丙烯酸酯）

R =	$—CH_3$	$—C_2H_5$	$—C_3H_7$	$—C_4H_9$	$—C_8H_{17}$	$—C_{18}H_{37}$
T_g/℃	105	65	35	20	-20	-100

③取代基的对称性　如果是对称双取代，增大了内旋转能力，提高分子链柔顺性，T_g下降，例如：

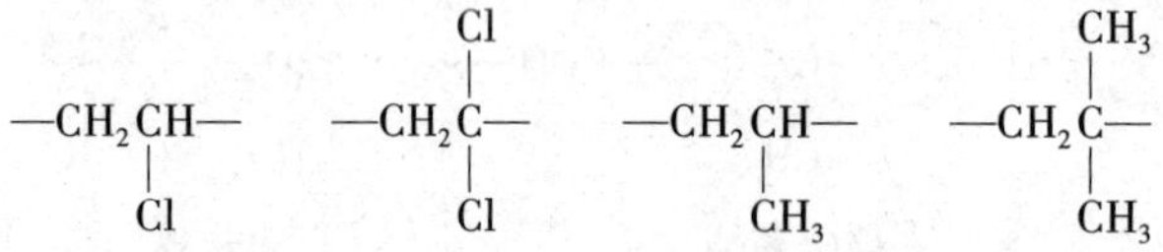

T_g/℃	81	-17	-18	-70

（3）相对分子质量

当相对分子质量较低时，T_g随相对分子质量的增大而升高；当相对分子质量增大到一定数值（临界相对分子质量）后，T_g不再随相对分子质量变化，并趋于某一定值，图6-13为聚甲基丙烯酸甲酯相对分子质量与T_g的关系曲线。聚乙烯的临界相对分子质量为12000～40000，聚异丁烯的相对分子质量为1000左右，T_g与相对分子质量之间的关系用数学式可表示为：

$$T_g = T_{g(\infty)} - K/\overline{M}_n \tag{6-2}$$

式中　$T_{g(\infty)}$——相对分子质量无穷大时的T_g

K——常数

$\overline{M}_n$——数均相对分子质量

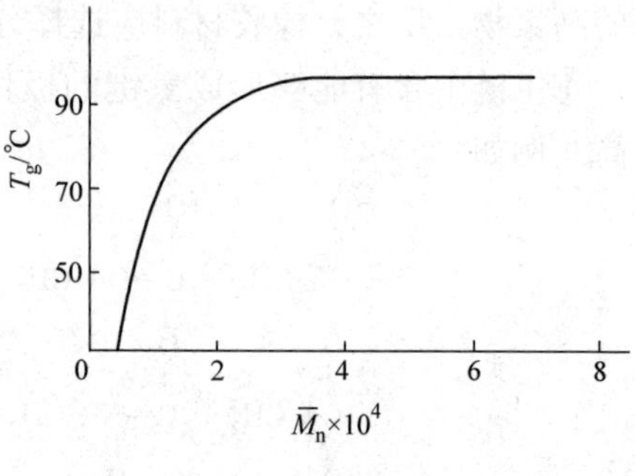

图6-13　聚甲基丙烯酸甲酯相对分子质量与T_g的关系

T_g与相对分子质量的这种关系是由高分子链中间链段和末端链段的不同活性引起的。中间链段两头受到相邻链段的牵制，而末端链段只有一头，所以末端链段活动性大于中间链段。对于低相对分子质量的高聚物，末端链段含量比较多，活动性比较强，所以T_g低，随着相对分子质量的升高，末端链段含量逐渐减少，当相对分子质量高到一定值后，末端链段所占的比例极小，可以忽略不计，此时相对分子质量对T_g的影响也就可以忽略不计了，即T_g为一定值。

（4）交联

交联度不大时，T_g 变化不大，当交联度增大时，交联点之间的链段长度变小，分子链运动受约束的程度增加，自由体积减小，T_g 升高。交联剂用量对 T_g 的影响见表6-3。

表6-3　　交联剂用量对高聚物 T_g 的影响

硫/%	0	0.25	10	20
硫化天然橡胶 T_g/K	209	208	233	240
二乙烯基苯/%	0	0.6	0.8	1.0
交联聚苯乙烯 T_g/K	360	362.5	365	367.5
交联链的平均链节数	0	172	101	92

交联度与 T_g 之间也可以用下式来表示

$$T_{g_x} = T_g + K_x\rho_x \tag{6-3}$$

式中　T_{g_x}——交联高聚物的玻璃化温度

T_g——未交联高聚物的玻璃化温度

K_x——常数

ρ_x——交联密度（交联结构单元与总结构单元的分数）

（5）共聚、共混与增塑

①共聚（二元共聚物）　无规共聚物的 T_g 通常介于两种均聚物的 T_g 之间，并随组分的变化而变化，如图6-14所示。

交替共聚物由于可以看作是有两个单体组成一个重复单元的均聚物，所以 T_g 只有一个。嵌段共聚物和接枝共聚物比较复杂，若两组分相容，形成均相共聚物，则只表现出一 T_g，若两组分相容性差或不相容，发生微相分离或宏观相分离，则表现两 T_g，分离越明显，两个 T_g 值越接近各自均聚物的 T_g 值。

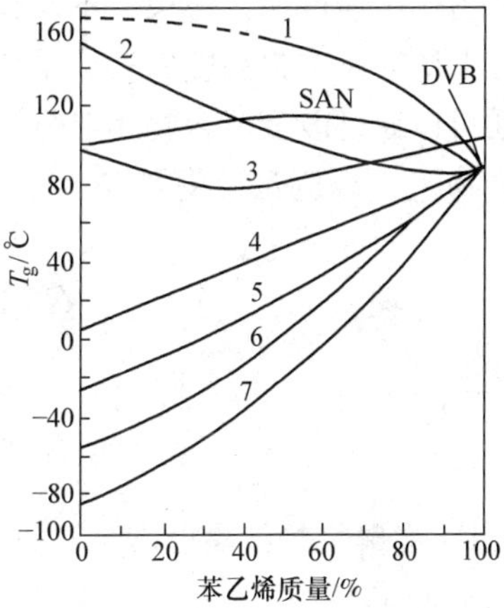

图6-14　苯乙烯系列共聚物 T_g 的变化

1—丙烯酸　2—丙烯酰胺　3—甲基丙烯酸甲酯　4—丙烯酸甲酯　5—丙烯酸乙酯　6—丙烯酸丁酯　7—丁二烯　DVB—苯乙烯-乙烯基苯共聚物　SAN—苯乙烯-丙烯腈共聚物

②共混　共混情况同嵌段和接枝共聚物相似。如果两组分完全相容，形成均相体系，共混物的 T_g 只有一个，且介于两种物质各自均聚物的 T_g 之间。如果两组分相容性较好，则会出现两个相互接近的 T_g；如果两组分相容性差，共混体系表现出两种均聚物各自的 T_g。因此，共混体系的相容性可以通过测定 T_g 来判断。

③增塑剂　增塑剂可以降低分子间作用力，提高链段运动能力，因此加入增塑剂，可降低聚合物的 T_g。从表6-4可以看出增塑剂对聚氯乙烯的影响。不添加增塑剂时，聚氯乙烯为硬塑料，随着增塑剂含量增大，塑料柔性增加，到40%以上，可以做橡胶的替代品。

表 6-4　　邻苯二甲酸二辛酯对聚氯乙烯 T_g 的影响

增塑剂含量/%	聚氯乙烯 T_g/℃	增塑剂含量/%	聚氯乙烯 T_g/℃
0	87	30	3
10	50	40	-16
20	29	45	-30

对于耐热性好的塑料，如聚砜、聚苯醚等，应尽量排除增塑剂，以防 T_g 降低。和共聚相比，加入增塑剂方法降低 T_g 更有效，而若降低黏流温度（T_f）尤其是熔点（T_m），则共聚更有效，这一点在选择塑料制品配方时要尤其注意。

6.2.5.2　外界条件

聚合物的玻璃化转变是一个松弛过程，与过程相关，因此升（降）温速率、外力的大小及其作用速度都对 T_g 都有影响。

（1）升（降）温速率

升（降）温速率对 T_g 的影响前面已讨论过，冷却速度越快，T_g 越高，同理升温速度越快，T_g 越高。通常升温速率降低 10 倍，T_g 降低 3℃。一般采用的升温速率是 1℃/min 。

（2）外力

单向外力可促使链段运动，所以外力越大，T_g 降低越明显。

（3）外力作用速度

外力作用速度快，链段来不及运动，需要升温提高运动能量使之运动，因此 T_g 升高。

综上所述，在提高塑料、纤维的耐热性或橡胶的耐寒性时，除选择所需 T_g 的高聚物外，还可以通过改变聚合物相对分子质量、共聚、共混、交联以及添加增塑剂等方式来改变聚合物 T_g，以满足使用要求。

6.3　高聚物的结晶

6.3.1　高聚物的结晶形态

6.3.1.1　高聚物的结晶形态

（1）单晶

单晶是极稀的高分子溶液加热到高聚物熔点以上，然后在十分缓慢降温的条件下获得的。它是最完整的晶态结构，有规则的外形，如聚乙烯和尼龙 6 的单晶是菱形片晶。凡是能结晶的高聚物，在适当的条件下都可以形成单晶。在电子显微镜下可以观察到单晶。图 6-15 为聚乙烯单晶。

图 6-15　聚乙烯单晶

单晶片的边长最长可达 50μm，晶片厚度 10nm，与高聚物的相对分子质量无关，只取决于结晶时的温度和热处理条件。

单晶片的形成是分子链构象的规整化和聚集态结构规整化的过程，如图 6-16 所示。

（2）球晶

在通常条件下，高聚物从浓溶液或熔体冷却时，结晶倾向于生成球状晶体，称为球晶。球晶是内部结构复杂的多晶体。球晶的基本特点是在晶核的基础上，球心呈对称地增长，生长过程如图 6-17 所示。球晶尺寸一般较大，可在偏光显微镜下观察，如图 6-18 所示。

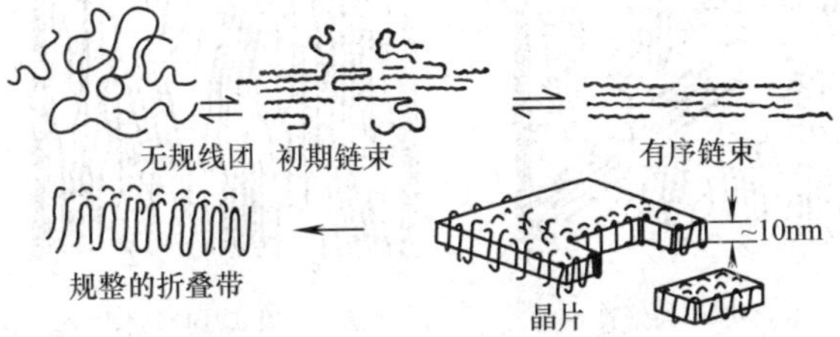

图 6-16　单晶形成过程示意图

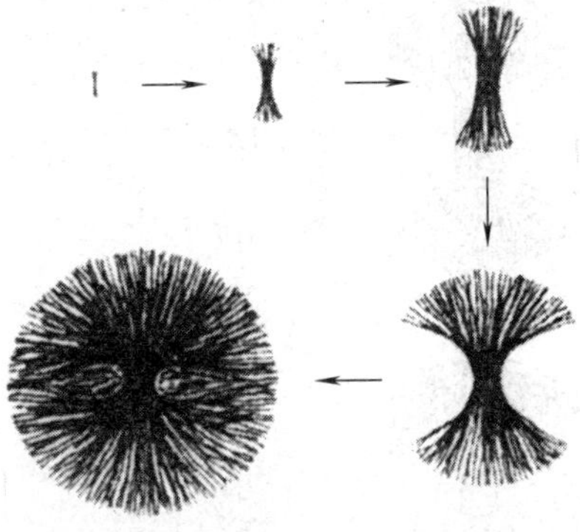

图 6-17　球晶的生长过程

（3）伸直链晶体

高聚物熔体在高压或快速淬火的条件下纺丝，可得到伸直链晶体，图 6-19 为聚乙烯伸直链晶体的电镜照片。伸直链晶体很脆，甚至可以用研钵研碎，但它可提高单向力学性能，如拉伸制品中，提高伸直链晶体含量，可提高拉伸强度。

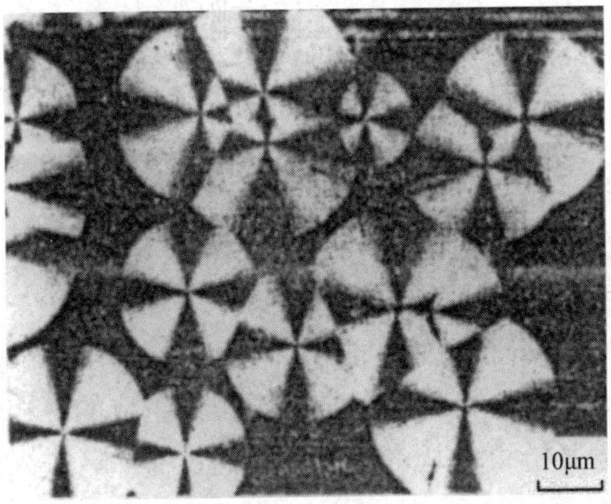

图 6-18　全同立构聚苯乙烯球晶的偏光显微镜照片

图 6-19　聚乙烯伸直链晶体的电镜照片（结晶条件：225℃，486MPa，8h）

（4）串晶

纯粹的折叠链晶片和伸直链晶片是高聚物分别在常压和高压极端情况下形成的。当高聚物在挤出、吹塑、拉伸等应力作用下结晶，形成的是既有伸直链又有折叠链的晶体，图 6-20 所示的纤维状晶体形象地被称为“糖葫芦”或“羊肉串”结构。

6.3.1.2　结晶高聚物的结构模型

（1）缨状胶束模型

如图 6-21 所示，缨状胶束模型理论认为结晶高聚物是由晶区和非晶区组成，每个高分子链同时可以贯穿几个晶区和非晶区，晶区和非晶区没有明显的相界面，晶区分子链是规整排列的，非晶区分子链是卷曲、互相缠结的。

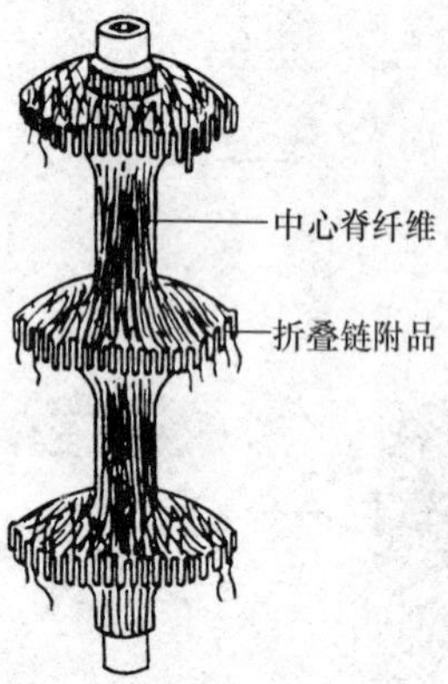

图 6-20　串晶结构模型

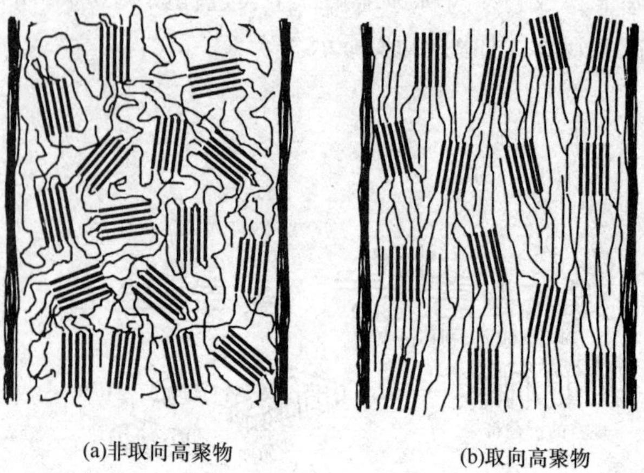

图 6-21　缨状胶束模型（平行线表示晶区，弯曲线表示非晶区）

（2）折叠链结构模型

如图 6-22 所示，折叠链结构模型理论认为高分子链可以不改变原来的键长和键角进行有规则地折叠，形成折叠链晶片。其厚度相当于折叠周期，大约 10nm。

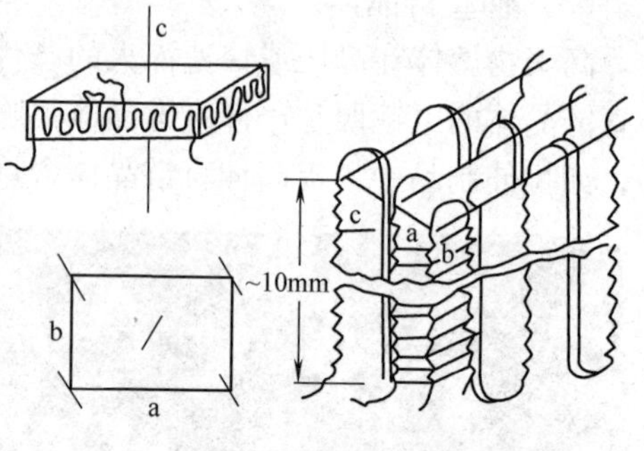

图 6-22　聚乙烯单晶体的折叠示意图
a、b、c 为三个晶轴

（3）插线板模型

P. J. Flory 提出的插线板模型很好地解释了球晶是由多层片晶组成的结晶行为，该模型（图 6-23）认为熔体结晶时，熔融态的无规线团状的聚合物分子松弛时间长、但结晶速度快，结晶时分子链基本来不及做规整的折叠，即大分子链不可能做邻近折叠（图 6-24），只能是局部链段规则的排入到晶片中。所以折叠链部分是由多条链任意排列组成的，相邻链属于不同的分子链。形成多层片晶时，一条分子链可以从一个晶片，通过非晶区进入到另一个晶片中去或者再折回原晶片中，但不是临近位置。

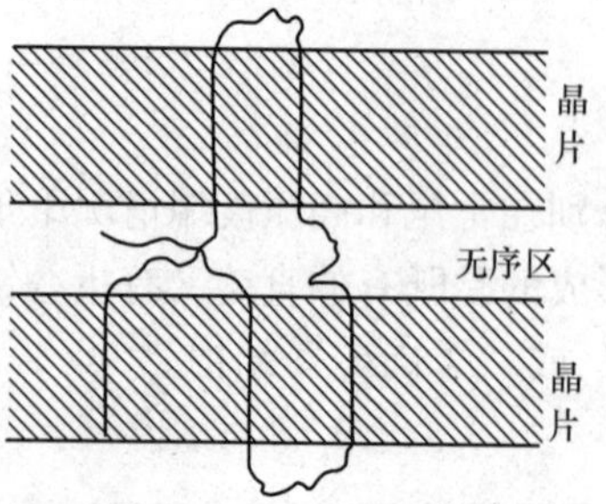

图 6-23　分子链在晶片中不规则非近临排列示意图

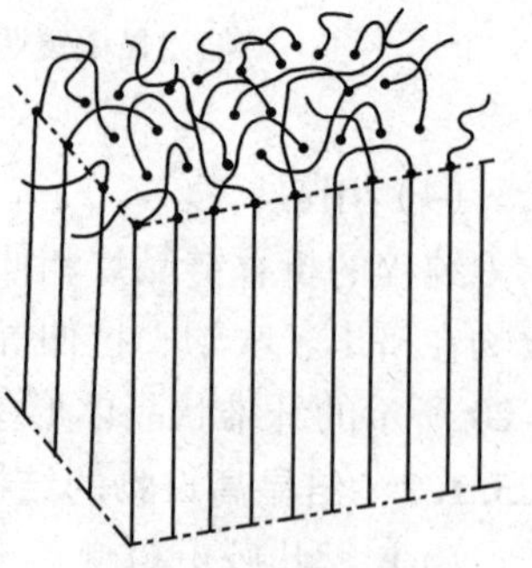

图 6-24　插线板模型

6.3.2　高聚物结构与结晶能力

小分子几乎都可结晶，但高聚物能否结晶取决于高分子链的结构是否能够和是否容易规整排列成高度有序的晶格。

（1）分子链的对称性

链的对称性升高，结晶能力会随之升高。如对称性好的聚乙烯和聚四氟乙烯结晶度高达 90%，而一般聚合物只能达到 50% 左右。但 PE 氯化后，由于破坏了对称性，结晶能力大大下降。

（2）分子链的空间立构规整性

高分子链的立构规整度（等规度）越高，结晶能力也越高。如全同聚丙烯、全同（间同）聚甲基丙烯酸甲酯、全同聚苯乙烯以及全顺式、全反式聚 1，4-丁二烯等有规立构高聚物都可以结晶。而对于无规立构聚丙烯、无规立构聚甲基丙烯酸甲酯、无规立构聚苯乙烯等均为典型的非结晶高聚物。

（3）共聚

由于无规共聚物破坏了链的对称性与规整性，通常使结晶能力下降，如果两种共聚单体的均聚物具有相同类型的结晶结构，则可以结晶。嵌段共聚物由于各段基本保持相对独立性，能结晶的分子链依然可以形成自己的晶区。对于接枝共聚物，由于支链破坏了规整度，结晶能力降低，但支链仍能保持原来的结晶性。

（4）分子间作用力

分子间作用力大，有利于分子链聚集紧密，结晶能力提高。特别是分子间含有氢键的高聚物，氢键不仅使分子间力增大，而且使分子变得刚硬，两种结果都有利于结晶。例如，聚酯、尼龙、聚乙烯醇等都有较大的结晶度。

（5）支化和交联

支化和交联破坏了分子链的规整性和对称性，使结晶能力下降。如高密度聚乙烯（线型）结晶度为 85% ~95%，但低密度聚乙烯（支链型）仅为 60%。

6.3.3　结晶速度及其影响因素

高聚物的结晶过程与小分子结晶有相似之处，都是包括晶核的生成和晶核的增长。即首先高分子链规整排列形成足够大的稳定晶核。然后以晶核为基础，分子链按结晶规律逐渐排列，增大成为晶体。高分子的结晶速度是晶核生长速度与晶粒生长速度的总效应。研究结晶过程，可以了解高聚物结构与外界条件对结晶速度及结晶形态的影响，从而通过结晶过程来控制结晶速度和结晶形态，以得到实际应用所需要的制品。

6.3.3.1　结晶速度的研究方法

测定聚合物等温结晶速度的方法有很多，根据测定速度不同一般有以下三种。

①测量成核速度　用偏光显微镜、电镜等直接观察单位时间内形成的晶核数目。

②测量晶粒生长速度　用偏光显微镜、小角激光散射法测定球晶半径随时间的增长速度。

③测量结晶总速度　用膨胀计法、光学偏振法等测定结晶过程进行到一半时所用的时间 $t_{1/2}$ 的倒数来表征该温度下的结晶速度。

6.3.3.2 影响结晶速度的因素

(1) 温度

高聚物的结晶速率是晶核生长速度和晶体生长速度的总和，所以高聚物的结晶速度对温度的依赖性是晶核生长速率对温度依赖性和晶体生长速率对温度依赖性的总和，如图 6-25 所示。成核过程对温度的依赖与成核方式有关：均相成核只有在低温下才能发生，温度降低，成核速率增大，因为温度过高，分子热运动剧烈，晶核不易形成，即使形成也不稳定。异相成核可以在较高温度下发生。晶体的增长取决于链段向晶核的扩散速率和规整堆积速率，因此必须在玻璃化温度以上，而且随着温度升高，链段运动能力增强，结晶速率增大。但温度不能高于熔点，否则晶体会被熔融。

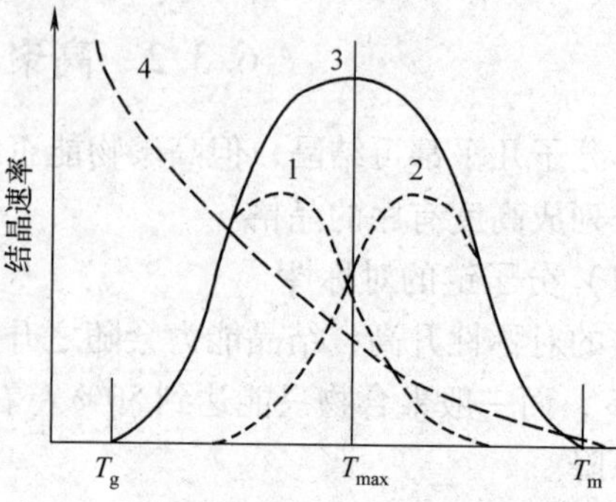

图 6-25 高聚物结晶速率对温度的关系曲线
1—晶核生成速率 2—晶体增长速率
3—结晶速率 4—黏度

由以上分析可知，温度较低时，有利于成核但不利于晶体增长，所以结晶速率低；温度较高时，晶体增长速率增大，但晶核生成速率小，所以结晶速率依然低。只有在熔点和玻璃化温度之间的某一温度，晶核的生成速率和晶体的增长速率都较大时，结晶速率才能出现极大值。根据实验结果，总结出如下规律：

$$T_{max} \cong (0.8 \sim 0.85)\ T_m\ (K)$$

所以结晶高聚物成型时，可以控制在 T_{max} 成型，从而在最短时间内获得最大结晶度，既提高了生产效率，又提高了产品质量。表 6-5 是几种高聚物的 T_m、T_{max} 和球晶最快生长速度。

表 6-5 几种高聚物的 T_m、T_{max} 和球晶最快生长速度

高聚物	T_m/K	T_{max}/K	T_{max}/T_m	球晶最快生长速度/(μm/min)
聚乙烯	414	—	—	2000
等规聚丙烯	456	348	0.77	20
等规聚苯乙烯	513	449	0.87	0.25
聚甲醛	456	358	0.78	4400
天然橡胶	303	251	0.83	—
聚酰胺 6	502	413	0.82	200
聚酰胺 66	540	420	0.78	1200
聚对苯二甲酸乙二醇酯	543	459	0.84	7

(2) 拉应力的影响

拉应力可以使高聚物取向，增加分子链规整性，促进结晶，使结晶速度提高而且可以改变结晶形态。例如，天然橡胶在室温条件下放置几年也不会结晶，但将其拉伸几秒钟后即可结晶。

(3) 杂质的影响

杂质对高聚物结晶的影响比较复杂。有的杂质阻碍结晶，如惰性稀释剂，有的却可以

促进结晶。后者是因为在结晶过程中起到晶核的作用，称为成核剂。成核剂不仅可以加大结晶速度，而且可以减小球晶尺寸，成核剂的作用如表6-6所示。加入成核剂可以用来解决较大注射件中易出现的因结晶收缩不均导致的变形、开裂等问题。

表6-6　　成核剂对结晶过程的影响

成核剂	成核剂含量/%	200℃时的结晶速度（min）$^{-1}$	球晶尺寸/μm	
			150℃结晶	5℃结晶
聚酰胺66	0.2	10	10～15	5～10
	1.20		4～5	4～5
聚对苯二甲酸乙二醇酯	0.2	6.5	10～15	5～10
	1.00		4～5	4～5

（4）溶剂的影响

溶剂小分子渗入大分子之间起润滑作用，使链段容易运动，从而发生诱导结晶作用。如将无定型的聚对苯二甲酸乙二醇酯、聚碳酸酯等透明薄膜浸入适当溶剂，薄膜发生结晶逐渐变浑浊直至不透明。能够起到诱导结晶作用的溶剂要与高聚物有一定的相容性。相容性不同，诱导结晶效果不同，表6-7比较了不同溶剂对聚对苯二甲酸乙二醇酯诱导结晶效果。

表6-7　　不同溶剂对聚对苯二甲酸乙二醇酯诱导结晶的比较

溶剂	密度/(g/cm^3)	溶胀度/%	结晶度/%
己烷	1.340	0	4.2
四氯化碳	1.340	0	4.2
甲苯	1.387	14.7	38.1
苯	1.390	18.8	45.8
丙酮	1.390	20.0	45.8
苯甲醇	1.396	22.3	50.8
正丁醇	1.340	0	4.2
间甲酚	1.413	12.5	63.0
乙酸	1.390	13.1	45.8
乙醇	1.340	0	4.2

（5）相对分子质量的影响

对于同一种高聚物，一般高聚物的结晶速率随相对分子质量的提高而降低。这是因为相对分子质量越高，分子链越长，缠结程度越大，结晶时链段摆脱约束有序排列在晶格上越困难，所以结晶速率越低。

6.3.4　结晶高聚物的熔融

6.3.4.1　结晶高聚物的熔限和熔点

小分子晶体与结晶高聚物的熔融过程如图6-26所示。

由图中可以看出，虽然两者在熔融过程中都发生热力学函数的突变，但小分子突变范围窄（线形为折线），而结晶高聚物熔化温度范围要宽（线形为渐近线），如聚丙烯为 10 ~ 20℃，低密度聚乙烯为 10 ~ 40℃，而聚酰胺仅为 3 ~ 5℃。我们把这个温度范围称为熔限，即从某一晶区开始熔融的温度到所有晶区全部熔融的温度区间。晶区全部熔融的温度，即熔限的上限温度为熔点，以 T_m 表示。

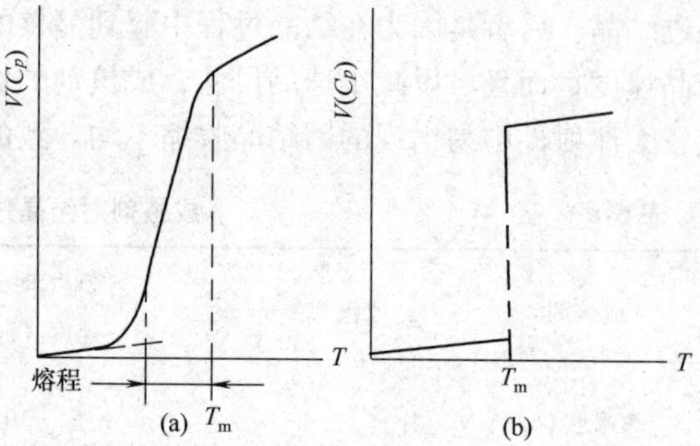

图 6-26　熔融过程中的体积（比热）- 温度曲线
（a）结晶高聚物　（b）低分子晶体

结晶高聚物熔融温度范围宽的原因是其结构中存在不完善晶区。结晶时，由于分子链运动困难，很难形成完善晶格，并且缺陷程度不同。在较低温度下缺陷最严重的晶格开始熔融，随温度升高，较完善晶格出现熔融，因此高聚物具有较宽的熔限。

高聚物熔点高低和熔限宽窄是由结晶结构决定的，因此和结晶历史有关，如图 6-27 所示，结晶温度低，熔点低，熔限宽；结晶温度高，熔点高，熔限窄。这个结果是由高聚物具有相对分子质量高和多分散性两个特点决定的。当温度低时，晶核生成率高，但晶体增长慢，体系容易形成数量多，尺寸小、不均匀、不完整的晶体。同时相对分子质量大的分子运动困难，结晶不完全；而相对分子质量小的分子运动容易，结晶较完整。所以熔化时熔限较宽。当温度升高后，大分子运动容易，有利于晶体生长，使结晶相对完整，高聚物不易熔融。因此高聚物的熔限窄，熔点高。

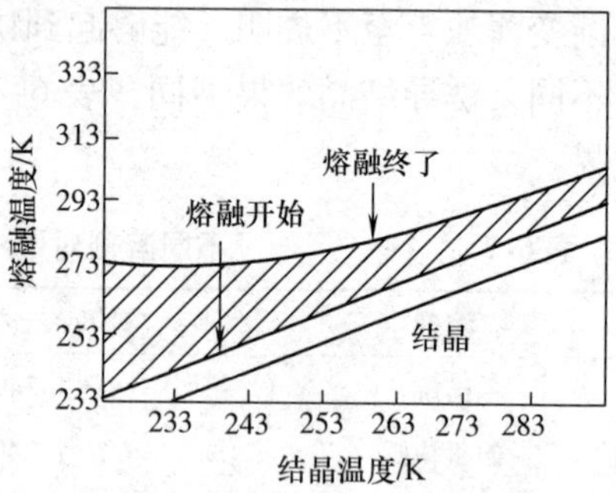

图 6-27　天然橡胶的熔融温度与结晶温度的关系

通过以上分析，在结晶高聚物的成型加工中，可以通过控制冷却速度来控制产品的结晶度和性能。例如，若提高制品的尺寸稳定性和耐热性，一般在较高温度下冷却，使其结晶相对完整。若提高制品的韧性和透明度，则要低温冷却，使其结晶度降低，晶粒小，但制品的尺寸稳定性和耐热性变差。在实际生产中，为提高生产效率，多采用中速冷却的方法，使制品定型后再经过退火处理，促使其再结晶，以提高结晶度，保证产品质量。

6.3.4.2　分子链结构与熔点的关系

熔点总是高于玻璃化温度的，所以结晶高聚物耐热性要好于同类无定型高聚物。结晶高聚物结晶程度和其分子链结构密切相关。因此研究分子链结构与熔点的关系对耐热高分子材料具有非常重大的意义。表 6-8 列出了一些高聚物的熔点。

由自由能的定义可知：

$$\Delta G = \Delta H - T_m \Delta S \qquad (6\text{-}4)$$

式中　ΔG——1mol 重复结构单元的自由能

ΔH——1mol 重复结构单元的熔化热

ΔS——1mol 重复结构单元的熔化熵

表 6-8　　高聚物的熔点

高聚物	T_m/℃	高聚物	T_m/℃
聚乙烯	137	聚四氟乙烯	327
等规聚丙烯	176	聚丙烯腈	317
聚异戊二烯（顺式）	28	聚对苯二甲酸乙二醇酯	267
聚异戊二烯（反式）	74	聚酰胺 6	215
等规聚苯乙烯	240	聚酰胺 66	265
聚甲基丙烯酸甲酯	160	聚碳酸酯	230
聚氧化乙烯	66	聚甲醛	175
聚三氟氯乙烯	220	聚苯醚	300

当结晶与熔融达到平衡时，高聚物的晶相与非晶相达到热力学平衡，体系的自由能不再变化，$\Delta G=0$，即 $T_m=\Delta H/\Delta S$。

由式中可以看出，增大 ΔH 或减小 ΔS 都可使 T_m 升高。ΔH 与分子间作用力有关，分子间作用力越大，ΔH 越大。所以凡是增加分子间作用力的措施都可使 T_m 升高。在分子链或侧基上引入极性基团，或在大分子间形成氢键都可以增加分子间作用力，ΔH 提高，T_m 升高，如上表中的聚对苯二甲酸乙二醇酯、聚丙烯腈、聚酰胺等。

ΔS 与晶体熔化后分子的紊乱程度有关，分子链柔性越好，熔化后分子链紊刮程度越大，ΔS 越大，T_m 越低。所以若提高 T_m，应尽可能降低链的柔性，提高刚性。如聚苯醚、聚苯乙烯等。

由以上分析可知，提高高聚物耐热性的方法，一是通过设计，选择合适的原料单体和合成方法，提高高分子链的规整性，使其结晶；二是增加分子间作用力；三是增加链的刚性。

6.3.5　结晶及结晶度对高聚物性能的影响

6.3.5.1　结晶度的概念

结晶高聚物是晶区和非晶区两相共存的结构，晶区含量的多少对高聚物的性能影响很大，所以定量地表示这种结构是非常有必要的。引入结晶度的概念，把结晶高聚物中结晶部分所占的比例称为结晶度，可用质量百分数（f_c^w）或体积百分数（f_c^v）来表示。

$$f_c^w=\frac{w_c}{w_c+w_a}\times 100\% \tag{6-5}$$

$$f_c^v=\frac{v_c}{v_c+v_a}\times 100\% \tag{6-6}$$

式中　w_c、w_a——表示晶区和非晶区的质量

v_c、v_a——表示晶区和非晶区的体积

需要指出的是部分结晶的高聚物中，晶区和非晶区没有明确的界限，无法准确测定结

晶部分的含量，所以结晶度的概念缺乏明确的物理意义。另外，结晶度的数值也因测定方法不同而有所不同，如表 6-9 所示。

表 6-9　　不同测定方法结晶度的比较

测定方法	纤维素（棉）的结晶度/%	聚对苯二甲酸乙二醇酯拉伸前的结晶度/%	聚对苯二甲酸乙二醇酯拉伸后的结晶度/%
密度法	60	20	20
X 射线法	80	29	2
红外光谱法	—	61	59

在以上几种测定方法中，密度法是最简单而且最常用的测定方法。它是依据结晶高聚物中晶区密度大，非晶区密度小，两相的体积（质量）具有加和性的特征来进行测量的。先分别测出晶区的密度 ρ_c 和非晶区的密度 ρ_a，再根据两相结构模型求得。设试样的密度为 ρ，体积为 v，质量为 w。

根据体积加和原理 $v = v_c + v_a$　　(6-7)

$$w/\rho = w_c/\rho_c + w_a/\rho_a$$
$$= w \cdot f_c^w/\rho_0 + w \cdot (1 - f_c^w)/\rho_a$$

整理得到 $f_c^w = \dfrac{\rho_c(\rho - \rho_a)}{\rho(\rho_c - \rho_a)}$

根据质量相加原理 $w = w_c + w_a$　　(6-8)

$$v \cdot \rho = v_c \cdot \rho_c + v_a \cdot \rho_a$$
$$= v \cdot f_c^v \rho_c + v \cdot (1 - f_c^v)\rho_a$$

整理得到 $f_c^v = \dfrac{\rho - \rho_a}{\rho_c - \rho_a}$

聚合物试样的体积和密度可以用密度梯度管测定。晶区的体积和密度通常是由晶体结构参数计算得到，完全非结晶的体积和密度可用其非晶态试样熔体的温度-形变曲线外推到测量温度即可得到。有关数据可从手册查到，表 6-10 列出的是几种常见高聚物的 ρ_c、ρ_a 值。

表 6-10　　常见结晶性聚合物的密度

聚合物	$\rho_c/(g/cm^3)$	$\rho_a/(g/cm^3)$	ρ_c/ρ_a	聚合物	$\rho_c/(g/cm^3)$	$\rho_a/(g/cm^3)$	ρ_c/ρ_a
聚乙烯	1.00	0.85	1.18	聚三氟氯乙烯	2.19	1.92	1.14
聚丙烯	0.95	0.85	1.12	聚四氟乙烯	2.35	2.00	1.17
聚丁烯	0.95	0.86	1.10	聚酰胺 6	1.23	1.08	1.14
聚异丁烯	0.94	0.86	1.09	聚酰胺 66	1.24	1.07	1.16
聚戊烯	0.92	0.85	1.08	聚酰胺 610	1.19	1.04	1.14
聚丁二烯	1.01	0.89	1.14	聚甲醛	1.54	1.25	1.25
顺聚异戊二烯	1.00	0.91	1.10	聚氧化乙烯	1.33	1.12	1.19
反聚异戊二烯	1.05	0.90	1.16	聚氯化丙烯	1.15	1.00	1.15
聚乙炔	1.15	1.00	1.15	聚对苯二甲酸乙二酯	1.46	1.33	1.10
聚苯乙烯	1.13	1.05	1.08	聚碳酸酯	1.31	1.20	1.09
聚氯乙烯	1.52	1.39	1.10	聚乙烯醇	1.35	1.26	1.07
聚偏氟乙烯	2.00	1.74	1.15	聚甲基丙烯酸甲酯	1.23	1.17	1.05
聚偏氯乙烯	1.95	1.66	1.17	聚氯丁二烯	1.35	1.24	1.13

6.3.5.2　结晶及结晶度对聚合物性能的影响

同一种单体，用不同的聚合方法或不同的成型条件，可以获得不结晶或结晶度不同的高分子材料，从而直接影响到制品的性能。

（1）制品密度

非晶区内分子是无规紊乱堆砌，密度小，晶区分子链规整排列，密度大，所以结晶度提高，制品密度也随之增大。如聚乙烯，结晶度 65% 时，密度为 0.92g/cm^3，结晶度 95%时，密度为 0.97g/cm^3。

结晶度会影响结晶高聚物制品的密度，而密度大小反映了大分子堆砌的紧密程度及分子间力的大小，这是影响制品力学性能的直接因素。结晶度是可以通过调节熔体的冷却速度来实现的，所以成型工艺条件与制品性能有着密切的关系。

（2）光性能

无定型高聚物一般是透明的，这是因为其内部为均相体系，受光照射时，光在内部不发生光散射现象，可以直接透过。如聚氯乙烯、无规聚苯乙烯、聚甲基丙烯酸甲酯等都是透明的。对于结晶高聚物，由于晶区内链的规整排列而使光线无法通过，当光线通过结晶高聚物时，在晶区与非晶区界面上能直接通过发生折射或反射现象，所以两相并存的结晶高聚物通常呈乳白色，不透明，如聚酰胺、聚乙烯等。可见，结晶度提高，透光率降低，而且晶粒尺寸越大就越明显。但并不是所有结晶高聚物都是不透明的，当晶区中晶粒尺寸小到比可见光的波长还要小，这时不发生折射和反射，高聚物仍然是透明的。淬冷法获得有规 PP 透明的原因就是晶粒尺寸很小，或者加入成核剂也可达到此目的。

（3）尺寸稳定性

结晶高聚物在成型过程中，随结晶度的提高，分子链排列越来越规整，提高了制品的预收缩率，因此制品的尺寸稳定性越来越好。若成型过程中冷却速度过快，又没进行退火处理，得到的制品由于结晶不完全，使用过程中在应力作用下会继续结晶，导致制品进一步收缩而变形。因此，严格控制适宜的成型工艺条件是获得合格制品的必要条件之一。

（4）渗透性和溶解性

高聚物的渗透性和溶解性是指小分子向大分子浸入扩散过程。结晶度越高，大分子堆砌越紧密，小分子越不容易浸入，因此，渗透性和溶解性越差。

（5）力学性能

结晶度对高聚物力学性能的影响比较复杂，要看非晶区处于何种状态而定（玻璃态或高弹态），若处于高弹态，随结晶度提高，聚合物的模量、硬度、抗张强度等都增大，而断裂伸长率、冲击强度等会下降。

（6）热性能

对塑料来讲，当结晶度提高到 40% 以上，晶区相互连接，形成贯穿整个材料的连续相。即使在 T_g 以上也不软化，只有到结晶材料的熔点才会软化，所以结晶度升高，塑料耐热性升高。

6.4　高聚物的取向

6.4.1　基本概念

取向是指在某种外力作用下，高分子链或其他结构单元沿着外力作用方向舒展有序排列的现象。当外力消除后，取向排列的大分子又会自动恢复到自由卷曲的状态，这种现象称为解取向。取向使大分子有序排列，而分子热运动使分子逐渐恢复自由卷曲状态，趋向无序（解取向），所以高聚物的取向过程是大分子链的取向与解取向建立平衡的过程，也是松弛过程，其中取向是被动的，解取向是自发的。

取向使大分子排列有序，可以提高拉伸制品的力学性能，同时有利于结晶，提高制品耐热性，因此，有时需特意形成此结构，如用拉伸方法制备性能优异的纤维、单丝、薄膜等。但是在其他成型方法（如注射成型）中，如果黏流态分子取向，会不均匀地冻结在制品，形成内应力，不仅制品力学性能会降低，而且易翘曲或应力开裂，所以需避免或消除取向。因此，研究取向过程、取向与制品性能的关系是具有实际意义的。

6.4.2 取向类型

根据外力作用方式，取向分为单轴取向和双轴取向。单轴取向是高聚物的大分子或链段沿平行于拉伸方向排列，分子链长度增加，宽度和厚度减小，如图6-28，主要用于纤维、单丝等的成型加工。双轴取向是沿着高聚物薄片（膜）的平面互成直角的两个方向拉伸，薄片的面积增加，厚度减小，高分子链或链段倾向于与拉伸平面平行排列，但是在拉伸平面内是无序的，主要用于薄膜的成型加工。

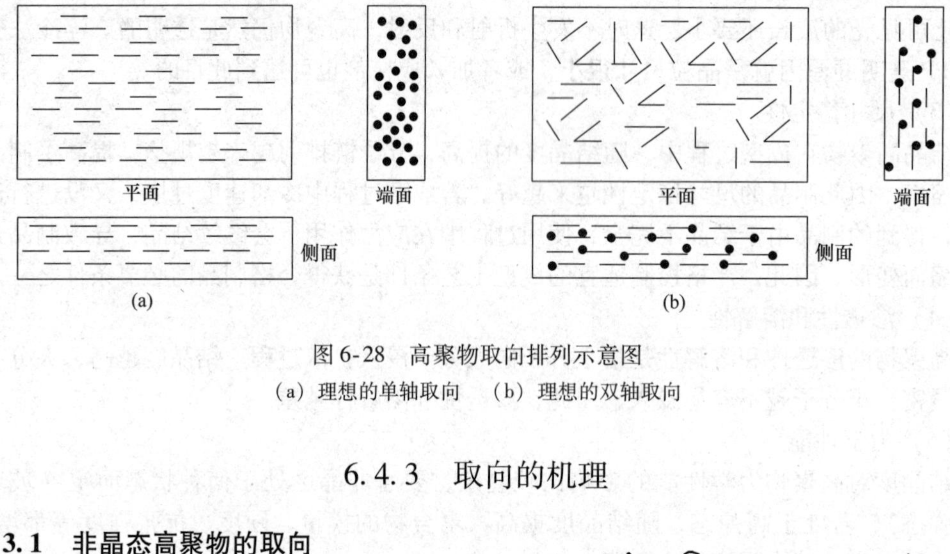

图6-28　高聚物取向排列示意图

（a）理想的单轴取向　（b）理想的双轴取向

6.4.3 取向的机理

6.4.3.1 非晶态高聚物的取向

非晶态高聚物的取向过程分别由链段和大分子两种运动单元决定，如图6-29所示。它可以是链段取向，也可以是大分子取向。链段取向时，链段有序排列，大分子可能是杂乱无章的。大分子取向时，整个大分子链沿着外力场有序排列，链段不一定取向。两种不同的取向结构，取决于取向的历史。

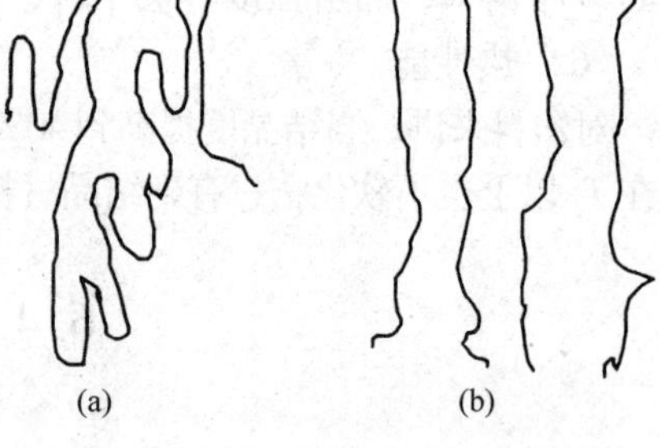

图6-29　高分子链两种取向状态

（a）高分子链不取向，链段取向

（b）高分子链取向，链段不取向

（1）链段取向

链段取向在链段能够自由运动的高弹态就可以

完成即 $T_g \sim T_f$。此时，链段活动性大、黏度小、松弛时间短，因此，在外力作用下，取向容易，解取向也容易，材料各向异性不明显。

（2）大分子链取向

大分子链取向必须在大分子能够运动的黏流态完成，即 $T_f \sim T_d$。对于柔性高分子，在外力作用下，链段先取向，然后才是整个大分子的取向，所以大分子取向松弛时间长，分子链具有各向异性。也正是柔性高分子链具有取向运动单元的双重性，使得生产中可以得到既具弹性、强度又好的制品。例如，化学纤维成型工艺，利用大分子链取向得到稳定取向结构，保证制品的强度，在此基础上，吹入瞬时的热空气或热蒸汽，使其中的链段解取向以赋予制品弹性，只是热处理的温度和时间要恰当，以便使链段解取向而整链不解取向。如果热处理时间过长，分子链也会解取向而使纤维丧失强度。热处理的另一个重要作用是减小纤维的沸水收缩率。如果纤维未经热处理，被拉直了的链段有强烈的卷曲倾向，纤维在受热或使用过程中就会自动收缩，织物易变形。经热处理过的纤维，由于链段已发生卷曲，所以使用过程中不会变形。

由于解取向是自发过程，为了维持取向状态，获得取向材料，必须在外力作用下将温度迅速降至玻璃化温度以下，将分子和链段运动冻结起来。

6.4.3.2 结晶高聚物的取向

结晶高聚物包括晶区和非晶区，非晶区同非晶态高聚物一样，首先是链段取向，然后是大分子链取向。而晶区（折叠链片晶）取向过程如图6-30，首先折叠链晶片中的小晶片倾斜，晶面滑动和转动，慢慢地晶片破裂，部分折叠链被拉伸成直链，使原有结构部分或全部破坏而形成由伸直链和新的取向折叠链晶片组成的纤维结构的晶体。

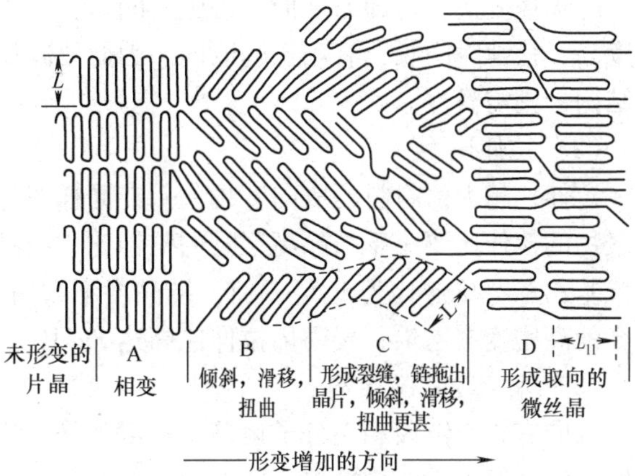

图6-30 折叠链片晶沿外力作用方向取向和再结晶的微观过程示意图

取向后的结晶高聚物，规整性、纵向强度及模量都有所提高，用来做纤维或薄膜，不仅可以提高制品强度，而且晶体中的缺陷部分和非晶区能赋予制品弹性，使其韧性增加。此外，取向可以改善结晶高聚物的不透明性，使薄膜透明性好。因此，取向可以提高结晶高聚物的使用价值。

6.4.4 取向的表征

高聚物材料的取向程度与其物理性能有密切的关系，因此，了解材料取向程度对于研究材料结构与性能关系以及应用是非常重要的。取向程度用取向度来表征。通常用取向函数 f 来表示。

$$f = 1/2\ (3\cos^2\theta - 1) \tag{6-9}$$

由于各种原因，高聚物中的结构单元不可能完全取向，结构单元排列方向与流动方向或拉伸方向总会形成一定的角度，这个角度称为取向角，用 θ 表示。由于材料中各结构单元取向角不可能完全一致，所以取其平均值 θ。理想的单轴取向是所有的分子链平行于取向方向，如图 6-31（a）所示，平均取向角为 0，$\cos^2\theta=1$，因此 $f=1$；完全没有取向的高聚物材料，如图 6-31（c），$f=0$，所以高聚物的取向度为 0～1。

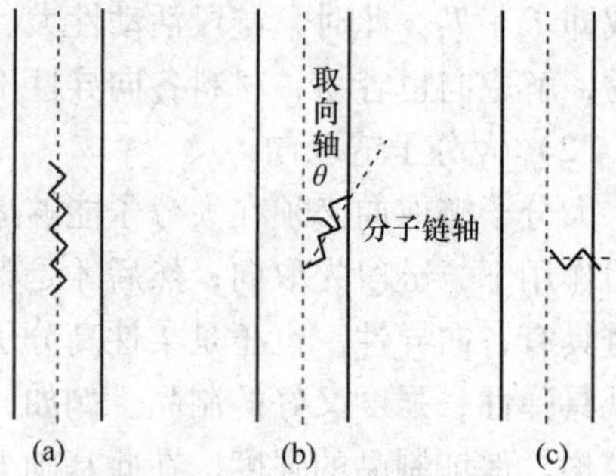

图 6-31　几种特殊的取向形式

（a）完全取向，$\theta=0°$，$f=1$　（b）无规取向，$f=0$　（c）垂直取向，$\theta=90°$　$f=1/2$

取向度可以用声波传播法、光学双折射法、广角 χ 射线衍射法、红外二向色性法以及偏振荧光等方法来测定。

6.4.5　影响取向的因素

（1）温度

温度升高，聚合物黏度降低，大分子运动容易，松弛时间缩短，取向速度加快。同样温度升高，解取向过程也加快，所以温度对聚合物取向和解取向具有同样的影响。

冷却速度快，冷却温度低，松弛时间短，易冻结取向结构，反之，冷却速度慢，冷却温度高，松弛时间长，有利于解取向。因此要减少取向结构，需提高冷却温度；若保持取向结构，则需骤冷。

（2）拉伸比

拉伸比越大，材料的取向度越大。在同样条件下，拉伸比还与材料结构有关。非结晶高聚物的拉伸比要小于结晶高聚物的拉伸比，结晶度低的要小于结晶度高的。如无定型态的聚苯乙烯，拉伸比为 1.5～3.5，结晶度不太高的聚酯、聚酰胺拉伸比为 2.5～5，结晶度高的高密度聚乙烯、聚丙烯拉伸比高达 5～10。

（3）聚合物化学结构

取向有赖于链段和大分子运动，所以凡是影响这两个运动单元活动能力的结构都会影响取向。一般化学结构简单、柔性大、相对分子质量较低的聚合物，运动单元能力强，容易取向，也容易解取向。相反链结构复杂，链的刚性大，相对分子质量高、分子间作用力大的聚合物，链段活动力低，松弛时间长，取向困难，解取向也难，但取向结构稳定。因此，为了获得稳定的、具有相当弹性的取向纤维和薄膜，刚性和柔性大的分子都不适合，只能由软硬适度的中等刚性聚合物才能解决。

（4）低分子物质

在聚合物中引入低分子物质如溶剂或增塑剂等，能降低分子间作用力，缩短松弛时间，易于取向，同时也易于解取向。所以取向后除去溶剂或使聚合物形成凝胶有利于保持取向结构。

6.4.6　取向对高聚物性能的影响

（1）取向使高聚物材料具有力学性质的各向异性

取向使高聚物具有力学性质的各向异性，取向以后，平行于取向轴方向的机械强度和模量增加，垂直于取向轴方向的强度和模量减弱。对于双轴取向的薄膜和薄片在平面的任何方向上均有较高的拉伸强度、断裂伸长率和冲击强度，抗开裂能力也有所提高。

（2）取向使高聚物材料具有光学性质的各向异性

当光线通过各向异性的物体时会发生双折射现象，通过各向同性的物体时则不会产生双折射现象。光线通过单向拉伸后的透明高聚物会产生光折射现象，证明取向使高聚物具有光学性质的各向异性。

（3）取向使结晶高聚物材料具有热传导的各向异性

将取向后的结晶高聚物薄膜（如聚乙烯）和非结晶高聚物薄膜（如聚苯乙烯）各涂一层石蜡（或热敏性涂料），水平放置后，用一个小的热源放在这两种薄膜下面，观察石蜡的熔化速度，结果观察到结晶高聚物取向薄膜，熔化区域是椭圆形，如图6-32（a）所示，具有热传导的各向异性。而非结晶高聚物的取向薄膜，熔化区域为圆形，如图6-32（b）所示，具有热传导各向同性。这是因为晶相取向，分子链远程有序，即在非常小的区域内有高度有序的取向结构。而非晶态的取向，远程无序，表现各向同性。所以热传导反映非常小的结构单元的取向程度。因此，用同一种方法研究取向时，应慎重考虑。

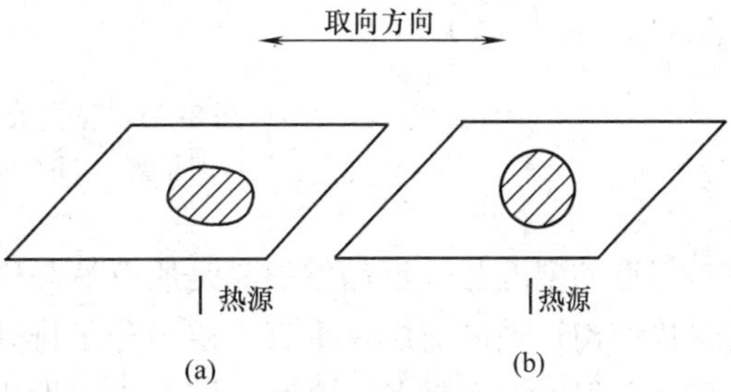

图6-32　高聚物薄膜取向后的热传导

（a）结晶高聚物　（b）非结晶高聚物

（4）对高聚物材料其他性能的影响

取向使链段运动困难，高聚物玻璃化温度升高；取向度越大，材料热收缩率也越大。

6.5　高聚物液晶态结构

液晶是指在熔融状态或被溶液溶解的状态下，仍能保持一定的晶态物质分子的有序排列，且物理性质呈现各向异性，兼有晶体和液体部分性质的一类物质。根据形成液晶的条件不同，液晶分为热致性液晶和溶致性液晶。前者是指经加热熔融形成的具有各向异性的熔体，后者是指固体物质溶于某种溶剂后形成的各向异性的溶液。

高分子液晶现象的发现与研究是从1950年开始的，近年来，由于发现芳香聚酰胺体系的浓溶液具有液晶的性质，美国杜邦公司利用其高分子液晶态的特性进行纺丝，成功制得超高强度、超高模量的有机合成纤维，高分子液晶领域逐渐引起人们的重视。

虽然液晶高分子具有高强度、高模量的特性而被用于制造防弹衣、缆绳及航空航天器的大型结构部件，但不是所有的高聚物都能形成液晶态。必须符合下面几个基本条件才有可能形成液晶态。

①分子链必须是刚性或比较刚性的高聚物，在溶液中呈棒状或近乎棒状的构象；

②分子链上必须具有极性基团；

③若形成胆甾型中介相，除具备上述两点外，还必须具有光学活性因素，如含有不对

称碳原子等。

根据液晶分子聚集排列的方式不同，高分子液晶可分为近晶型、向列型和胆甾型。如图6-33所示。

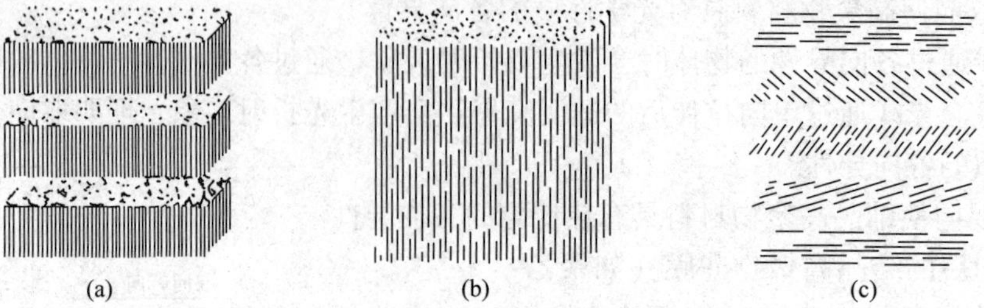

图6-33 三类液晶的结构示意图
（a）近晶型 （b）向列型 （c）胆甾型

①近晶型液晶 近晶型液晶是所有液晶中最接近结晶结构的一类。液晶单元相互排列成层状结构，轴向与层片垂直，层内分子排列保持着固体二维有序性。棒状分子可以在层内移动，但不能穿越各层之间。因此不能发生垂直于层片方向的流动，而片层之间可以相互滑移。

②向列型液晶 这类液晶中，棒状分子相互平行排列，但不能形成层状。重心排列无序，只保留了固体的一维有序性，并且这些分子的长轴方向到处都在发生着连续的变化。在外力作用下发生流动时，棒状分子易发生取向并在取向中相互穿越，使得向列型液晶具有流动性。

③胆甾型液晶 在这类液晶中，长而扁平的分子相互排列成层，与近晶型不同的是它们的长轴在层面上，层内排列如向列型一样，重心是无序的。但两相邻层上分子长轴的取向规则地依次扭曲一定的角度，层层累加形成螺旋面结构，因而有极高的旋光特性。

液晶的一系列特性已得到广泛的应用，其中大家最为熟悉的是用于数码显示、光学快门以及电视屏幕和广告牌等。这是利用向列型液晶灵敏的电的响应特性和光学特性。我们还利用胆甾型液晶的螺距会因某些微量杂质的存在而发生改变，从而引起颜色变化的特性，将其用做某些药品痕量蒸汽的指示剂。不仅如此，我们还利用向列型高分子液晶态溶液的流变特性发明了液晶纺丝这一新纺丝技术，不仅解决了一般高分子溶液高浓度必然带来的高黏度的难题，而且避免了高拉伸倍率时产生的应力和损伤，而且不到十年的时间，使纤维的强度提高了2倍以上。

6.6 高聚物复合材料的结构

不同金属做成合金，可以得到纯金属无法达到的优异性能。同理也可以把两种性质不同的高聚物复合形成多组分材料，使之不仅兼具两种聚合物的原有特性，而且具有新的性能。这种新型材料称为高分子合金。

高分子合金包括嵌段共聚物、接枝共聚物和共混高聚物。前两者已在前面讨论过，这里重点讨论共混高聚物。

- 共混高聚物
  - 物理共混
    - 机械共混
    - 溶液浇铸共混
    - 胶乳共混
  - 化学共混
    - 互穿网络（两种高聚物的网络互相贯穿）
    - 溶液接枝
  - 渐变高聚物（共混物的剖面能观察到组成和结构渐变）

6.6.1　共混高聚物结构的主要特点

共混高聚物性能取决于聚集体系的区域结构，即共混组分的相容性。如果两组分完全不相容形成两个完全分离的区域结构，或两组分完全相容形成完全不分离的均相结构，共混高聚物均不具有良好的性能。只有两组分部分互容形成微观分相但宏观均相的结构时，共混高聚物才能既保持各组分原有特性，又赋予复合材料新性能。如用丁腈橡胶改善聚氯乙烯耐冲击性能时，当丁腈橡胶含量为5%左右时，耐冲击性能最好。若增大含量，两者相容性增大，耐冲击性能反而下降。

6.6.2　非均相高聚物的聚集态结构

在非均相共混高聚物中，一般含量少的组分形成分散相，含量多的形成连续相。并且随分散相含量的逐渐增加，其形态由球状到棒状，逐渐过渡到层状。如图 6-34 所示，当两组分形成层状分散时，两组分均为连续相。

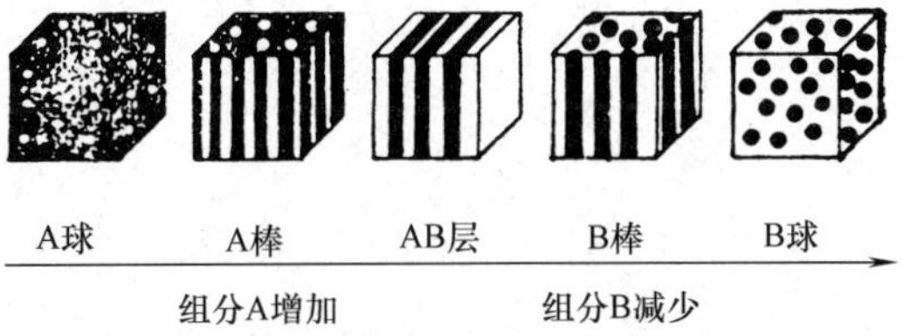

图 6-34　非均相共混高聚物的结构模型

白色：组分 A　黑色：组分 B

习题

1. 比较色散力、诱导力、静电力三者之间的异同点。
2. 次价力对高聚物性能有什么影响？
3. 画出温度-形变曲线，并分析运动机理。
4. 温度-形变曲线对原材料选择、配料及成型工艺有什么指导意义？
5. 影响温度-形变曲线的因素有哪些？是如何影响的？
6. 三大合成高分子材料的耐热性、耐寒性指标是什么？
7. 冷却速度是如何影响高聚物玻璃化温度及比容的？对高聚物成型加工有何指导意义？
8. 用自由体积理论解释玻璃化转变。
9. 影响玻璃化温度的因素有哪些？是如何影响的？
10. 高聚物是如何结晶的？影响结晶速率的因素有哪些？如何在生产中利用这些知识？
11. 提高耐热性的方法是什么？

12. 结晶度的概念？结晶及结晶度是如何影响高聚物的性能的？
13. 什么是取向与解取向？取向与结晶有什么不同？
14. 取向有几种？其特点分别是什么？
15. 简述取向的运动机理。
16. 取向对高聚物性能有何影响？
17. 简述液晶高聚物的分类及应用。
18. 共混高聚物分为哪几类？哪种结构共混高聚物性能最好？

第 7 章 高聚物的力学性质

应知要点

1. 高聚物的力学性能分类
2. 高聚物高弹态的分子运动机理和高弹材料的结构特征
3. 蠕变和应力松弛的概念，影响静态黏弹性的因素
4. 滞后现象和内耗的含义，影响动态黏弹性的因素
5. 强迫高弹性的基本概念以及影响脆性和脆化温度的因素
6. 非晶态高聚物的应力-应变曲线类型及应用
7. 高聚物力学性能的主要指标、断裂机理及影响高聚物性能的因素
8. 高聚物材料的改性方法

应会要点

1. 高聚物的力学性能分类
2. 高聚物高弹性特点和高弹材料的结构特征
3. 高聚物的黏弹性和各种黏弹性表现
4. 非晶态高聚物的应力-应变曲线类型及应用
5. 高聚物的断裂机理以及影响高聚物性能的因素

课前认知实习

1. 实验形式

在规定条件下，给试样施加外力，测定其力学性能。

2. 实习内容

拉伸实验和冲击实验。

3. 实验目的

测定塑料材料的拉伸强度，断裂强度和断裂伸长率；测定塑料的冲击强度；掌握拉力试验机和冲击试验机的使用方法。

4. 实验设备、试样

(1) 设备　LDT 系列台式电子拉力试验机、简支梁式冲击试验机、游标卡尺。

(2) 试样　聚丙烯标准哑铃形试样 3 个、聚氯乙烯标准哑铃形试样 3 个、PS 或酚醛（脆性材料）试样、PE（非脆性材料）带缺口试样。

5. 实验步骤

拉伸实验步骤：

(1) 熟悉万能材料试验机的结构，操作规程和注意事项；

(2) 用游标卡尺测量试件中部上、中、下三点的宽与厚，精确至 0.02mm，取平均值；

(3) 调整机器：选好测力范围，挂好相应的夹具；调节力盘指针对零；装好自动绘图器；

(4) 合刀闸接电源，按电钮开动机器，调节拉伸速度，安装试样，进行拉伸试验，直到试样断裂为止，停机；

(5) 改变速度，重复试验。

冲击实验步骤：

(1) 用游标卡尺测量试样中间部位的宽度、厚度，准确至0.02mm；

(2) 调节支座跨度、指针零点，放好试样；

(3) 放松摆锤自由落下，记录将试样冲断时指针所指示的数值；

(4) 重复试验，记录平均值。

6. 问题讨论

(1) 画出拉伸实验应力-应变曲线图，并标出其特征点；

(2) 影响塑料材料拉伸强度和冲击强度的因素。

高聚物作为各种用途的材料在使用时不可避免地受到各种应力的作用，如塑料桶、传动齿轮、滑动轴承和车辆壳体等都是在受力作用下使用的，这就要求高聚物材料应具有抵抗外力破坏和变形的能力。力学性能就是研究物体受力作用与形变的关系，就是反映材料在外力作用下变形、流动和破坏的情况。为了有效地利用材料或对材料进行改性，不仅需要具体了解材料的各项力学性能指标，还要深入研究材料屈服和断裂过程的物理本质。

7.1 材料力学中的基本概念

在具体讨论高聚物材料力学性能之前，我们先介绍材料力学中的基本概念。

7.1.1 外力、内力和应力

外力是指对材料所施加的、使材料发生形变的力，一般又称为负荷，如拉力、压力等。如果在平衡外力作用下，材料不产生位移，而是几何形状和尺寸发生变化。

内力就是指材料内部为抵抗外力、使材料保持原状所产生的反作用力。当外力维持一段时间不变后，材料的内力与外力将达到平衡，在数值上二者大小相等、方向相反；当外力消除后，内力将使物体回复原状并自行消失，如弹簧、硫化橡胶变形后的回弹力。材料也可能在外力消除前由于自身的分子链发生移动而使内力自行消失，这种情况下，一旦外力消除，材料的变形将不能自动回复。

单位面积上所受的外力称为应力。如图7-1、图7-2所示的拉伸和剪切时的受力变形情况。

如果横截面积为A的物体受到拉力作用时，拉应力表示为：

$$\sigma = \frac{F}{A} \tag{7-1}$$

如果横截面积为 A 的物体受到剪切力作用时，剪应力表示为：

$$\tau=\frac{F}{A} \tag{7-2}$$

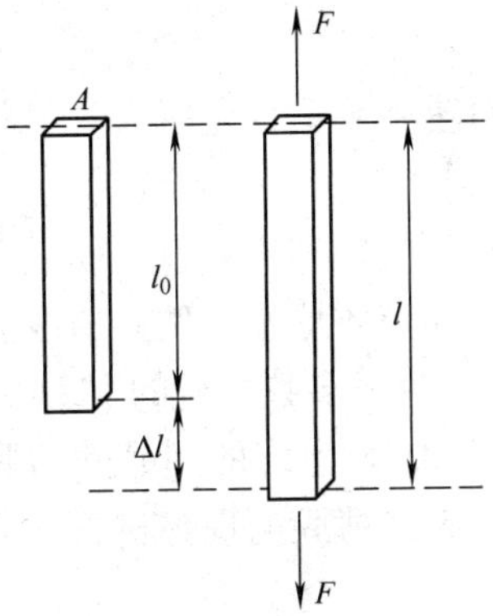

图 7-1　简单拉伸示意图

F—拉力　l_0—材料原长　l—材料拉伸后长度　A—材料横截面积　Δl—材料形变

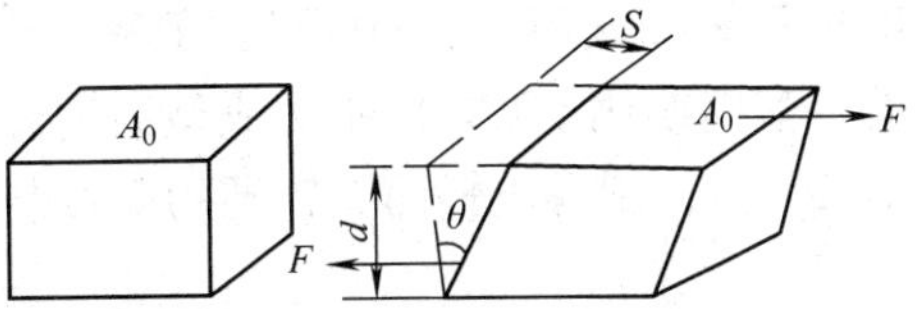

图 7-2　简单剪切示意图

F—剪切力　A_0—材料横截面积　θ—切变角　S—切变量　d—原始高度

7.1.2　形变和应变

形变就是指物体在平衡力作用下发生形状或尺寸的变化。按外力作用的方式不同，物体的形变也不同，基本形式有拉伸、压缩、剪切、扭转和弯曲等。如图 7-3 所示弯曲方式。

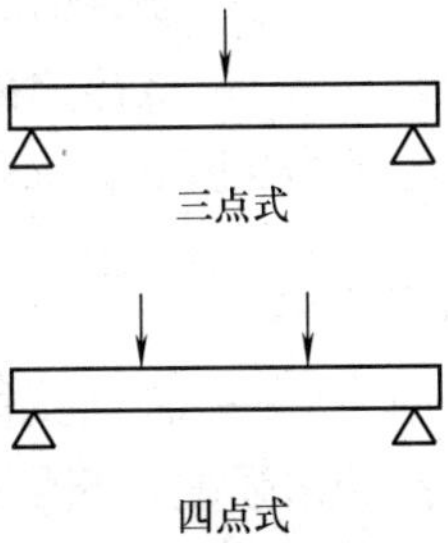

图 7-3　弯曲的方式

一般来说，形变指的是绝对形变。然而对于同类材料来说，由于本身尺寸不同，或受力大小不同，其绝对形变也不同，因此为了进行比较，需要引入相对形变的概念。

在应力作用下，单位长度所发生的形变，称为应变。应变是一种相对形变。一般拉伸应变用 ε 表示，剪切应变用 γ 表示。拉伸应变的值可表示成百分数，也称为伸长率。

$$\varepsilon=\frac{L-L_0}{L_0}=\frac{\Delta L}{L_0} \tag{7-3}$$

式中　L_0——原始长度

　　　L——受力后材料的长度

7.1.3　模量和柔量

模量是指材料产生单位应变所需要的应力，即　模量 = 应力/应变。由于应力、应变的方式不同，所以有不同的模量名称，如弹性模量 E、剪切模量 G、压缩模量 B、弯曲模量等。如弹性模量和剪切模量表示为：

$$E=\frac{\sigma}{\varepsilon} \tag{7-4}$$

$$G=\frac{\tau}{\gamma} \tag{7-5}$$

应变都是无量纲量，因而模量的单位与应力的单位相同。有时，用模量的倒数比用模量更方便。

弹性模量的倒数称为拉伸柔量，用 D 表示，即 $D=1/E$；

剪切模量的倒数称为切变柔量，用 J 表示，即 $J=1/G$。

模量反映高聚物材料的硬度和刚性，柔量表征材料是否容易变形。模量越大，材料刚性越大，柔量越小，制品越不容易变形。

对塑料加工来说，原材料模量的大小还影响制品成型周期的长短和用料量。模量大的高聚物，成型时冷却定型时间缩短，其制品可做得薄一些，从而节省原料。例如，线型低密度聚乙烯（LLDPE）的模量比低密度聚乙烯（LDPE）高，所以大多数牌号的 LLDPE 树脂的成型周期比 LDPE 树脂的成型周期降低 40% ~50%。用 LLDPE 生产的制品和薄膜可比 LDPE 薄，制得质轻而又较硬的薄壁制品，因此，LLDPE 是超薄薄膜的理想材料。

7.1.4 拉伸强度和冲击强度

在一定条件下材料所能承受的最大应力称为强度，单位是 MPa。

拉伸强度 $\sigma_{拉}$ 是指在规定的温度、湿度和加载速度下，沿试样轴向施加拉力直至试样发生断裂时所承受的最大应力。

$$\sigma_{拉}=\frac{F}{A} \tag{7-6}$$

式中 F——断裂前的最大拉力，N

A——试样的截面积，m^2

冲击强度 $\sigma_{冲击}$ 又称抗冲（击）强度，是指材料受到冲击而断裂时单位面积所吸收的能量。

$$\sigma_{冲击}=\frac{W}{A} \tag{7-7}$$

式中 W——冲断试样所消耗的功

冲击强度是测量材料韧性的一种指标，冲击强度越大，材料韧性越大；冲击强度越小，材料脆性越大。

冲击强度的测试方法有摆锤法、落球法、高速拉伸法等，方法不同所测数据不同。最常用的冲击试验方法是摆锤法，采用的仪器是摆锤式冲击试验机，如图 7-4 所示。

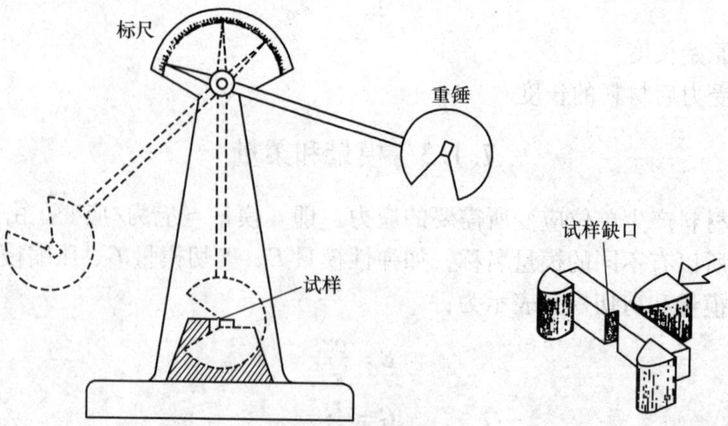

图 7-4 摆锤式冲击试验机示意图

按试样的安放方式分为简支梁式和悬臂梁式，图7-5所示，所用试样有缺口和无缺口两种类型，缺口的试样用于测定韧性材料的冲击强度，如PE，冲断试样时，外力做功消耗在裂口的产生上。无缺口试样用于测定硬脆性材料的冲击强度，如PS或酚醛树脂等，此时，外力做功消耗在裂口的扩展上。高聚物材料内部的化学键强度会影响冲击强度的大小。同时，在高冲击作用下，如果材料能够及时分散冲击能，则可以提高高聚物的冲击强度。因为柔性链的链段容易运动，能分散冲击能，因此柔性聚合物的冲击强度比刚性聚合物高；而结晶高聚物因为链段受晶格限制不易运动，其冲击强度比非结晶高聚物小。

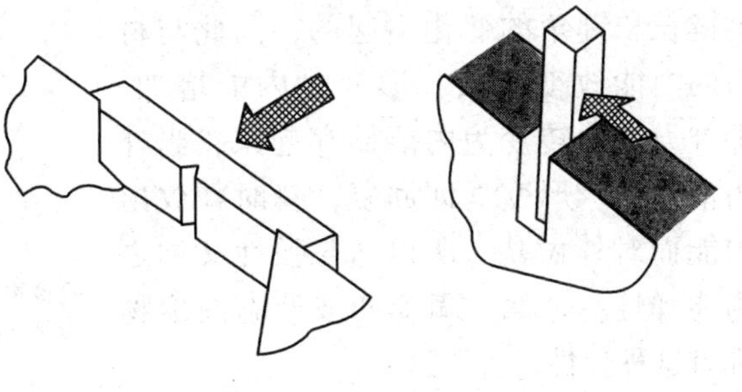

图7-5　简支梁式和悬臂梁式

7.1.5　泊　松　比

一般物体在拉伸变形时，随着纵向长度的增加，截面积会减小，产生横向收缩。在弹性范围内，横向应变与纵向应变之比值的相反数称为泊松比μ，也叫泊松系数，是无量纲量。

$$\mu = -\frac{\varepsilon_{横}}{\varepsilon_{纵}} \tag{7-8}$$

泊松比是反映材料横向变形的弹性常数。对于在变形时体积保持不变的理想弹性体，$\mu = 0.5$；对于其他大多数材料来说，其泊松比在0.2～0.5之间，其中橡胶的典型值为$\mu = 0.49 \sim 0.499$，塑料的范围为$\mu = 0.2 \sim 0.4$；如果没有产生横向收缩的材料，其$\mu = 0$。

7.1.6　硬度和韧性

硬度表示材料抵抗其他硬物压入而不发生形状变化的能力，是材料在一定条件下的软硬程度的衡量指标。常用的硬度指标有布氏硬度、洛氏硬度和维氏硬度。布氏硬度测定原理是把一定直径的钢球在规定的负荷下压入试样中，并保持一定时间，然后以试样上压痕深度或压痕直径来计算单位面积所承受的力来表示。一般硬度越高，耐磨性越好。

韧性表示材料吸收能量并发生较大的永久形变但不产生断裂的能力，可用σ-ε曲线下面整个面积来表示。

7.2　高聚物的力学特征

7.2.1　高聚物力学性能的分类

高聚物材料的力学性能可分为形变性能和断裂性能。形变性能又分为弹性、黏性和黏弹性，弹性有普弹性和高弹性之分，断裂性能有脆性断裂和韧性断裂的区别。高聚物力学性能分类如图7-6所示。

普弹性表现为在不太大的应力作用下，只产生很小的可逆形变，这种变形是由化学键的键长和键角的变化引起的，因此与材料的内能改变有关：形变时内能增加，即外力做功转变为内能储存起来；当外力消除时，形变立即回复，瞬时释放出内能而对外做功。所以，普弹性又称之为能弹性。金属、陶瓷和玻璃态高聚物都有这种弹性。

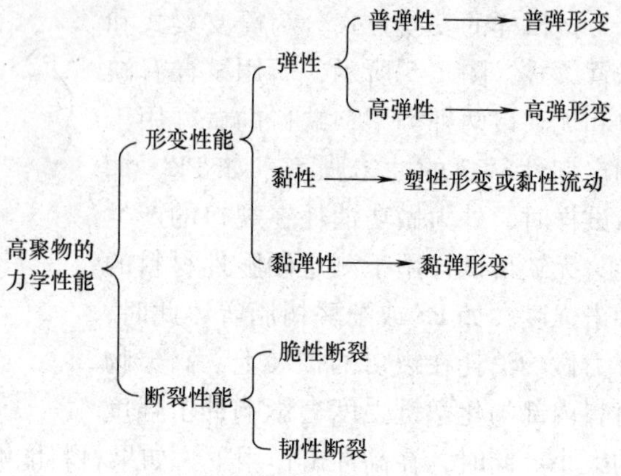

图 7-6　高聚物力学性能的分类

高弹性表现为在恒定应力作用下，可产生很大的可逆形变。高弹性是由于材料内部的熵变引起的，形变时，分子链沿力场方向伸展并有序排列，体系的熵减小；形变恢复时，分子链通过热运动又回到无规卷曲状态，分子链的构象数增多，体系的熵增大。所以高弹性又称之为熵弹性。常温下的橡胶材料就具有这种形变特性。高弹性（熵弹性）是高分子链最本质的性质，高分子链的几乎全部不同于小分子的特殊性质都与熵弹性有关。

黏性（黏流形变或塑性形变）是在恒力作用下，分子链的重心产生相对移动而引起的。高聚物分子间作用力很大，分子链的相对移动要克服分子间作用力，所以处于黏流态的高聚物产生流动形变时，表现出很大的黏滞性。

实际上，高聚物在受力产生形变时，总是表现出弹性和黏性的综合形变特性，故高聚物又常称之为黏弹材料。塑料的形变就具有黏弹性，其弹性形变和黏流形变常同时出现，但弹性形变在一定时间内可以回复，而黏流形变不可以回复。

7.2.2　高聚物的高弹性

橡胶的柔性和长链结构使其卷曲分子在外力作用下通过链段运动改变构象而舒展开来，除去外力又能回复到卷曲状态，从而使橡胶显示出高度的弹性变形能力，这种高度的弹性变形能力称为高弹性。高弹性是建立在链段运动的基础上，因此是高聚物材料所特有的力学性能。如果聚合物在常温下具有高弹性，呈现高弹态的力学状态，那么这种聚合物就可以作为橡胶材料使用。

7.2.2.1　高弹性的特征

与普弹性相比，高弹性具有以下四个特点：

①弹性形变大，回弹性好　形变可高达 1000%，而一般金属材料的弹性形变不超过 1%；

②有松弛特性　即高弹性的发展有时间依赖性，在未交联的橡胶中尤为明显；

③弹性模量小　弹性模量约为 10^5Pa，而一般金属材料弹性模量可达 10^{10} ~ 10^{11}Pa；

④形变过程中有明显的热效应　当把橡胶试样快速拉伸时，试样温度升高（放热）；回缩时，试样温度降低（吸热）；而金属材料与此相反。

7.2.2.2　影响高弹性的结构因素

良好的弹性体不但要求在较宽的温度范围（T_g ~ T_f）内具有高弹性，而且要求在变形时仍然具有较高的拉伸强度和弹性模量。这就要求作为高弹体的聚合物应具有以下三种特性。

（1）相对分子质量大，分子链长且柔顺性好。

首先，当橡胶拉伸时，柔顺的大分子链通过单键的内旋转改变构象而表现出明显的伸长；解除外力，由于链段的热运动，分子链又回复卷曲状态而表现出回弹。其次，柔顺性大使 T_g降低，相对分子质量大使 T_f升高，所以柔顺的长链能获得较宽的高弹区。

（2）具有无定形态结构。

理想的橡胶是在没有应力作用时呈无定形态，在拉伸时出现结晶相，而回缩后仍是无定形的，这种自动补强的性质可以保证它在拉伸状态时具有高强度和高弹性模量。如天然橡胶、顺丁橡胶和氯丁橡胶。

为了形成无定形结构，在进行高分子设计和合成时可以引入不规则链段以达到此目的。例如，聚乙烯和聚丙烯都是结晶高聚物，不能作橡胶，但将乙烯和丙烯（20%）共聚，则可制得乙丙橡胶。

（3）分子间有适度的交联。

通过交联反应使橡胶的线型分子变成网状分子（称硫化）以保证橡胶制品的各项性能指标，特别是力学性能、弹性、耐磨性、抗蠕变性和耐热性。因为一定程度的交联可以防止高分子链的滑移，因此能提高强度，消除或减少永久形变。适度的交联也有利于弹性的提高。高分子链上有非共轭双键，既便于交联，又使链的柔顺性增加。因此，二烯类高聚物大多是橡胶。

除了化学交联以外，近年来物理交联的方法也日益获得应用和发展。所谓物理交联是指通过分子间的次价力实现交联，这种次价力在高温下被强烈的分子链运动所消弱，表现出分子之间能够相对滑动，材料具有流动性，容易成型；当成型的制品冷却后，次价力又重新发挥作用，交联效果再次产生，制品表现为具有一定强度和尺寸稳定的弹性体。这种弹性体称作热塑性弹性体（thermoplastic elastomer，TPE），是一种兼有塑料和橡胶特性，在常温下表现为橡胶高弹性，高温下又能塑化成型的高分子材料，又称为第三代橡胶。由于 TPE 既具有传统橡胶的性质，又不需要硫化，其制品在加工过程中，边角余料和废品可重复利用，故具有节省资源、能源、劳力和生产效率高的特点。按照生产方式的不同，TPE 大致可以分为两大类：一类是通过聚合方法得到的嵌段共聚物，其代表性的品种为苯乙烯-丁二烯-苯乙烯三嵌段共聚物（SBS）；第二类是由弹性与塑料在一定条件下通过机械共混方法制备的共混物，具有代表性的品种为乙丙橡胶与聚丙烯共混物——热塑性乙丙橡胶。

目前应用较多的SBS 型嵌段共聚物是最重要的一类，其中 S/B 约为 30/70（质量比）。这种橡胶有两个 T_g值，分别接近聚苯乙烯和聚丁二烯的 T_g值。聚苯乙烯的 T_g值高于室温，在常温下处于玻璃态，分子间吸引力大，容易形成物理交联，当材料受到外力作用时，不易产生分子的滑移变形和破坏，提高了橡胶的弹性和强度；而聚丁二烯的 T_g值低于室温，在常温下处于高弹态，分子链柔性大，链段易运动，分子间作用力小，表现出橡胶的特性，故 SBS 室温下为弹性体，高温下发生黏性流动，可以塑化成型。热塑性弹性体 SBS 已广泛用于塑料改性、制鞋工业、黏合剂生产等。

7.3 高聚物的黏弹性

材料在平衡外力作用下将产生形变。理想弹性体的行为服从虎克定律，应力与应变呈线性关系，受外力时应变瞬时达到平衡点，除去外力应变立即回复。理想黏性液体（牛顿流体）的行为服从牛顿流动定律，应力与应变速率呈线性关系，受外力时应变随时间线性发展，除去外力应变不能回复。对于实际材料来说，一般同时显示固体的弹性和液体的黏性，即所谓黏弹性。与其他物体相比，聚合物材料的这种黏弹性表现得更为显著。

作为黏弹性材料的聚合物，其力学性能受到力、形变、温度和时间 4 个因素的影响。在聚合物的测试和研究过程中，往往固定两个因素以考察另外两个因素之间的关系。

①在一定温度和恒定应力作用下，观察试样应变随时间延长而逐渐增大的蠕变现象；

②在一定温度和恒定应变条件下，观察试样内部的应力随时间延长而逐渐衰减的应力松弛现象；

③在一定温度和交变应力作用下，观察试样应变滞后于应力变化的滞后现象以及由于滞后而引起能量损失的力学内耗。

以上几种黏弹性行为反映的都是聚合物力学性能的时间依赖性，统称为聚合物的力学松弛现象。根据应力或应变是否是交变的，将蠕变和应力松弛归于静态黏弹性现象，将滞后现象归于动态黏弹性现象。

7.3.1 静态黏弹性

7.3.1.1 蠕变

蠕变是指在一定温度和恒定应力作用下，材料的应变随时间的延长而逐渐增大的现象。例如，在悬挂着的软质 PVC 丝下面钩住一定质量的砝码，软丝就会慢慢伸长；解下砝码后，丝就会慢慢地回缩。这就是软质 PVC 丝的蠕变和回复现象。通常，蠕变是由线型非晶态高聚物的形变特点决定的，当施加恒定外力时，线型非晶态高聚物会发生三种形变。

①普弹形变 ε_1　普弹形变也叫虎克弹性形变，主要是由分子链内键长和键角的改变所引起的形变。这种形变是瞬间发生的，形变量很小，弹性模量很小，且形变是可逆的。

②高弹形变 ε_2　高弹形变也叫推迟弹性形变，主要是由大分子的链段运动引起的形变，这种形变需要一个松弛时间，形变量很大，弹性模量很小，形变是可逆的。

③黏流形变 ε_3　主要是由分子链之间产生的相对滑动引起的形变，这种形变随时间无限发展，并且是不可逆的。

在恒定外力、恒定温度下，线性非晶态高聚物的形变随时间的变化情况如图 7-7 所示。

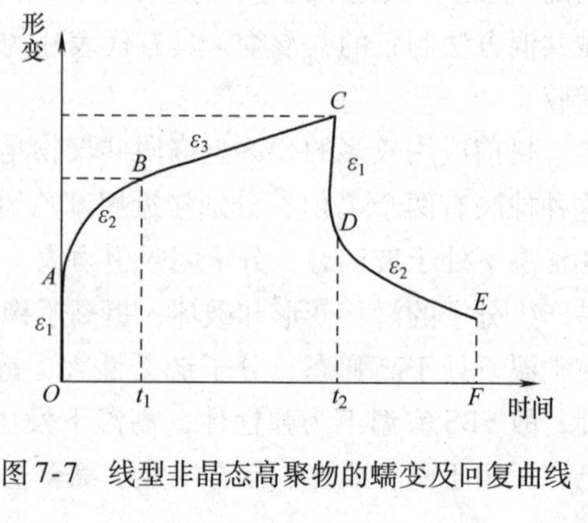

图 7-7　线型非晶态高聚物的蠕变及回复曲线

由图可知，当施加外力后，在非常短的时

间内，普弹形变 ε_1 立即发生（OA 段）；随着时间的延长，蠕变速度开始增加很快，然后逐渐变慢，推迟高弹形变 ε_2 基本达到平衡值，到 t_1 时完成全部弹性形变 $\varepsilon_1+\varepsilon_2$；加载时间继续延长，最后得到的是纯粹的黏性形变 ε_3，直线 BC 段表示在恒定应力下的黏性流动，它是随时间等速发展的形变。当在 t_2 时消除应力，普弹形变 ε_1 立即恢复（CD 段），高弹形变 ε_2（DE 段）也随时间的延长逐渐恢复原状，最后剩下不能恢复的永久形变 ε_3（EF 段），它是由于黏性流动的不可逆造成的。

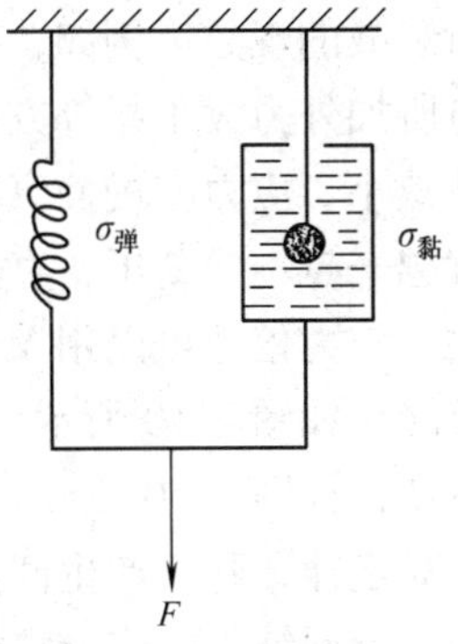

图 7-8　描述蠕变的 Kelvin 模型

蠕变行为可以用 Kelvin 模型来描述，如图 7-8 所示。Kelvin 模型是由一个装有理想黏性液体的黏壶与一个弹簧并联组成。图中的弹簧所受应力为 $\sigma_{弹}$，符合虎克定律，即 $\sigma_{弹}=E\varepsilon$；黏壶所受的应力为 $\sigma_{黏}$，符合牛顿黏度定律，即 $\sigma_{黏}=\eta\dfrac{d\varepsilon}{dt}$，总的应力 $\sigma=\sigma_{弹}+\sigma_{黏}$，而总的形变 $\varepsilon=\varepsilon_{弹}=\varepsilon_{黏}$。由此可得：

$$\sigma=\sigma_{弹}+\sigma_{黏}=E\varepsilon+\eta\frac{d\varepsilon}{dt} \tag{7-9}$$

将上式变形并积分得

$$\varepsilon=\frac{\sigma}{E}\left(1-e^{-\frac{t}{\tau}}\right) \tag{7-10}$$

式中　E——弹性模量

τ——蠕变时分子链的松弛时间，且 $\tau\equiv\dfrac{\eta}{E}$

η——黏性液体的黏度

t——外力作用时间

由上式可知：当外力作用时间等于分子链的松弛时间时，即 $t=\tau$ 时，$e^{-\frac{t}{\tau}}=e^{-1}=\dfrac{1}{e}$，此时 $\varepsilon=\dfrac{\sigma}{E}\left(1-\dfrac{1}{e}\right)\approx 0.633\dfrac{\sigma}{E}$，即形变为平衡形变的 0.633 倍。当外力作用时间 t 无限长时，$e^{-\frac{t}{\tau}}\to 0$，则 $\varepsilon=\dfrac{\sigma}{E}$ 为达到平衡时的形变值，相当于弹簧的形变，其数值取决于体系的弹性模量 E。结果说明，弹性模量较大的高聚物材料最终的蠕变较小。

高聚物蠕变性能反映了材料的尺寸稳定性和长期负载能力，有重要的实用性。主链含有芳杂环的刚性聚合物，具有较好的抗蠕变性能，成为广泛应用的工程塑料，可以代替金属材料加工机械零件。对于蠕变比较严重的材料，使用时必须采取必要的补救措施。例如，硬聚氯乙烯有良好的抗腐蚀性能，可以用于加工化工管道、容器或塔器等设备。但它容易蠕变，使用时必须增加支架以防止因蠕变而影响尺寸稳定性，降低使用价值。

从图 7-9 中可以看出聚砜、聚苯醚、聚碳酸酯和改性聚苯醚都是抗蠕变性很好的工程塑料，可代替金属材料广泛用于制造机械零部件。

7.3.1.2　应力松弛

应力松弛是在恒定温度和形变保持不变的情况下，聚合物内部的应力随时间延长而逐渐衰减的现象。例如，将一根橡皮筋拉伸至一定长度，并保持长度不变，橡皮内部会产生与所加外力大小相等方向相反的应力（即回弹力），随着时间的延长，橡皮筋的回弹力逐渐减小，应力在慢慢衰减，最后可以衰减到零。因此我们会感到开始拉时很费劲，到后来就越来越不费劲了，直至把手松开，橡皮筋也不会缩回去。

应力松弛可以用 Maxwell 模型来描述。Maxwell 模型是由一个黏壶和一个弹簧串联组成的，如图 7-10 所示。Maxwell 模型的一端固定，拉伸另一端迅速到达某一位置，并固定不变，如图 7-10（a）。因黏壶中黏液的粘滞作用，最初的形变只能是弹簧的形变，根据虎克定律，弹簧产生回弹内应力 $\sigma_{弹}$。随着时间的延长，黏壶渐渐被拉动，相应弹簧的形变渐渐回缩，内应力也渐渐减小，形成应力松弛现象，如图 7-10（b）、图 7-10（c）所示，应力逐渐松弛。图 7-10 中的弹簧所受应力 $\sigma_{弹}$，符合虎克定律，$\sigma_{弹}=E\varepsilon$；黏壶所受应力为 $\sigma_{黏}$，符合牛顿黏度定律，即 $\sigma_{黏}=\eta\dfrac{d\varepsilon}{dt}$，总的应力 $\sigma=\sigma_{弹}=\sigma_{黏}$，而总的形变 $\varepsilon=\varepsilon_{弹}+\varepsilon_{黏}=$ 常数。由此可得：

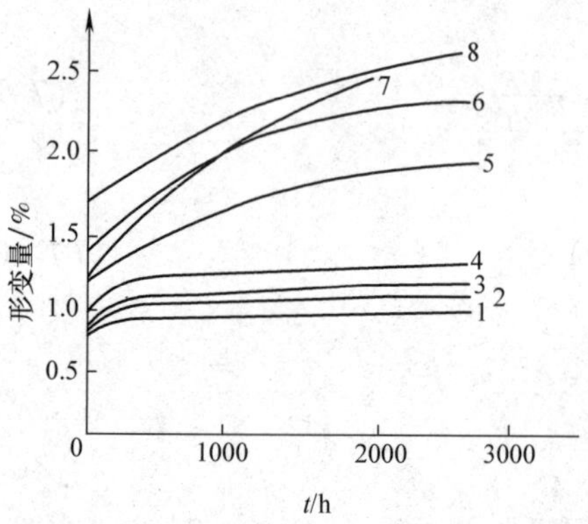

图 7-9　几种高聚物 23℃时的蠕变性能比较

1—聚砜　2—聚苯醚　3—聚碳酸酯
4—改性聚苯醚　5—耐热 ABS　6—聚甲醛
7—聚酰胺　8—ABS

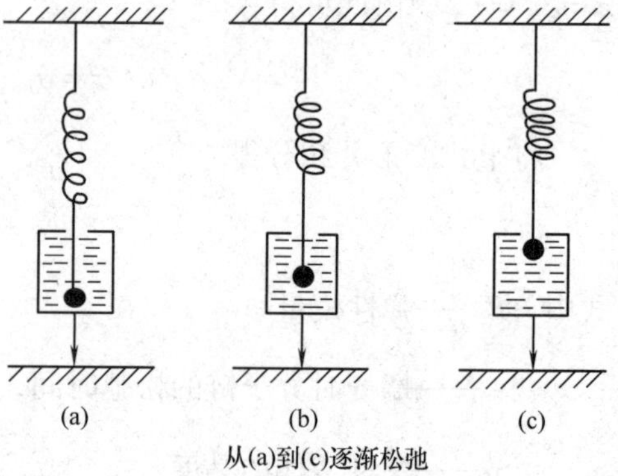

图 7-10　描述应力松弛的 Maxwell 模型

$$\frac{d\varepsilon}{dt}=\frac{1}{E}\frac{d\sigma}{dt}+\frac{\sigma}{\eta}=0 \tag{7-11}$$

即 $\varepsilon_{弹}$ 与 $\varepsilon_{黏}$ 的变化速度相等，方向相反。将上式积分整理后得

$$\sigma=\sigma_0 e^{-\frac{t}{\tau}} \tag{7-12}$$

式中　σ_0——时间 $t=0$ 时的初始应力，MPa

当 $t=\tau$ 时，$e^{-\frac{t}{\tau}}=e^{-1}=\dfrac{1}{e}$，得 $\sigma=\dfrac{\sigma_0}{e}\approx 0.367\sigma_0$。此时外力作用的时间 t 即为应力松弛时间 τ，也就是应力衰减到初始应力的 0.367 倍时所需的时间，见图 7-11 所示；当 $t\to\infty$ 时，$e^{-\frac{t}{\tau}}\to 0$，得 $\sigma=0$，即当外力作用时间无限长时，应力松弛到零。

对于线型高聚物而言，在外力作用下，高分子链段不得不沿着外力被迫舒展，因而产生内部应力，与外力相抗衡，如图 7-12（b）所示。但随着高分子通过链段热运动调整构象，缠结点逐渐散开，分子链产生滑移，使分子链在保持恒定形变的情况下又重新卷曲起来，内应力逐渐消除，与之相抗衡的外力也逐渐衰减，如图 7-12（c）所示。总之，线型高聚物产生应力松弛的原因是试样所承受的应力逐渐消耗在克服链段及大分子运动的内摩擦阻力上。而交联后的高聚物整个分子不能产生重心的位移运动，内应力只能松弛到一定值，不会松弛到零，如图 7-13 所示。交联链保持很大的回弹应力，所以经过硫化的橡胶，既可提高其回弹能力，又可提高其承载能力。

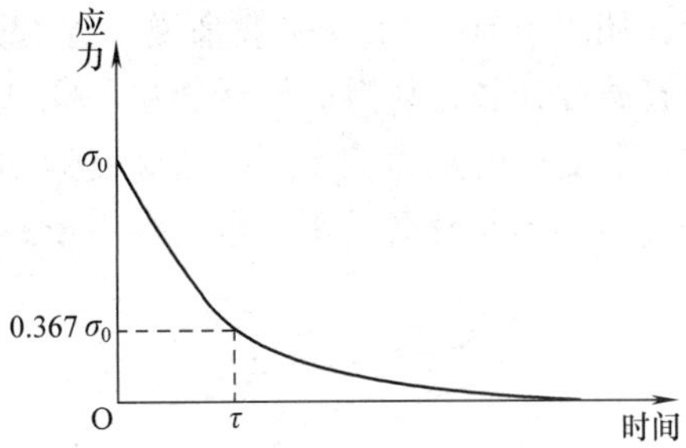

图 7-11　应力松弛曲线

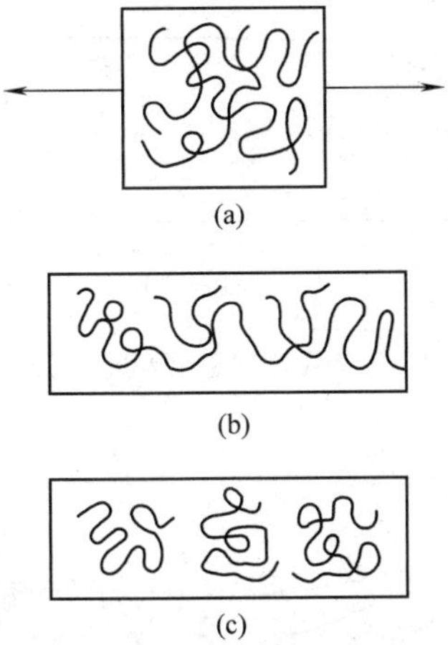

图 7-12　应力松弛过程的分子构象变化示意图

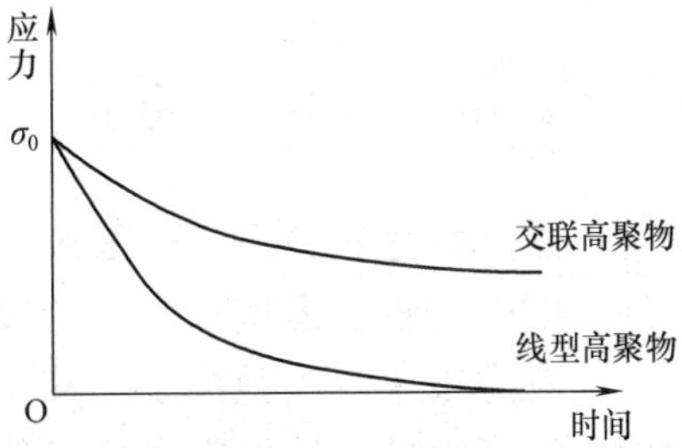

图 7-13　线型和交联高聚物的应力松弛曲线

7.3.1.3　影响静态黏弹性的因素

实际上，蠕变和应力松弛都是分子链运动的结果。二者实质上都属于松弛过程——物体从一种平衡状态逐渐过渡到另一种平衡状态的过程，只是从不同的角度反应了静态力学的松弛本质。一个是恒定温度与应力下形变随时间的发展过程；一个是恒定温度及应变下应力随时间的衰减过程。蠕变现象严重和应力松弛严重都说明了高聚物材料制品的尺寸很不稳定。因此，在根据用途不同来选择不同的高聚物材料时要特别注意。

（1）内因

影响静态黏弹性的内因是指与高聚物本身的化学及物理结构有关的因素。凡能使分子间相互作用增大或使链段运动阻力增大的因素，都能使蠕变及应力松弛减小。如相对分子质量增大，侧基体积大，分子链极性强，有交联、结晶等情况下，均能使蠕变及应力松弛减小。如图 7-14 和图 7-15 所示。

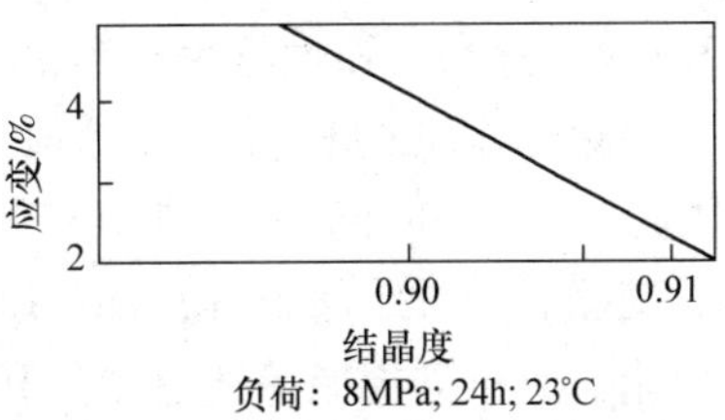

图 7-14　聚丙烯结晶度与蠕变大小的关系

（2）外因

影响静态黏弹性的外因是指与温度、应力、填料、增塑剂等有关的因素。

①温度　高聚物材料的蠕变与温度高低有直接关

系，如图7-16所示。一般来说，温度过低，蠕变很小而且很慢，在短时间内不易觉察；随着温度升高，材料的蠕变加快，蠕变量也增大。在略高于高聚物的 T_g 时，链段可以运动，但受到的阻力较大，只能缓慢运动，此时，可以明显地观察到蠕变的现象；但如果温度过高，形变发展过快，也觉察不出蠕变现象。

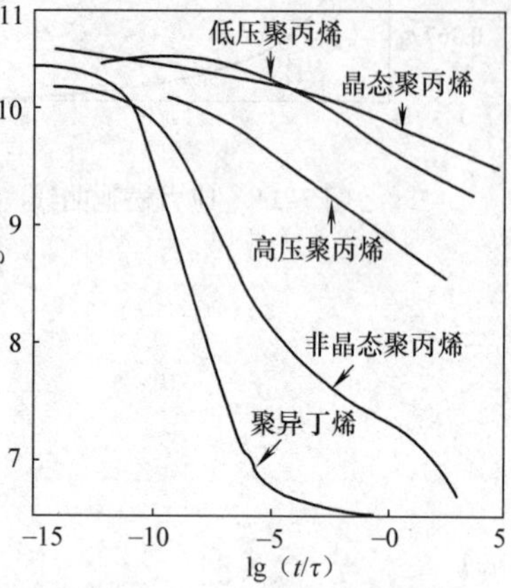

图7-15　某些高聚物在25℃时的应力松弛曲线

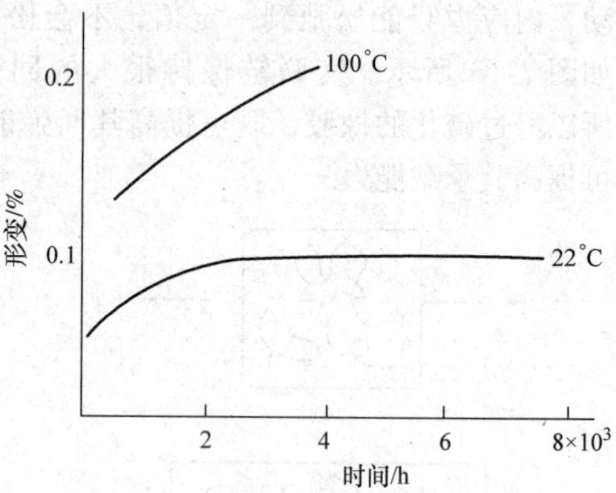

图7-16　聚砜的蠕变与温度的关系

温度与应力松弛的关系主要取决于高聚物分子运动对温度的依赖性。温度太高，链段运动受内摩擦力很小，应力很快就松弛掉了，甚至快到难以觉察的程度；温度太低，虽然应变可以造成很大的内应力，但是链段运动受到的内摩擦阻力也很大，应力松弛极慢，短时间内也不容易觉察到；只有在玻璃化转变温度附近，高聚物的应力松弛现象最为明显；如图7-17所示。

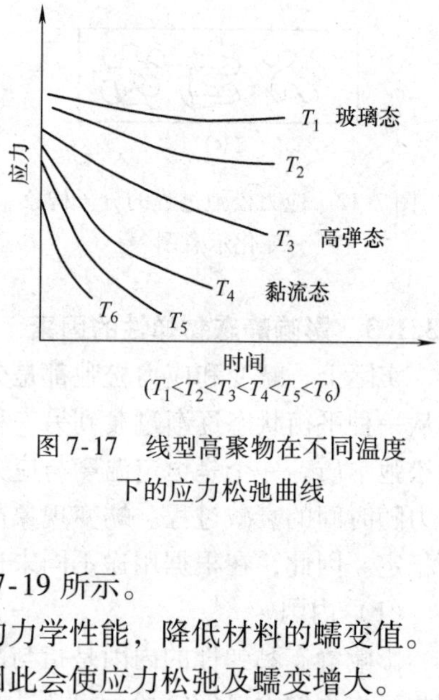

图7-17　线型高聚物在不同温度下的应力松弛曲线

总之，当温度在 T_g 左右或略高于 T_g 时，静态黏弹性现象最明显。而且随着温度增高，蠕变速率和蠕变量都增大，应力松弛时间缩短。

②应力　应力增大，其效果与升高温度相类似，都会使蠕变和应力松弛现象更加明显，如图7-18、图7-19所示。

③填料　在高聚物中加入填料，有利于提高材料的力学性能，降低材料的蠕变值。

④增塑剂　随增塑剂的加入，材料的塑性增加，因此会使应力松弛及蠕变增大。

7.3.1.4　静态黏弹性与生产实践

高聚物作结构材料时，必须选用那些抗蠕变性好的工程塑料，并注意使用的条件（温度、应力、时间等）。对蠕变性大的高聚物可以采用补救措施，如提高其结晶度、取向、交联、用纤维增强等，都可以改善高聚物的蠕变性。环氧树脂、不饱和聚酯树脂、酚醛树脂、有机硅树脂等通过增强和交联改性可以成为很好的结构材料；橡胶材料经硫化交联可限制其蠕变的发展；辐射交联的聚乙烯是很好的海底电缆材料。此外，蠕变性大的高聚物作为结构材料应用时，可施加保护措施以扩大材料的应用范围。例如，聚氯乙烯有良

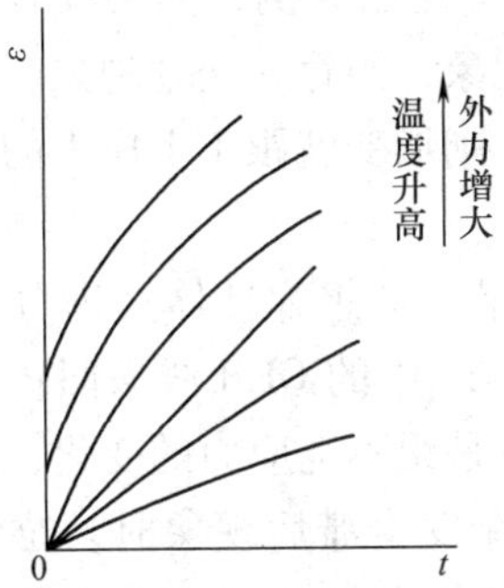

图 7-18　蠕变与温度和外力关系

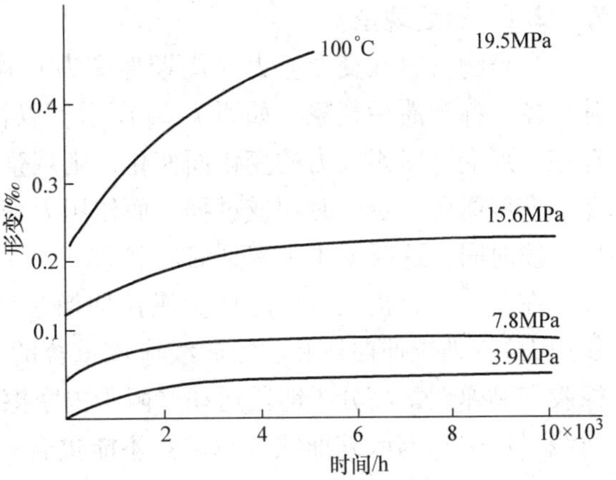

图 7-19　聚碳酸酯的蠕变曲线与作用力的关系

好的耐酸碱腐蚀性，价廉且易于加工，可用作化工管道、容器等，但它抗蠕变性差，使用时须加保护支架以防止蠕变。

应力松弛可用来估测某些工程塑料零件中夹持金属嵌入物（如螺母）的应力，也可用来估测塑料管道接头内环向应力阻止接头处漏水的时间以及测定塑料制品的剩余应力。此外，可以研究聚合物，尤其是橡胶的应力松弛现象。由于应力松弛结果一般要比蠕变更容易用黏弹性理论来解释，故又常用于聚合物结构与性能关系的研究。

从另一个角度看，如果材料很难发生蠕变或应力松弛，则材料容易出现脆性和应力开裂。在注射成型的塑料制品中，分子链沿物料流动方向形成内应力。如果这些内应力不能在制品冷却过程中迅速松弛而残留在制品内，那么在存放或使用时就容易出现翘曲变形，甚至应力开裂。为了消弱这种内应力，生产中常采用“退火”的办法解决。“退火”处理是在保持制品形状的条件下，通过升高温度（玻璃化温度以上），加速链运动，促进应力松弛，维持一定的时间以使制品的残余应力达到最小值。对于结晶的塑料制品还可将成型时被冻结的、没来得及排入晶格的链段借助升温使其松弛，重新排入晶格，使制品结晶度提高，结晶更趋完善，晶粒均匀，减少晶粒间的内应力，既可达到应力松弛的目的。正确的“退火”处理，既可防止制品的变形，又可使制品的结构均匀，内应力小而均匀，制品的力学性能也可提高。所以很多工程塑料制品，尤其是分子链刚硬的塑料制品更易产生大的内应力，如聚碳酸酯、聚砜等成型后的制品需进行“退火”处理。因此，在实际应用中，对蠕变和应力松弛，要用两分法进行分析，并了解它的本质和规律，便于在合成新材料和应用选材时有的放矢。

蠕变和应力松弛是一个问题的两个方面。两种力学模型的本质都反映了松弛过程是弹性和黏性同时存在的现象，二者都是静态力学松弛现象，而滞后和内耗则是动态力学松弛现象。

7.3.2　动态黏弹性

动态黏弹性是高聚物在周期性交变应力作用下的力学行为。这是一种更接近材料实际使用条件的黏弹性行为。如橡胶轮胎、传动皮带、转动的齿轮以及消声减振材料等都是在周期性的载荷下工作的材料。

7.3.2.1 滞后现象

高聚物材料在交变应力（周期性应力）作用下，形变总是落后于应力的动态力学松弛现象，称为滞后现象，如图7-20所示。以行驶中的汽车轮胎为例，如果没有松弛现象存在，形变可紧跟应力的变化而变化，则观察不到滞后现象；当存在松弛现象时，因为形变的发展需要一定的时间或过程，而作用力变化又较快，则形变就跟不上应力的变化，落后一段时间，这时就可观察到滞后现象。

在拉力试验机上尽可能地缓慢拉伸橡胶试样时，如果是理想弹性体（即分子间没有作用力），则拉伸曲线和收缩曲线应该重合的，即沿图7-21中的OEB线来回；但实际上橡胶有黏弹性，高分子链段运动受阻于内摩擦力，形变总是跟不上应力的变化，造成拉伸曲线（OAB）与收缩曲线（BCD）不能重合。也就是说在发生滞后现象时，拉伸曲线上的应变 ε_1' 达不到与其应力相对应的平衡应变值 ε_1，收缩曲线上的应变 ε_1'' 大于与其应力相对应的平衡应变值 ε_1，即 $\varepsilon_1' < \varepsilon_1 < \varepsilon_1''$。图7-21中的拉伸、回缩两条曲线构成的闭合曲线称为“滞后圈”或“滞后环”。

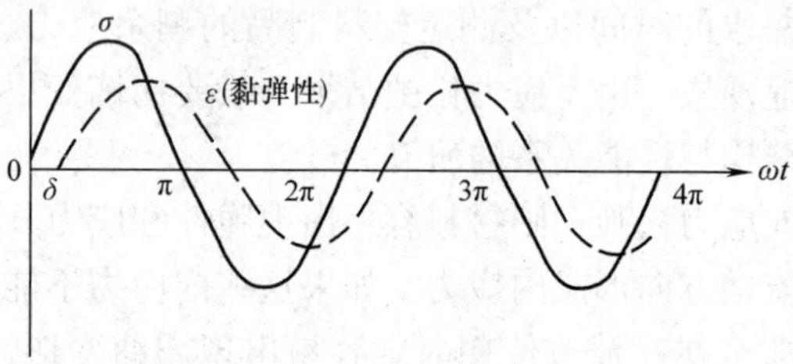

图7-20 高聚物材料的应变对正弦应力的滞后

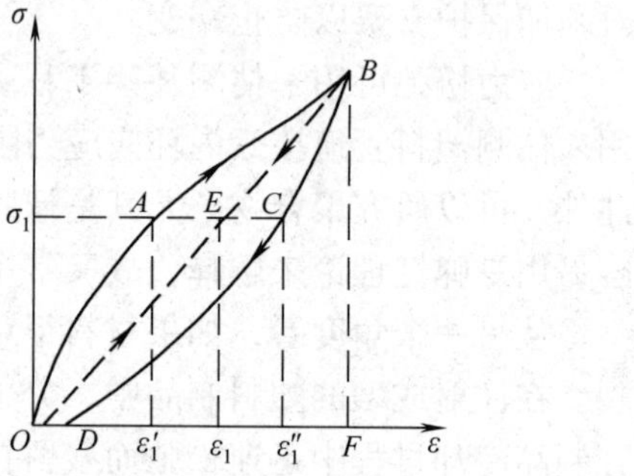

图7-21 硫化橡胶拉伸和回缩的应力-应变曲线

7.3.2.2 内耗

一旦出现滞后现象就会产生内耗（也称力学损耗），产生内耗的原因可以通过前面的应力-应变曲线和分子运动机理加以说明。拉伸橡胶试样时，外力对高聚物体系所做的功包括两个方面，一方面用来改变分子链的构象，另一方面用来提供链段运动时克服链段间内摩擦阻力所需要的能量；橡胶回缩时高聚物体系对外做功，一方面使伸展的分子链重新卷曲起来，回复到原来的状态，另一方面用于克服链段间的内摩擦阻力。因此在每一个拉伸-回缩循环中，高聚物吸收的能量不能全部以机械能的形式释放出来，而有一部分能量用于克服链段间的内摩擦阻力而变成热能（使材料温度升高），故称内耗。

在图7-21中，外力对橡胶所做的功和橡胶对外所做的回缩功分别相当于拉伸曲线和回缩曲线下所包含的面积（*OABF* 和 *BCDF*），二者之差（*OABCDO*）就是“滞后圈”的面积，也等于单位体积橡胶试样在每个拉伸-回缩循环所消耗的能量（内耗）。

7.3.2.3 影响动态黏弹性的因素

影响滞后的因素也同样决定内耗的大小。内摩擦力阻力越大，滞后现象越严重，消耗的功也越大，即内耗越大。

（1）内因

高聚物的滞后现象和内耗大小与其本身的化学结构有关。一般刚性分子链的滞后现象小，柔性分子的滞后现象严重。取代基团大且数目多、侧基极性大的分子链，链段运动的内摩擦阻力大，内耗大。例如，顺丁橡胶内耗较小，因为它的分子链上没有取代基团，链段运动的内摩擦阻力较小；丁苯橡胶和丁腈橡胶的内耗比较大，因为丁苯橡胶有庞大的侧苯基，丁腈橡胶有极性较强的侧氰基，因而它们的链段运动时内摩擦阻力较大；丁基橡胶的侧甲基虽然没有苯基大，也没有氰基极性强，但是它的侧基数目比丁苯橡胶、丁腈橡胶多得多，所以内耗比丁苯橡胶、丁腈橡胶还要大。内耗较大的橡胶，吸收冲击能量较大，回弹性就差。

（2）外因

滞后现象和内耗同时还受外界条件的影响。在 T_g 以下时，高聚物处于玻璃态，形变主要由键长和键角的改变引起，高聚物受外力作用形变很小，速度很快，几乎完全跟得上应力的变化，所以滞后不明显，内耗很小；当温度较高时，即高弹态处于充分发展的状态，此时虽然形变大，但链段运动比较自由，形变几乎不滞后于应力的变化，所以内耗也小；上面两种情况我们都观察不到滞后现象，只有在中间温度，也就是由玻璃态向高弹态转变过程中的状态，由于链段开始运动，而体系的黏度还很大，链段运动时受到的摩擦阻力比较大，因此高弹形变显著落后于应力的变化，滞后现象最严重，内耗也大。

此外，交变应力的频率对滞后的影响也很大。当频率很低时，链段来得及运动，形变跟得上应力的变化，滞后和内耗小；外力作用的频率较高时，链段可以运动，但又跟不上应力的变化，才出现较明显的滞后和内耗；当频率很高时，链段来不及运动，形变根本就没有发生，此时也看不到滞后现象，所以弹性体在高频率作用下会变脆，这就是高速飞行的飞机着陆时，在常温下具有良好的弹性的轮胎有时会产生碎裂的原因。

7.3.2.4　动态黏弹性与实际应用

由于滞后和内耗，橡胶在交变应力作用下会发热，而带来过早老化的缺点。同时又会产生永久变形，这就大大降低了橡胶的使用价值。因此，在交变应力作用下进行工作的轮胎和传动带等橡胶制品，内耗越小越好，这样可延长使用寿命；而对用作防震和隔音的材料，则内耗越大越好，因为内耗越大，吸收的能量越多，防震或隔音的效果就越好。用塑料做的齿轮比金属齿轮噪声小，也是由于塑料吸收了大量的震动冲击能并转变为热能而散失的原因。

7.3.3　黏弹性的温度依赖性——时温等效原理

从分子运动的松弛过程可以知道：在恒定的外力作用下，高聚物的形变过程是与温度和时间有关的过程。在相同的时间范围内，温度越高，形变量越大；在同一温度下，外力作用时间越长，形变量越大。同一个力学松弛现象，既可在较高的温度下、较短的时间内观察到，也可以在较低的温度下、较长时间内观察到。因此，升高温度与延长外力作用时间对分子运动是等效的，对聚合物的黏弹性行为也是等效的，这就是时温等效原理。

一般外力作用的时间也可以用频率 ω 来表示。频率越高，施加外力作用的时间就越短；相反频率越低，施加外力作用的时间就越长。

在恒定外力、不同作用时间（不同频率）下，交联网状高聚物的形变-温度曲线如图 7-22 所示。从图中可以明显地看出外力作用时间和温度二者对高聚物形变的等效影响。例如，B 点所对应的形变值，可以在作用时间 t_1 和温度 T_A 时得到，也可以在相应的 t_2 和

T_B，或 t_3 和 T_C 时得到。所以，降低温度可以借延长外力作用时间来得到同样的形变。相反，如果作用的时间很短（频率很高），则需要在较高的温度下才能表现出明显的形变，或者说是提高了高聚物的玻璃化转变温度 T_g。

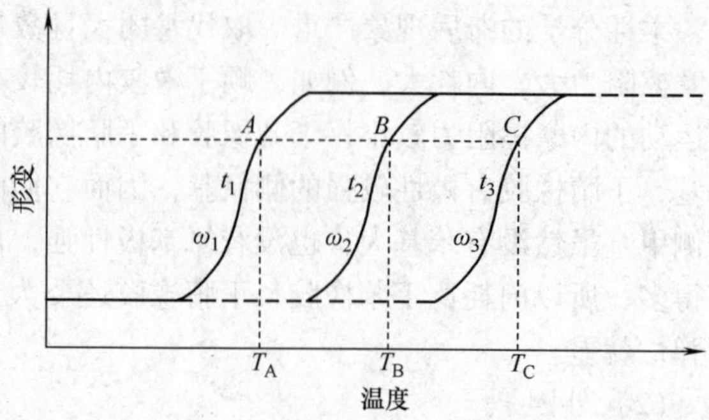

图 7-22　恒定外力作用下交联高聚物的形变-温度曲线

（$t_1 > t_2 > t_3$；$\omega_1 < \omega_2 < \omega_3$）

时间-温度等效原理具有重要的实际意义。有些材料在室温下的使用寿命以及超瞬间性能研究等问题，实验是无法进行测定的，但可以通过时间-温度等效原理来解决。例如，需要在室温条件下几年甚至上百年才能完成的应力松弛实验上是不能实现的，但可以在高温条件下短期内完成；或者是需要在室温条件下几十万分之一秒或几百万分之一秒完成的应力松弛实验，实际上也是做不到，但可以转化为在低温条件下几小时甚至几天内完成。

7.4　高聚物的应力-应变曲线

在较大外力的持续作用下，高聚物材料将发生变形、破坏或断裂。反映材料在使用过程中对变形、破坏的抵抗能力的力学指标有屈服应力、拉伸强度、断裂强度、断裂伸长率和冲击强度等。应力-应变试验是目前测定力学性能应用最多的实验方法：高聚物试样在拉力机上以均匀的速度进行拉伸（如图 7-23 所示），直到试样断裂为止。将拉伸过程中试样受到的力及相应产生的应变记录下来，可绘出类似图 7-24 所示的应力-应变曲线。由该曲线可以得到一系列评价材料力学性能的物理量，如可以判断聚合物材料的强度、软硬和脆韧。

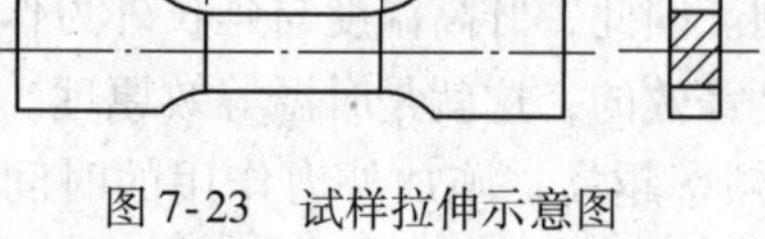

图 7-23　试样拉伸示意图

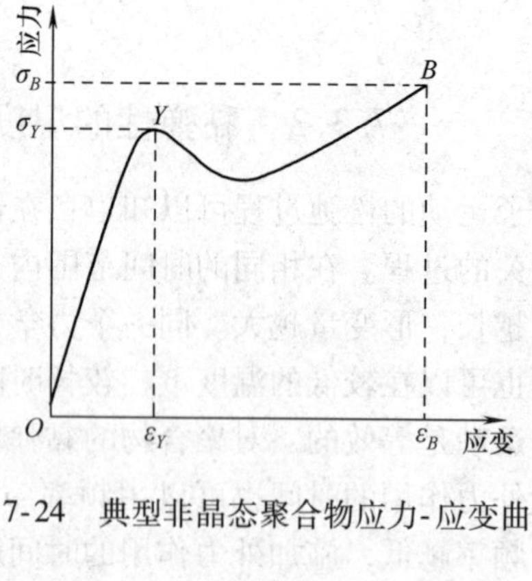

图 7-24　典型非晶态聚合物应力-应变曲线

7.4.1　非晶态高聚物的应力-应变曲线

当温度在 T_g 以下，非晶态聚合物以一定速率被单轴拉伸时，其典型的应力-应变曲线如图7-24所示。图中纵坐标是应力，横坐标是应变，Y点称为屈服点（yield point）。Y点以前是弹性阶段，试样被均匀拉伸，应力与应变成正比，符合虎克定律，这时的形变是由大分子链上的键长和键角的改变引起的普弹形变，伸长率很小，约为3%～4%。因此除去应力，试样的形变可以回复。

当外力继续增加到σ_Y（屈服应力）以后，虽然高聚物的温度仍处于T_g以下，但是被"冻结"的高分子链段受外力强迫作用克服内摩擦阻力，沿外力拉伸方向伸展，产生很大的高弹形变（100%～200%）。即使应力不再增加或稍有下降，材料的形变也在增大，这个阶段称作"应变软化"阶段。同时试样的截面积突然变小，出现"细颈"，并沿样品不断扩展，直到全部变成细颈为止，这一阶段是聚合物特有的"颈缩阶段"，也称作"冷拉"。此时尚若除去应力，这种塑性形变不能恢复，产生永久形变，只有在T_g以上将试样进行退火处理，方能回复到未拉伸的状态。在颈缩阶段应力之所以会有所下降，一是因为在拉伸过程中，试样的宽和厚变小了，同一应力下所要求的负荷就减小；二是因为分子沿着外力场方向取向，伴随着会放出热量，使试样内的温度升高，因而形变所需的应力也会降低些。

最后，成颈后的试样又被均匀拉伸。此时，只有应力增加，试样才能产生一定的形变，因此称作"应变硬化"阶段。在这一阶段，应力增大一定值后，材料发生断裂（B点为断裂点）。

从应力-应变曲线可以得到材料的五个重要力学性质：

①弹性模量E　即曲线初始阶段直线OY部分的斜率，$E=\dfrac{\sigma}{\varepsilon}$。它表示材料伸长的难易程度。直线越陡，即斜率越大，则弹性模量越大，材料越硬，越难伸长。对一般高聚物，弹性模量的范围为：橡胶0.1～1.0MPa，塑料10～10^3MPa，纤维10^3～10^4MPa，低分子晶体10^3～10^7MPa。

②屈服强度σ_Y　屈服点所对应的应力，也叫屈服应力。屈服点所对应的应变称为屈服应变ε_Y，也叫屈服伸长率。只有出现屈服点的材料才具有屈服强度，弹性体等材料不出现屈服点，也就没有屈服强度。

③拉伸强度σ_B　也称断裂强度，即断裂点所对应的应力。断裂强度可能高于屈服强度，也可能低于屈服强度。

④断裂伸长率ε_B　即断裂点的应变。但伸长率习惯上用百分数表示，断裂伸长率＝断裂应变×100%。

⑤断裂能　即应力-应变曲线下的面积，该面积$A=\int\sigma \mathrm{d}\varepsilon$，单位为$\mathrm{J/m^3}$，表示破坏单位体积材料所做的功，可以反映材料的拉伸断裂韧性的大小，但不能反映材料的冲击韧性的大小。

在实际应用中，由于高聚物的黏弹性，使其应力-应变行为明显地依赖拉伸时的温度、应变速率、流体静压力等外界条件的影响。

温度不同，同一聚合物的应力-应变曲线形状也不同，如图7-25所示。当温度很低时，材料表现出脆性断裂，断裂伸长率很小，如曲线①；随着温度的升高，逐渐出现屈服点，断裂伸长率也逐渐增大，如曲线②③；当温度升高至T_g以上时，在较小应力下，试样形变显著增大，直到断裂前，应力才急剧增大，如曲线④。总之，温度升高，材料逐步变得软而韧，断裂强度下降，断裂伸长率增加；温度下降时，材料逐步转向硬而脆，断裂强度增加，断裂伸长率减小。PVC、PMMA、PS、PVAC 等材料的应力-应变曲线均具有类似的温度影响规律。

拉伸速率和流体静压力的增加会使聚合物的模量增加，屈服应力增加，断裂伸长率减小。由此可见，在拉伸试验中，增加应变速率和压力与降低温度的效应是相似的。

7.4.2 晶态高聚物的应力-应变曲线

晶态聚合物，如聚酰胺、聚酯、聚甲醛、聚丙烯、高密度聚乙烯、全同立构聚苯乙烯等，在 T_m 以下适当的温度范围和适当拉伸速度下，均可得到类似图 7-26 所示的应力-应变曲线。该曲线比非晶态聚合物的曲线具有更明显的转折。整个曲线有两个转折点，划分为三段：

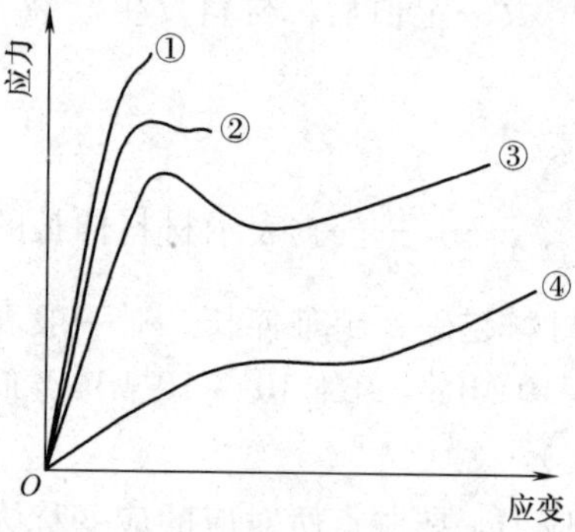

图 7-25 玻璃态聚合物在不同温度下的应力-应变曲线

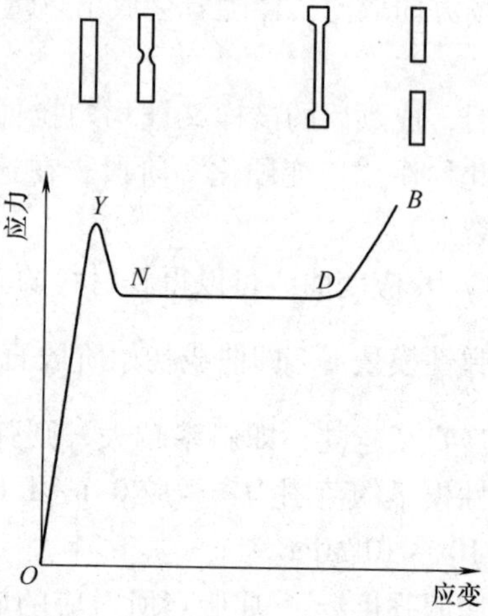

图 7-26 结晶高聚物的应力-应变曲线

①弹性变形阶段（OY） 指曲线的初始阶段，应变与应力成正比，试样均匀伸长；

②细颈发展阶段（ND） 达到屈服点 Y 后，试样突然在某处或几处变细，出现“细颈”，即进入第二阶段，这一阶段的特点是伸长不断增加而应力几乎不变或增大不多，直至整个试样全部变细；

③应力硬化阶段（DB） 已出现细颈的试样重新被均匀拉伸，应力随应变增加，直至断裂点 B 为止。

晶态聚合物在比 T_g 低很多的温度到接近 T_m 的温度范围内均可拉伸成颈，也叫“冷拉”。成颈原因是由于高聚物球晶中的片晶沿分子轴向偏转、滑移使得片晶伸长变薄所致，其形变可达 100%，甚至更高。

温度、应变速率、流体静压力、结晶度、结晶形态等因素对晶态聚合物的应力-应变曲线均有显著影响，如图 7-27、图 7-28 所示。

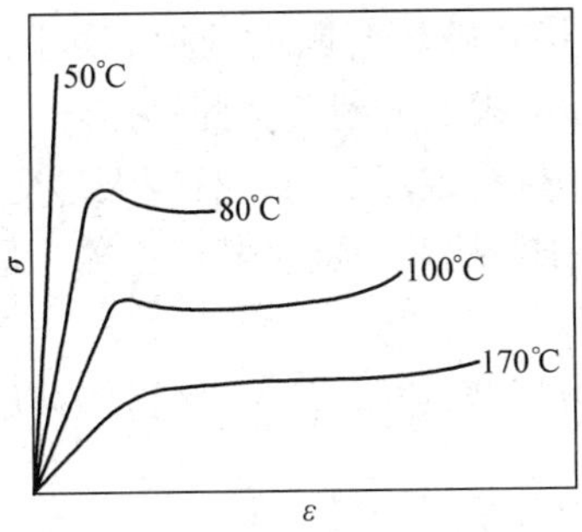

图 7-27　全同立构聚苯乙烯应力-应变曲线与温度关系

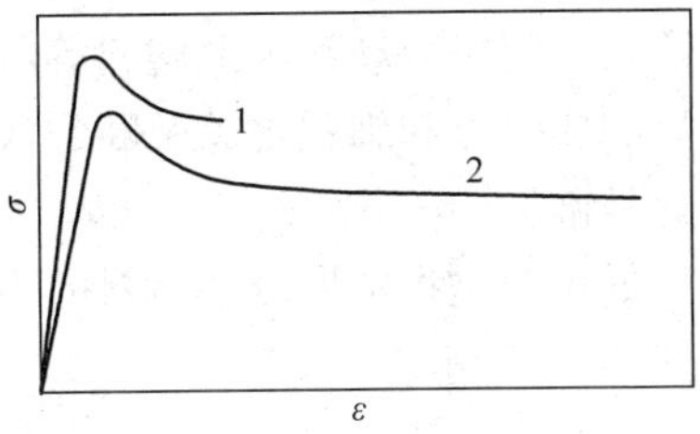

图 7-28　高密度聚乙烯的应力-应变行为
1—高速负荷　2—低速负荷

结晶高聚物的许多性能与结晶度和结晶形态有关。例如，结晶度增加，屈服应力、强度、模量、硬度等提高，但断裂伸长率、冲击强度下降。如图 7-29 所示，HDPE 的结晶度比 LDPE 高，因而模量和屈服应力也比 LDPE 高得多，但两种 PE 试样的延展性都很好。因此，成型时的缓慢冷却或冷却后的退火等方法在增加聚合物密度和结晶度的同时，也就提高了其模量和刚度。此外，球晶大小对结晶高聚物的冲击强度影响更大。如果成型时生成的球晶太大，冲击强度会显著下降，如图 7-30 所示。因此有些高聚物成型时加入成核剂，使它生成微晶而不生成球晶，以提高冲击强度。

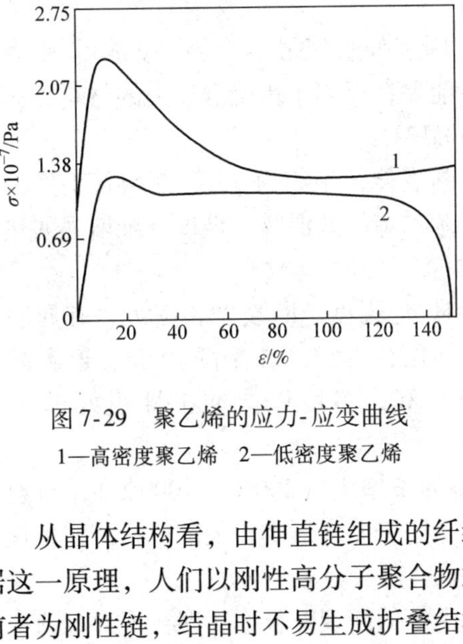

图 7-29　聚乙烯的应力-应变曲线
1—高密度聚乙烯　2—低密度聚乙烯

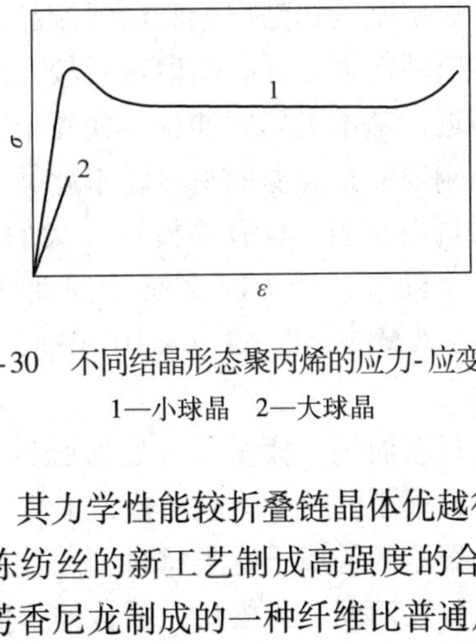

图 7-30　不同结晶形态聚丙烯的应力-应变曲线
1—小球晶　2—大球晶

从晶体结构看，由伸直链组成的纤维状晶体，其力学性能较折叠链晶体优越得多。根据这一原理，人们以刚性高分子聚合物或采用冷冻纺丝的新工艺制成高强度的合成纤维。前者为刚性链，结晶时不易生成折叠结构，如由芳香尼龙制成的一种纤维比普通尼龙纤维模量高 8 倍，强度高 2.5 倍。而冷纺丝工艺则使聚合物在成型过程中尽可能生成伸直链结构。例如，经高剪切急冷却的聚乙烯纤维的强度比普通聚乙烯纤维的强度高 4 ~ 5 倍。所以在原料选择以后，成型加工和后处理的条件对结晶性高聚物的力学性能有很大的影响。

7.4.3　应力-应变曲线的五种类型

当应力超过拉伸强度 σ_B时，材料被拉断而破坏。材料破坏通常有两种方式：脆性破坏和韧性破坏（塑性破坏）。从拉伸应力-应变曲线的形状和破坏时断面的形态可区分为何种断裂方式。材料在出现屈服点之前断裂，变形小，断裂表面光滑者为脆性破坏。如室温下的聚苯乙烯、有机玻璃和酚醛塑料等属此类破坏。在材料破坏之前，有较大形变，拉伸过程有明显的屈服点和细颈现象及断裂表面粗糙者为韧性破坏。如软聚氯乙烯、尼龙、聚乙烯等属此类破坏。

因此，根据拉伸过程中聚合物材料的不同力学表现可以将应力-应变曲线分为以下五种类型，如图7-31所示。

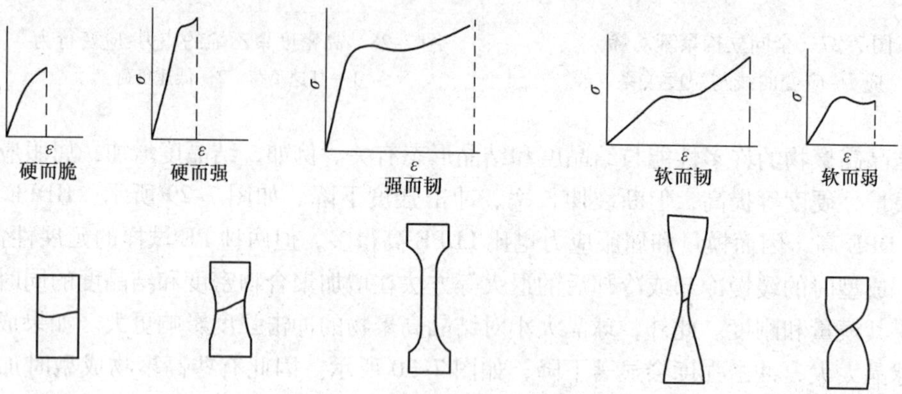

图7-31　聚合物应力-应变曲线五种类型

①材料硬而脆　具有高模量及较大拉伸强度，断裂伸长率很小（小于2%），受力时呈脆性断裂，无屈服点。可做刚性制品，抗冲击性能差，可用于承受静压力的材料，如聚苯乙烯、聚甲基丙烯酸甲酯和酚醛制品等（σ_B为50MPa）。

②材料硬而强　具有高模量及较大拉伸强度，断裂伸长率约为5%，断裂几乎发生在屈服点附近，基本无屈服伸长。如硬聚氯乙烯和聚苯乙烯的共混物、玻璃纤维增强的热固性塑料等刚硬而耐高温的材料属于此类。

③材料强而韧　具有高模量及大的屈服强度和拉伸强度，断裂伸长率大，有屈服伸长，会产生细颈，受力时多属于韧性破坏，受力部位会发白。如聚酰胺66、聚碳酸酯（$\sigma_B = 66 \sim 70$MPa，$E = 2.4 \times 10^4$ MPa，$\varepsilon_B \approx 100\%$）等，多用作抗冲击性很好的工程塑料。

④材料软而韧　模量低，屈服强度低，而断裂伸长率大（200%～1000%），断裂强度也高，即很小的拉应力就可使之产生很大的形变。用于要求形变较大的材料，如硫化橡胶、高压聚乙烯等属于这类材料。

⑤材料软而弱　低模量，低拉伸强度，但仍有中等的断裂伸长率，即在不太大的变形内，只用很小的力就可把它拉断。如未硫化的天然橡胶在加工过程中需利用这些特性，当达到所需的形状后再硫化交联，成为软而韧的材料。

由此可见，强与弱可以用断裂强度σ_B来判断；硬与软可以用弹性模量E来判断；韧与脆，用曲线下面的面积大小来判断。一般脆性断裂的变形小，曲线下面积小；而韧性的大小可用曲线下面积大小来衡量，它表示断裂前所能吸收的最大能量。

7.5　强迫高弹性与脆性

7.5.1　强迫高弹性

(1) 基本概念

普通的硅酸盐玻璃硬而脆，掉在地上就碎。但是有机玻璃却不容易碎，并且在拉伸时还有很大的形变值，高聚物玻璃的这个特点与它在玻璃化温度以下可以产生强迫高弹性（屈服）有关。下面用线型非晶态高聚物的应力-应变曲线（图7-32）来说明二者的区别：

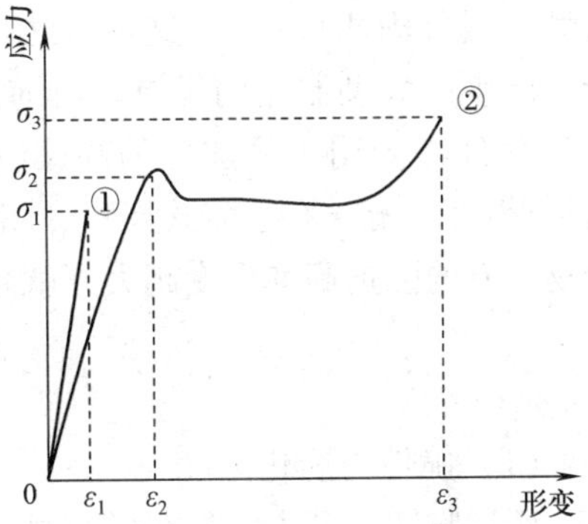

图7-32　线型非晶态高聚物的应力-应变曲线

低分子玻璃，在外力作用下形变很小，如果作用力超过其断裂强度 σ_1，试样就断裂了。此时断裂伸长率在1%～2%左右，如图中曲线①所示，这种玻璃是脆性的。如果拉伸非晶态高聚物，会得到图中的曲线②：起初的伸长率很小，与低分子玻璃相似，伸长率约为3%～4%但不会断裂，这种形变是分子链上的键长键角发生改变引起的普弹形变；当外力继续增加到 σ_2（屈服应力）以后，虽然高聚物的温度仍处于 T_g 以下，但是被"冻结"的高分子链段受外力强迫作用产生很大的形变，这种形变的本质是高弹形变。我们把在强制外力作用下，处于玻璃态的高聚物产生高弹形变的性质叫做强迫高弹性。发生这种形变所必须的强迫外力称为强迫高弹应力。

强迫高弹性是玻璃态高聚物所特有的性质，是链段受外力强迫产生的，其本质是可逆的。但当除去外力后，这种形变不能自发恢复，只有在升高温度至 T_g 以上，链段能运动的情况下，形变才有可能回复，所以这种形变也是塑性形变。

(2) 产生强迫高弹性的条件

如果要使高聚物产生强迫高弹形变，必须满足如下条件：

①分子链柔性适中　首先高聚物要具有可运动的链段，通过链段运动使链的构象改变才能表现出高弹形变。但同时分子链不能太柔软，因为太柔性的链在冷却成玻璃态时，分子之间堆砌的很紧密，链段运动困难，要使链段运动需要很大外力，甚至超过材料强度，这时材料不具有强迫高弹性，而表现出脆性。

②相对分子质量不能太小　相对分子质量较小时，在玻璃态分子堆砌的较紧密，不具有强迫高弹性。

③材料的拉伸强度必须大于其强迫高弹性极限应力，这样高聚物就会先出现强迫高弹形变而不断裂，表现出强迫高弹性。

④外力作用时间要适宜　在相同温度条件下，拉伸速度太快，链段来不及运动，就不会发生强迫高弹形变；相反，若拉伸速度太慢，除了发生强迫高弹形变外，同时发生缓慢的分子链之间的相对移动，产生蠕变现象。因此，只有当外力作用速度与链段的松弛时间

同数量级时，才能发生真实的强迫高弹形变。

⑤温度要控制在玻璃化温度 T_g 和脆化温度 T_b 之间　温度越低，分子间作用力越大，链段越不易运动，产生强迫高弹形变的屈服应力就越大；当温度降到脆化温度时，无论用多大外力都无法使高聚物产生强迫高弹形变，只能把它拉断或破碎，表现出脆性。

高聚物在玻璃态具有强迫高弹形变，使材料具有很大的延展性，因此，高聚物可在 T_g以下或（T_g +10 ~20℃）以下，进行像金属材料那样的滚轧、冲压、锻造，冷挤出等冷成型（或称固相成型），这种方法与熔融法成型相比，具有生产效率高、耗能小、成本低，能生产大型制品的优点。目前用冷成型方法生产的塑料制品有板材、薄膜、齿轮、汽车部件等。用于冷加工的高聚物有聚碳酸酯、聚酰胺 6、聚酰胺 66、硬聚氯乙烯、丙烯腈-丁二烯-苯乙烯共聚物、超高相对分子质量聚乙烯、聚甲醛、改性聚丙烯等。聚合物具有的强迫高弹形变越大，就越适合冷成型。

7.5.2　脆　　性

（1）脆性与脆化温度

所谓脆性就是指材料在形变很小的情况下破坏的现象，如图 7-32 中曲线①所示。例如，聚氯乙烯薄膜在夏天很柔软，不易破裂，但在冬天低温时，用很小的外力碰撞它薄膜即会发生破裂，这就是高聚物脆性的表现。

当温度低于 T_g时，处于玻璃态高聚物的链段活动完全被“冻结”。而发生脆性断裂时的温度，称之为脆化温度，常用 T_b表示。T_b是衡量高聚物耐寒性的指标，T_b越低的塑料，其低温性能越好。在脆化温度以下，高分子材料尤其是塑料的形变能力几乎完全丧失，十分容易发生脆裂，故塑料的使用温度不能低于 T_b，必须在 $T_b \sim T_g$的温度范围内使用，因此对于塑料材料来说，$T_b \sim T_g$越宽，适用温度范围越广。

（2）影响脆性和脆化温度的因素

脆性与高聚物能否产生强迫高弹性有关，一般来说材料的强迫高弹形变越大，脆性越小，故影响脆性和脆性温度的因素与产生强迫高弹形变的因素是一致的。

①分子链的柔性对 T_b的影响　分子链柔性大，在 T_g以下的强迫高弹形变小，T_b升高，因此 T_b与 T_g接近，$T_b \sim T_g$范围窄。故一般来说橡胶的 $T_b \sim T_g$窄，低温脆性大。

刚性高分子的强迫高弹形变大，$T_b \sim T_g$范围宽，即使在很低的温度下都能承受外力的冲击而不脆。例如，聚碳酸酯的 T_b = −100℃，T_g =150℃，T_b与 T_g之间差 250℃；刚性更大的聚苯醚砜，T_b与 T_g之间的温差范围达 528℃。因为塑料的使用温度是 $T_b \sim T_g$之间，故 $T_b \sim T_g$范围越大越好，此类刚性高聚物不但耐低温，而且力学性能也高，是优良的工程塑料。

②相对分子质量对 T_b的影响　脆化温度还与相对分子质量有关，当相对分子质量增大时，脆化温度不断降低，趋于某一极限值并保持恒定。这就是说，相对分子质量大的聚合物，它的耐寒性好。例如，超高相对分子质量聚乙烯（50 万 ~400 万）就具有很好的耐寒性。

③外力作用速度的影响　高聚物的 T_b与 T_g一样，与测定时的外力作用力速度有关。作用力速度越快，T_b越高。

（3）脆化温度对产品实际应用的意义

在户外安装的电线电缆和电气设备，尤其在北方，要求所用的高分子绝缘材料和结构材料能长期经受零下几十度的使用条件。对于其他工业和生活用的塑料材料也是如此，故要求材料有很好的耐寒性，高聚物的 T_b 值越低越好。降低材料的 T_b，也就是提高其低温抗冲击性，使材料在低温下不会发脆，提高使用价值。

在工业上，用 T_b 来衡量塑料的耐寒性。至于橡胶，到 T_g 已失去高弹性，且它的 T_b 值与 T_g 值非常接近，因而实际上往往是取 T_g 与 T_b 之中温度较高的一个数值作为耐寒性的指标。

7.6　高聚物的断裂与强度

在较大外力的持续作用下，高聚物材料将发生强迫高弹形变直至宏观破坏或断裂。这种在强力下发生大形变的行为称作屈服。对这种破坏或断裂的抵抗能力称为强度。机械强度是固体高聚物材料使用性能的重要指标。

7.6.1　断裂机理

高聚物的强度取决于断裂时结构的变化。从分子结构的角度来看，高聚物之所以具有抵抗外力破坏的能力，是因为高分子主链中的化学键和分子间范德华力以及氢键起作用。以此为基础，不计其他各种因素对其强度的影响，计算得出高聚物的理论强度并与实际测得的强度进行比较，可帮助我们找到高聚物实际强度低的原因以及高聚物增强的方法。

7.6.1.1　断裂机理

高聚物断裂的微观过程可简化成如下三种情况，如图7-33所示。

若分子链的排列方向与受力方向一致，则断裂时可以是化学键的断裂，也可以是分子间的滑脱；如果分子链排列的方向与受力方向垂直（或成一定角度），则断裂是由范德华力或氢键的破坏所致。

高聚物受力时断裂的可能机理为：首先发生分子间力（氢键或范德华力）的破坏，随后应力集中到取向的主链上，使共价键破坏，最后才会发生分子间的滑脱。如果某截面上化学键全部断裂或分子间滑脱，则宏观上表现为被拉伸物的破坏。对于高度取向的聚合物，如某些纤维材料，取向使分子间作用力总和增大，其强度主要取决于共价键的键能，因此测定的实际强度比较接近于理论计算值。

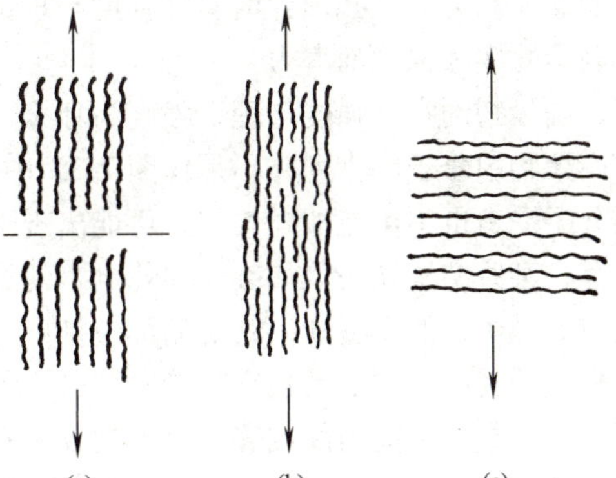

图7-33　高聚物断裂过程三种模型

（a）化学键破坏　（b）分子间滑脱

（c）范德华力或氢键破坏

7.6.1.2　脆性断裂和韧性断裂

从实用观点来看，聚合物材料的最大优点之一是它们内在的韧性，即这种材料在断裂前能吸收大量的能量。但是材料的韧性不是总能表现出来的。由于加载方式改变，或者温度、应变速率、试样形状和尺寸的改变等都会使聚合物材料的韧性变坏，甚至以脆性形式断裂。而材料的脆性断裂，在工程上是必须尽力避免的。

脆性断裂的特点是：断裂前试样的形变均匀，产生的小裂缝迅速贯穿垂直于应力方向的截面，断裂面光滑，断裂前试样没有明显的推迟形变，相应的应力-应变关系是线性的，断裂的应变值低于5%，断裂所需的能量不大。

韧性断裂的特点是：断裂前试样有很大的不均匀的形变，断裂面粗糙，显示有明显的外延形变，其应力-应变关系是非线性的，消耗的断裂能很大。在这许多特征中，断裂面形状和断裂能大小是区别脆性断裂和韧性断裂最主要的指标。

一般脆性断裂是由所加应力的张应力分量引起的，韧性断裂是由切应力分量引起的。因为脆性断裂面垂直于拉伸应力方向，而切变线通常可在以韧性形式屈服的聚合物中看到。在实验过程中，所加应力的体系和试样的几何形状决定拉伸分量和剪切分量的相对值，因此也影响到材料的断裂形式。例如，流体静压力通常可使断裂由脆性变为韧性；尖锐的缺口使材料由韧性断裂变为脆性断裂；大而薄的材料通常较脆。

此外，高分子材料的韧性和脆性还依赖于外在条件，主要是温度和应变速率。恒定应变速率时，随温度的升高，材料会由低温的脆性变为高温的韧性；应变速率的影响与温度正好相反，在低应变速率时是韧性的材料，到高应变速率时将会发生脆性断裂。

7.6.2 高聚物的实际强度

从高聚物材料的断裂机理可看出：理论强度与实际强度之间存在巨大差别。只有材料强度提高了，机械零件的重量和体积都可以减少，这对工程技术，尤其是尖端技术有很重大的意义。为此，必须弄清实际强度与理论强度之间巨大差距的原因，也可以充分挖掘提高高聚物实际强度的潜力。

高聚物的实际强度与理论强度为什么有这样大的差距呢？有以下一些原因：首先，实际高聚物中分子的排列并不是像图7-33中所表示的那样紧密规整；其次，拉伸破坏时每根分子受力也不可能那样均匀，可能出现瞬时应力超过它的断裂强度值的情况；实际物体还存在某些结构缺陷，如裂纹和孔洞，使得破坏往往先从这些强度较薄弱的地方开始，造成应力集中，然后逐渐向其他的部位扩展，使较强的地方也随即遭到破坏，以致整个材料在未达到其应有的最大强度时就断裂，大大降低了高聚物的强度。

为什么材料的内部或表面会有裂纹和孔洞呢？这是因为制品在成型过程中，树脂内外冷却速度不一致，产生龟裂，整个制品冷却下来时，这层龟裂以裂缝的形式留在制件的表面。另外，在成型过程中，由于混炼不足或塑化不够，带进微粒、气泡或引进各种杂质，而这种杂质和聚合物相接触的地方由于黏合性差，造成孔洞。

加工成型后高聚物制品中残留的内应力也是造成实际强度降低的重要原因。对于塑料，一般采用“退火”的方法来消除内应力。但如果控制得不好，如冷却得太快，冷却得不均匀，均会使制品内部产生内应力，使材料强度下降。

7.6.3 影响高聚物强度的因素

影响高聚物强度的因素很多，但总的来说可以分为两类：一类与材料结构有关（内因），另一类与外界环境因素有关。

（1）高分子的化学结构的影响

高分子链极性大或形成氢键则强度高。如聚氯乙烯因为极性基团的存在使其拉伸强度达到49MPa，而高密度聚乙烯因无极性基团，使其拉伸强度只有21.6～38.2MPa；聚酰胺610因有氢键，拉伸强度达58.8MPa。值得注意的是：当极性基团密度过大或取代基团体积过大时，分子运动困难，虽然能提高其拉伸强度，但材料的脆性也明显增加。

大分子主链和侧基含芳环、杂环或其他环状结构则材料刚性大，力学性能高。例如，芳香尼龙比普通尼龙强度高，聚苯醚比脂肪族聚醚高，因此新型的工程塑料的分子主链上大都含有芳杂环。但如果芳杂环含量过高，主链刚性太大，会使高聚物变得硬脆，反而对力学性能不利。

高分子链规整性好则强度高。高密度聚乙烯的拉伸强度就高于低密度聚乙烯。支化程度增加，加大了分子间的距离，减小了相互之间的作用力，结果使高聚物材料的强度降低。

适度交联可增强高聚物的抗蠕变性，减少分子间的相对滑动，有利于提高强度。如聚乙烯交联后的强度可以提高一倍。但交联过大会使链段不易运动，大分子链不能取向，这样反而使材料变脆，强度降低。

（2）相对分子质量和相对分子质量分布的影响

当相对分子质量小、分子链较短时，分子间相互作用的次价键数目较少，因而相互作用力就较小。如果外力大于分子间的相互作用力时，就会产生分子滑动而使材料开裂破坏，这种破坏称为分子间破坏。此时，拉伸强度随相对分子质量的增大而增高。当相对分子质量足够大时，分子间次价力之和已大于主链的化学键，在外力作用下，分子间还没有产生滑动，化学键已被破坏，此时，拉伸强度与相对分子质量大小无关，这种破坏称为分子内破坏。

相对分子质量分布对力学性能也有影响，当高聚物中低聚物部分达到10%～15%时，力学性能将显著下降。但如果相对分子质量足够大时，相对分子质量分布对强度就没有多大影响了。

（3）结晶的影响

一般情况下，结晶度的增加，会提高拉伸强度、弯曲强度、屈服强度、硬度和弹性模量，但结晶度太高，则会导致冲击强度和断裂伸长率降低，使高聚物变硬变脆，所以结晶度要控制合适。

球晶越大，冲击强度会显著下降。伸直链晶体比折叠链晶体的拉伸强度高。

（4）取向的影响

取向对聚合物的所有力学性能都有影响，尤其是取向产生各向异性，能提高取向方向上的拉伸强度，这在纤维和薄膜生产中起着重要的作用。通过表7-1可以看出取向对薄片力学性能的影响。

（5）增塑剂的影响

增塑剂的加入减少了高分子链之间的作用力，因而使拉伸强度降低，强度的降低值与增塑剂的加入量成正比。另一方面，由于增塑剂使链段运动容易进行，故随着增塑剂含量的增加，材料的冲击强度提高。

表 7-1　　双轴取向和未取向薄片的力学性能比较

性能	聚苯乙烯		聚甲基烯酸甲酯	
	未取向	双轴取向	未取向	双轴取向
拉伸强度/×100kPa	345	480~827	517~689	550~758
断裂伸长率/%	1~3.6	8~18	5~15	25~50
冲击强度	0.25~0.5	>3	4	15

（6）填料的影响

在聚合物基体中加入某些填充料，对改善成型加工性能，提高制品的性能，降低成本有显著的效果。如果加入的填料能提高聚合物基材的力学性能，则称为增强剂或补强剂。增强剂主要分为粉状填料和纤维状填料两大类。表 7-2 列出了玻璃纤维增强某些热塑性塑料前后的性能比较。

表 7-2　　玻璃纤维增强某些热塑性塑料前后的性能比较

纤维填料	树脂含量体积/%	密度/(g/cm³)	拉伸强度		弹性模量	
			强度/10^5Pa	强度/密度/(10^4N·m/kg)	模量/(10^9N·m/kg)	模量/密度/(10^6N·m/kg)
无填料	100	1.20	824	6.9	3.5	2.9
S-玻璃纤维	35	2.05	17900	87.3	52.4	25.6
硼纤维	35	2.05	22100	108	249	121
碳纤维	35	1.50	5520	36.8	27.7	18.5
石墨纤维	35	1.87	11000	58.8	138	73.8

（7）应力集中的影响

如果材料存在缺陷，受力时材料内部的应力平均分布状态将发生变化，使缺陷附近的应力急剧地增加，远远超过应力平均值，这种现象称为应力集中。缺陷、裂缝、空隙、缺口、气泡、银纹和杂质等都使材料形成应力集中。它们会成为材料破坏的薄弱环节，严重地降低材料的强度，是造成高聚物实际强度与理论强度之间巨大差别的主要原因之一。

材料缺陷的形状不同，应力集中系数（最大局部应力与平均应力之比值）也不同。锐口缺陷比钝口缺陷会造成更大的应力集中，使应力大大超过材料的破坏强度，致使制件从这个小裂缝开始发生破坏。因此，一般制品的设计总是尽量避免有尖锐的转角，而是将制品的转弯处做成圆弧形状。而另一方面，在一些食品包装袋上特意留出一个小缺口，以便于人们拆开包装，这也是运用了应力集中的原理。

（8）温度和外力作用速率的影响

随着温度升高，拉伸强度下降，但冲击强度却增大。

在维持温度不变的情况下，外力作用速度快，则强度就高；外力作用速度慢，则强度低；在长时间的外力作用下，材料的强度值要比一般情况下的强度值下降很多。

7.6.4　银纹与应力发白

银纹现象是聚合物在张应力作用下，于材料某些薄弱部位出现应力集中而产生局部的塑性形变和取向，进而在材料表面或内部垂直于应力方向上出现长度为100μm，宽度为10μm，厚度为1μm左右的微细凹槽的现象，如图7-34所示。银纹为聚合物所特有，通常出现在非晶态聚合物中，如聚苯乙烯、聚甲基丙烯酸甲酯、聚碳酸酯、聚砜等，但某些结晶聚合物中也有发现银纹，如聚丙烯、聚4-甲基-1-戊烯等。

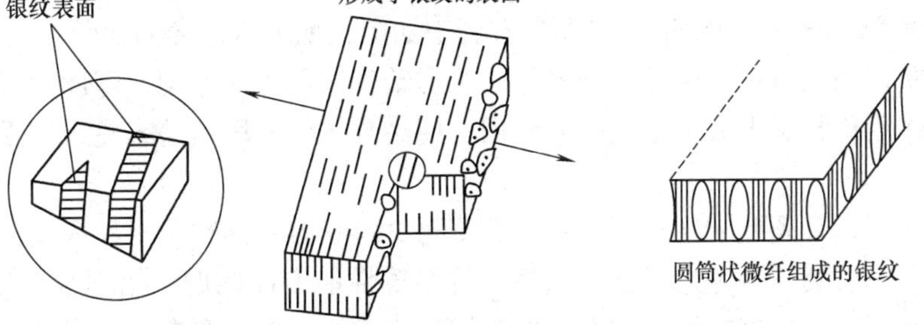

图7-34 银纹结构示意图

银纹主要由单向或双向张应力引发高聚物分子的某些链段产生局部的取向变形，而形成表面和内部的银纹。如果材料中无内应力，银纹从表面引发；如果存在内应力，银纹就会从材料内部引发。银纹内部不是空的，它不是真正的开裂，而是被拉长的细纤状分子链。它和本体的结构、密度不同，折射率不同，在光线照射下，表现为银色的闪光，故称“银纹”。有银纹的样品受力时局部会发白，术语又称为应力发白。银纹和本体是连续的，仍可承受一定的外力。银纹的深度发展会使制品出现裂缝，最终导致真正的开裂破坏。但在破坏之前，又会因为分子链的局部伸展而吸收大量的能量。所以乐观主义者将银纹看作韧性的来源，而悲观主义者将银纹看作破坏的起点。

消除应力，银纹会稍微闭合一点，但仍然存在。在实际生产中，往往是将产生银纹的高聚物及其制品升温至 T_g 以上5～10℃进行退火，使取向的链段松弛回弹，银纹即可消除。

7.7 高聚物的改性

高聚物实测的力学性能值远远低于理论值，由于高聚物中各种各样的结构缺陷，极容易形成应力集中现象，从而降低了强度。如果通过对高聚物进行改性设法减少甚至消除这些结构缺陷，高聚物的力学性能会大大提高。

这里我们主要介绍高聚物的增塑、增强、增韧及高聚物材料的共混等改性方法。

7.7.1 高聚物的增塑

所谓高聚物的增塑作用是指能使大分子链的柔性或材料的可塑性增大的作用。增塑作用可以分为内增塑、外增塑和自动增塑三类。

(1) 内增塑作用

内增塑作用是通过改变大分子链的化学结构以达到增塑的目的，称为内增塑作用。它实际上是化学改性，即通过共聚、大分子反应等化学方法来改变大分子链的柔顺性。这种增塑效果是最稳定的，如高抗冲聚苯乙烯。

（2）外增塑作用

在刚性链中加入低分子液体或柔性链的聚合物以达到增塑的目的，称为外增塑作用。具有该作用的物质称为增塑剂。加入低分子液体可以增塑的原因是由于低分子液体的黏度比高聚物的黏度低得多，相差可达10^{15}倍，而在高聚物中混入低分子时，其百分组成每改变20%，黏度就要降低1000倍，这样就有利于加工，如聚氯乙烯的增塑。

关于增塑作用的机理。主要是增塑剂起了屏蔽作用和隔离作用，即以大分子与小分子之间的相互作用代替了大分子链之间的作用，使高分子的链段运动容易，结果使玻璃化温度降低。

选择增塑剂，首先要求增塑剂必须与高聚物材料互容；其次是不易挥发，能长时间保存在制品中；最后要综合考虑毒性、颜色、价格等性能方面问题。增塑剂可以单独使用，也可以混合使用。柔性链的聚合物也可作为增塑剂使用，但需要在较高温度下捏合才能混容，优点是持久性好。

（3）自动增塑作用

自动增塑作用是指非人为加入增塑剂，而是由于某些自动的原因，如高聚物中含有单体、低聚物或混入杂质、吸收了水分所引起的增塑作用。

增塑剂的加入对高聚物力学性能有很大的影响，如图7-35所示。压缩强度、拉伸强度都随增塑剂的加入而下降；同时，硬度、弹性模量及耐热温度也都下降；当增塑剂量少时，冲击强度有所提高，当超过某一限度时，又明显下降；伸长率随增塑剂加入量的增大而升高。

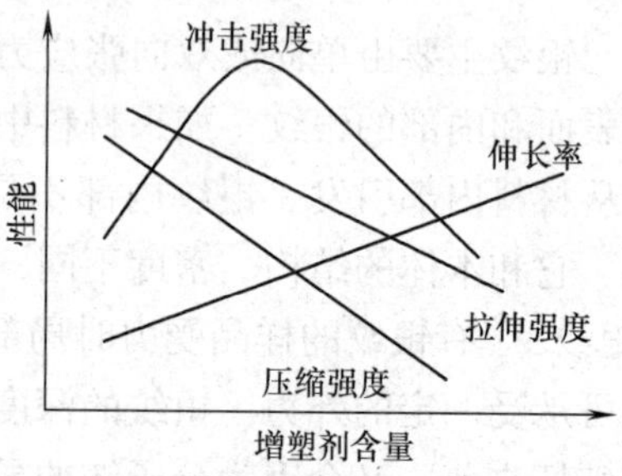

图7-35　增塑剂影响高聚物力学性能示意图

7.7.2　高聚物的增强

在高聚物中加一些补强剂或增强剂，使其强度得到不同程度的提高，这种作用称为增强作用。所获得的增强塑料在建筑器材、机器零部件、交通工具、电工零件等各方面获得越来越多的应用。

为了保持能用注塑机、挤出机成型，热塑性塑料的增强多使用天然或合成纤维、玻璃纤维、石棉纤维、玻璃微珠、碳纤维等。工业上最常用的是玻璃纤维。

各种热固性树脂的增强材料俗称玻璃钢。一般以玻璃布、棉布、麻布、合成纤维织物、玻璃纤维或棉花等作增强剂，经高温层压成型。可以做成机体、船壳、汽车盖、螺旋桨等。

高聚物的增强改性技术除了加入填料外，还可以通过拉伸进行改性。如高聚物经拉伸定型后变为拉伸制品，如纤维、单丝等。拉伸制品有以下几个优点：一是拉伸定型之后，高分子链沿拉伸方向高度取向，堆砌紧密有序，分子间的物理结点增多，有利于应力的分散传递，使更多的化学键承受拉应力；二是拉伸可促使分子链结晶，结晶度的提高可以提高稳定性和耐热性；三是大分子紧密排列可以排除分子间的孔隙，提高密度，消除显微裂纹，减少应力集中现象。所以高聚物拉伸制品的拉伸强度都很高。如涤纶的拉伸强度本来就高（78.4MPa），拉伸定型后，拉伸强度可提高 7 ~ 8 倍，是很好的纤维材料；聚乙烯的拉伸强度较低（9.8MPa），拉伸定型后可提高 30 倍，常用作渔网丝。

7.7.3　高聚物的增韧

高聚物材料的韧性主要通过冲击强度加以体现。冲击强度越高，则材料的韧性越好。

（1）影响高聚物冲击强度的因素

与拉伸强度类似，影响冲击强度的因素也分为内因与外因。内因主要与高聚物结构有关，外因主要与温度和外力作用速度有关。

①内因　增加高分子的极性或形成氢键可以提高高聚物的冲击强度。但极性基团过多或体积过大，则冲击强度减小，材料脆性增加。高分子链支化程度增加，分子间距离增大，冲击强度提高，但拉伸强度下降。适度交联后，冲击强度与拉伸强度均可增加。高聚物的结晶度增大，冲击强度下降，甚至表现为脆性。球晶的大小对冲击强度影响较大，球晶越大，冲击强度下降越大。适当的双轴拉伸有利于提高冲击强度。适量的加入增塑剂会提高链段运动能力，使冲击强度提高，但材料会变软。

②外因　在冲击试验中，温度对高聚物材料的冲击强度影响很大。随温度的升高，冲击强度逐渐增大，当温度接近玻璃化温度 T_g时，冲击强度将迅速增大。如普通聚苯乙烯在室温下很脆，但在 T_g附近就变成为韧性的材料。对于结晶高聚物，如果其中非晶部分的 T_g在室温以下，则该结晶高聚物必然有较高的冲击强度。热固性高聚物的冲击强度受温度的影响很小。外力作用时间长时对冲击强度的影响与温度升高时对冲击强度的影响相类似。

（2）增韧的方法

增韧方法与增韧机理密切相关。常用的方法与机理主要有以下几种情况：

①脆性材料中加入弹性体微粒的银纹机理　在聚苯乙烯、聚甲基丙烯酸甲酯等脆性材料中加入弹性体微粒（如苯乙烯-丁二烯嵌段共聚物、丙烯酸酯类），这些微粒作为应力集中物与原高聚物基体间引发产生大量银纹，从而吸收了大量冲击能量。同时，大量银纹之间形成应力场的相互干扰，降低了银纹端应力，阻碍了银纹的进一步发展。

②以橡胶粒子为应力集中物的银纹-剪切带机理　此时，在外力作用下诱发大量银纹和剪切带吸收能量。通过橡胶粒子和剪切带控制银纹的发展，使银纹不至于形成破坏性裂纹。需要注意，对于不同性质的基体，银纹和剪切带的比例不同。例如，高抗冲聚苯乙烯在拉伸屈服时，可以观察到应力发白现象，但无细颈产生，此时的增韧机理属于银纹化为主的机理。丙烯腈-丁二烯-苯乙烯共聚物拉伸屈服时，银纹和剪切带比例相当。PVC/CPE（聚氯乙烯/氯化聚乙烯）屈服时，有细颈而无应力发白现象，属于剪切屈服为主的增韧机理。

③加入刚性粒子的增韧机理　此时又分为三种情况，其一是刚性有机填料增韧；其二是刚性无机填料增韧；其三是刚性、弹性填料混杂填充增韧。

7.7.4　高聚物材料的共混改性

将结构不同的均聚物、共聚物甚至将相对分子质量不同的高聚物，通过一定的方法相互掺混，以获得材料的某些特定性能的方法称为高聚物材料的共混改性。如果与上面所说的增塑、增强相比，共混改性也是增塑或增强的一种，只是改性剂是聚合物而已。

高聚物材料的共混可以采用溶液法、乳液法、机械混炼法等不同的方法。方法不同，所得材料的相态也不相同。但总的来说，在固态高聚物共混体系中，除少数用溶液法制备的两种完全互溶的均聚物能形成较均匀的体系外，一般均为微观或亚宏观结构上的多相体系。为了获得所需的物理力学性能的改善，往往取物理力学性能相差较远的高聚物作为共混的对象。通常，这样的高聚物彼此间的相容性不够好，需要加入对共混两组分均有一定相容性的第三组分来改善共混物的性质。如在聚丙烯与聚乙烯共混中加入乙烯-醋酸乙烯共聚物，后者就是一种第三组分，它能改善 PP/PE 共混材料的层离现象，并使共混物的抗冲击性能有较大提高。

为了提高刚性高聚物材料的抗冲击性能，一般使用类橡胶高聚物作为改性剂。这种类橡胶高聚物应具备三个条件：一是玻璃化温度必须远低于使用温度，二是橡胶不溶于刚性高聚物而成第二相，三是两种高聚物在溶解行为上相似，使相与相之间有较好的黏着作用。当第三个条件达不到时，可加入第三组分。这样可以使脆性高聚物的冲击强度能提高 5 ~ 10 倍。塑料与橡胶共混就是如此，其应力-应变曲线如图 7-36 所示。

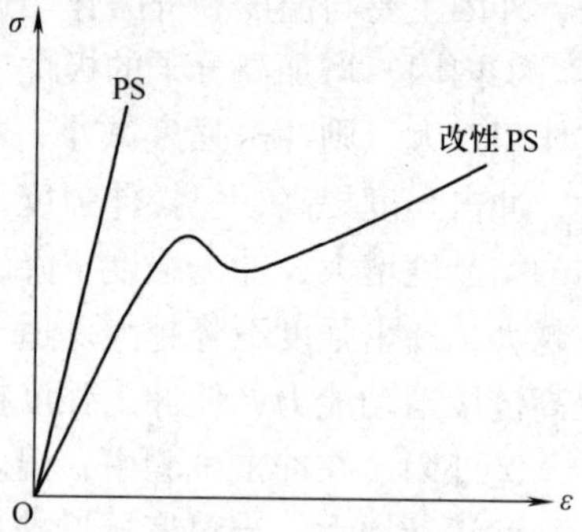

图 7-36　橡胶增强塑料的应力-应变曲线

习题

1. 什么叫高弹性？高弹性有哪些特点？
2. 说明高弹材料的结构特征。
3. 什么叫黏弹性？黏弹性表现在哪些方面？
4. 什么叫蠕变？用什么方法可提高高聚物的抗蠕变能力？
5. 什么叫应力松弛？为什么未硫化橡胶应力可松弛到零，而经硫化的橡胶不能松弛到零？
6. 什么是滞后现象？为什么会引起内耗？
7. 画出结晶高聚物和非晶态高聚物的应力-应变曲线，并加以解释。
8. 细颈是如何产生的？
9. 什么是冲击强度？试说明提高高聚物冲击强度的途径。
10. 高聚物拉伸断裂机理是什么？影响材料脆韧转变的因素有哪些？
11. 为什么高聚物实际强度比理论强度低？
12. 如何利用应力-应变曲线来判断材料的性能？
13. 什么是银纹及应力发白现象？
14. 高聚物有哪些改性方法？

第 8 章　高聚物熔体的流变特性

应知要点

1. 高聚物熔体的流变特性
2. 三种典型流变体的流动特性
3. 高聚物熔体的普适流动曲线
4. 剪敏性高聚物和温敏性高聚物的结构特点
5. 影响高聚物熔体剪切黏度的因素和剪切黏度的测定方法

应会要点

1. 掌握高聚物熔体的流变特性
2. 高聚物熔体的普适流动曲线
3. 影响高聚物熔体剪切黏度的因素

课前认知实习

1. 实验形式

学习并使用熔体流动速率仪测定熔体流动速率。

2. 实验内容

高聚物熔体流动速率的测定。

3. 实验目的

(1) 测定高压聚乙烯的熔体流动速率。

(2) 了解热塑性塑料在熔融状态（即黏流态）时流动黏性的实质及重要性。

(3) 学习使用 XZY-190 型熔体流动速率仪。

4. 实验设备和样品

(1) 仪器：熔体流动速率仪、天平。

(2) 样品：高压聚乙烯。

5. 实验步骤

(1) 熟悉并检查仪器，备好样品，开启电源，升温至 190℃，恒温 15min；

(2) 加料，装好压料杆，压上砝码，计时，称重；

(3) 计算出熔体流动速率值。

6. 问题讨论

(1) 熔体流动速率对于选材有什么指导意义？

(2) 影响熔体流动速率的因素有哪些？

8.1 基本概念

高聚物熔体的流变性是指高聚物熔体流动与变形的能力及其行为表现。高聚物熔体的流变性对高聚物材料的成型加工有重要的指导意义。例如，塑料制品的热塑成型必须在加热熔融的状态下进行。掌握流变规律，对选料、配方设计、成型方法和成型工艺条件、设备及成型模具的结构设计都具有指导意义。因此，高聚物流变学已成为塑料成型加工重要的理论基础。

8.1.1 高聚物熔体的流变特性

高聚物熔体的流变特性主要表现在以下几个方面：

①高聚物的流动是以大分子的链段运动为基础的　高聚物熔体受外力作用时，首先是链段沿力场方向改变构象，通过链段运动的传递扩散，引起整个大分子的相对移动而实现宏观的流动。这与低分子熔体的流动不同，低分子没有链段，其流动是整个分子的迁移运动。可见高聚物熔体的流动行为，必然有其特殊的行为表现。

②高聚物熔体的黏度很大，而且随相对分子质量的增加而显著地增大　低分子物的相对分子质量小而且是定值，分子间作用力小，故其熔体的黏度也就很小。而高聚物熔体由于分子链之间的相互作用和物理交联点而引起缠绕，使大分子链运动受阻，从而表现出很大的黏滞性，故其流动困难。同时在一定温度或外力作用下，分子链又可发生解缠，导致分子链发生相对位移而流动，使得在流动过程伴随有熔体结构的变化。一般高聚物的相对分子质量越大，缠结越大，则熔体黏度也越大。

③高聚物熔体在流动过程中伴随有高弹形变发生　低分子熔体基于整个分子的移动，这是纯塑性流动，流动变形是完全不可逆的。而高聚物熔体在流动之初，首先是链段改变构象，沿力场方向使卷曲的大分子舒展产生高弹形变，这种由高弹形变所表现的流动称之为弹性流动；如果此时流动停止，舒展的大分子自发回弹，则这种弹性流动是可逆的。当弹性流动达到最大值后（即大分子舒展后的流动），才使大分子重心产生相对移动，此时的流动为不可逆的塑性流动，即真实流动。

可见高聚物熔体的流动变形，是可逆的高弹变形和不可逆的塑性变形的综合表现。而弹性变形与塑形变形的比例，则取决于高聚物熔体的性质及流动条件（温度、外力、流动时间）。当温度低，外力大且作用时间短时，主要表现为弹性流动；当外力作用的时间很长时，温度又高，主要表现为塑形流动。

④高聚物熔体的流动不符合牛顿流动定律　很多低分子熔体为牛顿型流体，其黏度 η 在一定温度下是一常数，与剪切应力（剪切速率）的变化无关。牛顿型流体的流动行为符合牛顿定律：

$$\tau = \eta \dot{\gamma} \tag{8-1}$$

式中　τ——流体所受剪切应力，Pa

$\dot{\gamma}$——剪切速率，s^{-1}

η——牛顿黏度，Pa · s

即剪切速率 $\dot{\gamma}$ 与剪切应力 τ 成正比，比例系数 η 又称为牛顿黏度。因此牛顿流体的流动曲线为一直线。如图 8-1 所示，图中直线的斜率即为牛顿黏度 η。

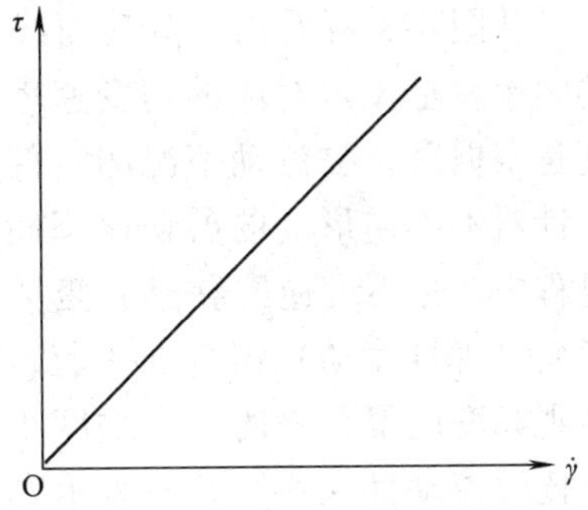

图 8-1　牛顿流体的流动曲线

而大多数高聚物熔体的黏度是随剪切应力（剪切速率）的变化而改变的，其流动行为不服从牛顿流动定律，其流动曲线不是直线，而是曲线，这类流体统称为非牛顿流体。其黏度变化的幅度可达二、三个数量级，其流动性对剪切速率有很大的依赖性。高聚物熔体的这种流变特性，对塑料成型工艺条件的制定具有指导意义。

8.1.2　三种典型的非牛顿流体

非牛顿流体的种类很多，下面着重介绍三种典型流体，即宾汉塑性体、假塑性流体、膨胀性流体的流动特性。它们的流动曲线如图 8-2 所示。

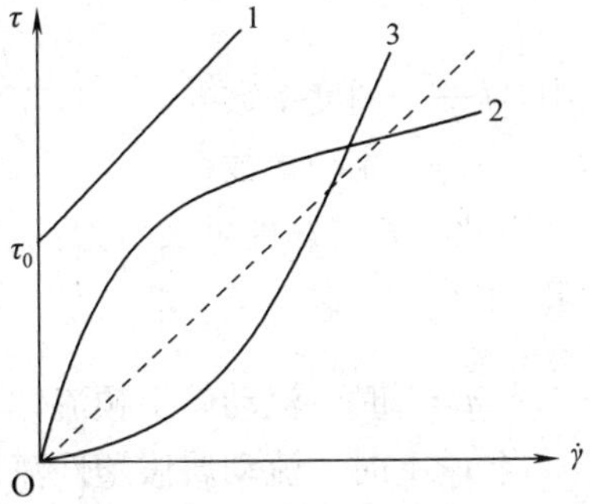

图 8-2　各种类型流体的流动曲线
1—宾汉塑性体　2—假塑性流体
3—膨胀性流体

（1）宾汉塑性体

宾汉塑性体（理想塑性体）的流动曲线也是直线，如图 8-2 中曲线 1。这种流体内部存在凝胶性结构，在应力较小时表现为静止，但当应力达到临界值 τ_0 时，凝胶性结构被破坏，表现为牛顿流动。其流动方程为：

$$\tau - \tau_0 = \eta\dot{\gamma} \tag{8-2}$$

高聚物在良溶剂中的浓溶液都属于宾汉塑性体，油漆、牙膏、黄油、泥浆及含较多填充料的高聚物体系也属于这一类型。

（2）假塑性流体

假塑性流体是非牛顿流体中最普遍的一种，绝大多数高聚物熔体或浓溶液都属于这种体系。它的流动特征见曲线 2，其流动曲线随着剪切应力 τ 的增大形成一条向 $\dot{\gamma}$ 轴弯曲的曲线，说明假塑性流体的黏度随剪切速率、剪应力的增加而下降，即剪切变稀。这主要是由于剪切应力作用下流动体系的结构发生了改变。

（3）膨胀性流体

膨胀性流体的流动行为见曲线 3，该曲线弯向剪切应力 τ 轴。膨胀性流体的特性是表观黏度随剪切应力、剪切速率的增大而增大，即剪切增稠。例如，乳液聚合的聚氯乙烯增塑体系，当树脂体积浓度在 50% 以上时，就有显著的剪切变稠现象产生；含填料的聚己内酰胺熔体、油漆-颜料体系也属膨胀性流体。

8.1.3　表 观 黏 度

由于非牛顿流体的黏度不再是一个常数，而是随 τ 和 $\dot{\gamma}$ 的变化而变化，所以人们用流动曲线上某一点的 τ 与 $\dot{\gamma}$ 的比值来表示该剪切速率时的黏度，称为表观黏度，以 η_a 表示：

$$\eta_a = \frac{\tau}{\dot{\gamma}} \tag{8-3}$$

从图 8-3 可看出：流动曲线上某点与原点相连直线的斜率就是该点对应的切变速率下的表观黏度。表观黏度是根据聚合物流动情况测定的黏度值。而黏度值应该是针对不可逆形变的剪切速率而言的。但聚合物在流动过程中，是不可逆的黏流形变（塑性流动）与可逆弹性形变（弹性流动）组合在一起，使剪切速率增大，所以表观黏度比聚合物的真实黏度小。用表观黏度只能相对地比较流动性大小，并不表示真实黏度，所以称为“表观”黏度。以后如无特别说明，高聚物熔体的黏度就是指表观黏度。

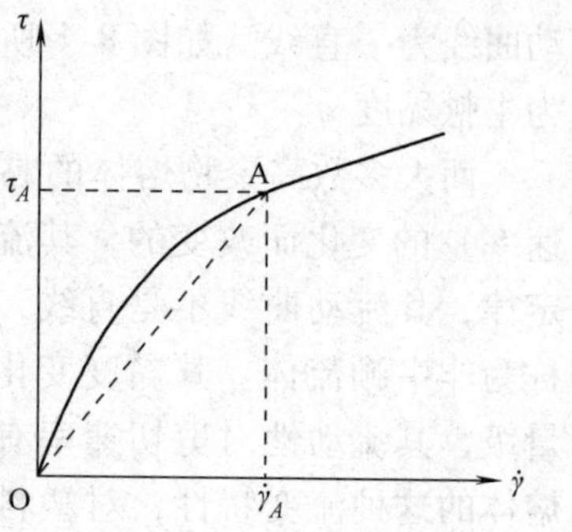

图 8-3　表观黏度示意图

对非牛顿流体的流变行为，一般采用下面的幂律方程来描述：

$$\tau = k\dot{\gamma}^{n} \tag{8-4}$$

式中　k——稠度系数

n——流动指数

因此，表观黏度可表示为：

$$\eta_a = \frac{\tau}{\dot{\gamma}} = k\dot{\gamma}^{n-1} \tag{8-5}$$

当 $n=1$ 时，流动属牛顿流体，$\eta_a = k$ 为牛顿黏度；

当 $n<1$ 时，流动属假塑性流体；

当 $n>1$ 时，流动属膨胀性流体。

式中 n 值表示非牛顿流体与牛顿流体之间的差异程度，称为非牛顿指数或流动行为指数。n 值越小，偏离牛顿流动越远，流体黏度随 $\dot{\gamma}$ 的增大而降低越多，流动性也越好。

8.2　高聚物熔体的稳态流动特征

稳态剪切流动是指高聚物熔体的弹性变形达到最大值后的塑性流动。高聚物熔体受外力作用时，最初的弹性流动表现很明显，随时间推移，弹性流动渐渐变弱，同时塑性流动渐渐增强，这种塑性流动为层流。若熔体所受剪切力太大，会出现弹性湍流，导致挤出物不规则甚至出现熔体破裂现象。

高聚物材料的成型加工过程多数情况是将高聚物加热形成熔体，再经挤出、注射、吹塑、流延等加工过程制得最终制品。这些加工过程都是在稳态的剪切流动中完成的。因此，为了更好地在生产中控制熔体的流动，很有必要了解高聚物熔体的结构和流动曲线。

8.2.1　高聚物的熔体结构

高聚物加热到 T_f（T_m）以上成为可以流动的黏稠流体，称为熔体。对于不带有强极性取代基团的线型和支链型高聚物，分子链有一定的柔顺性，在熔体中通过链段无规热运动，彼此缠结成网络结构。缠结分为两种：一种是大分子交织在一起的几何相对缠结；另一是质点间形成的物理结点的缠结。物理结点的缠结随温度升高，链运动的加剧而消弱。

总之，高聚物熔体具有瞬时变化的空间网状结构，这种结构具有储存弹性的特性。

8.2.2　高聚物熔体的普适流动曲线

高聚物熔体多为假塑性流体。在各种热塑成型中，熔体的剪切速率变化范围很大（如表 8-1 所示）。因此研究熔体的剪切流动行为，特别是熔体的流动性随剪切速率而变化的规律，对成型工艺条件的选择及控制具有重要意义。

表 8-1　　高聚物不同成型方法对剪切速率的范围要求

成型方法	剪切速率 $\dot{\gamma}/s^{-1}$	成型方法	剪切速率 $\dot{\gamma}/s^{-1}$
压制	1 ~ 10	纺丝	10^3 ~ 10^5
塑炼、压延	10 ~ 10^2	注射	10^3 ~ 10^4（高至 10^5）
挤出	10^2 ~ 10^3（可低至 10）		

由于高聚物熔体在成型中 $\dot{\gamma}$ 的变化范围很宽。为了清楚地表示 τ 和 η_a 随 $\dot{\gamma}$ 变化的规律，多用双对数坐标（$\lg\tau \sim \lg\dot{\gamma}$ 或 $\lg\eta_a \sim \lg\dot{\gamma}$）绘制高聚物的流动曲线。绝大多数实际高聚物熔体和溶液的流动行为可以用图 8-4 所示的普适流动曲线来概括。

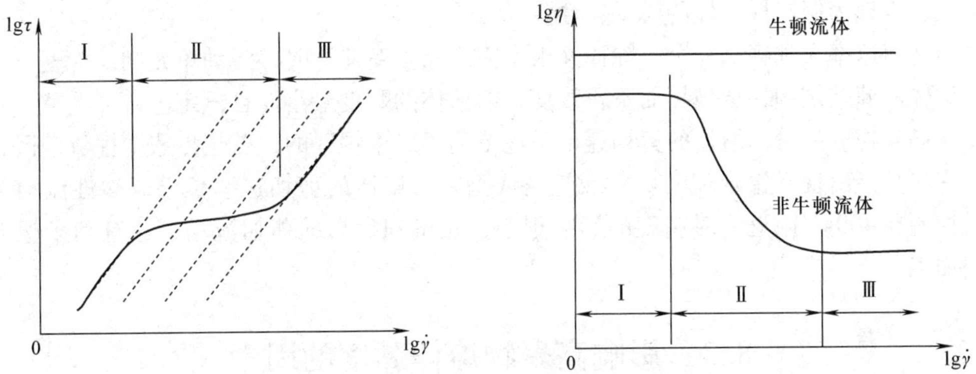

图 8-4　高聚物熔体的普适流动曲线

观察上述两条曲线可看出流动曲线明显分成三个区域：第一牛顿区、非牛顿区和第二牛顿区。如果剪切速率更高，可能出现膨胀区和湍流区。但在高剪切速率下，流体的稳定流动会遭到破坏，引起不稳定流动和熔体破裂现象，所以通常只能观察到前三个区域。

Ⅰ区是第一牛顿流动区：在低剪切速率下，曲线是斜率为 1 的直线，表明高聚物熔体的流动行为属于牛顿流动，熔体的黏度恒定而且最大，称为最大牛顿黏度，记作 η_0。η_0 是在低剪切速率范围内，剪切速率趋近于零时的极限黏度值，即 $\eta_0 = \lim\limits_{\dot{\gamma}\to 0}\eta$，也称为零切黏度，$\eta_0$ 常作为高聚物熔体黏度的标准。

Ⅱ区是非牛顿流动区：当剪切应力或剪切速率增加到某一值时，流动曲线的斜率发生变化，表明流体的黏度随剪切速率的增加而降低（剪切变稀），显示为假塑性流动行为，该区也称为假塑性流动区。在图 8-4 中的曲线上可作出斜率为 1 的直线（虚线所示），所对应的黏度为表观黏度 η_a。

Ⅲ区是第二牛顿流动区：随着剪切速率的继续增大，流动曲线又趋于斜率为 1 的直线，这时流体又表现出牛顿流动行为，其对应的黏度又趋于恒定而且最小，称为最小牛顿黏度。记作 η_∞。η_∞ 为剪切速率趋于无限大时的极限值，即 $\eta_\infty = \lim_{\gamma \to \infty} \eta$，故 η_∞ 又称为无穷切黏度（或极限黏度）。由图可见：$\eta_0 > \eta_a > \eta_\infty$，而且 η_0 与 η_∞ 的差值是随高聚物相对分子质量的增大而增大的。

8.2.3 高聚物熔体普适流动曲线分析

高聚物熔体的黏度对剪切速率的依赖关系是由熔体的结构决定的。熔体黏度的变化是其结构变化的反应。在静止状态下，熔体中的大分子由于链段无规热运动而彼此交织缠结，又有物理结点的交联作用，熔体形成瞬时变化的网状结构。在低剪切速率下，这种结构的熔体因为剪切作用被破坏的缠结结构来得及重新建立，即解除缠结的速度与缠结的速度相等，熔体的结构不发生变化，流动单元仍是缠结在一起的分子团。所以，熔体的黏度恒定而且最大。

当剪切速率大到一定值时，在剪切应力作用下，大分子解缠的速度将大于缠结的速度，熔体的结构产生变化。随剪切速率的提高，解缠效果更加显著，熔体的流动单元相应减小，流动阻力也相应减小。故在较高的剪切速率范围内，熔体的黏度随剪切速率的提高而降低，表现为假塑性流体的流动特性。

当剪切速率大到缠结完全解除而又根本来不及重新建立时，流动单元则变为整个大分子，熔体的缠结结构完全破坏而不再改变，故熔体的黏度最小而且恒定。

在高聚物成型时，熔体的剪切速率是达不到第二牛顿区的，若超出假塑性流动区，切变速率过高会出现不稳定流动。一般塑料成型时，熔体的剪切速率位于假塑性流动区域内，控制在 $400s^{-1}$ 附近，对黏度的影响很小，能得到稳态的剪切流动，这有利于塑料的成型加工。

8.3 影响高聚物熔体黏度的因素

高聚物的塑性流动，是高分子链上各个链段沿外力作用方向传递、扩散（链段的跃迁运动）使大分子重心产生相对移动的过程。所以影响高分子链上链段活动能力及链段数目多少的因素都会影响高聚物的黏度和流动性。

8.3.1 熔体黏度的相对分子质量依赖性

随聚合物相对分子质量的增大，熔体黏度增大，流动性变差。这是因为高聚物的相对分子质量越大，每条分子链中含的链段数目就越多。而依赖于链段运动传递、扩散的流动必然随相对分子质量的增大而阻力增大，导致流动性变差。当高聚物的相对分子质量达到一定程度后，不能引起大分子重心的移动时，高聚物就失去了流动性。如超高相对分子质量的聚乙烯是不能熔融的，因此也就不能流动。

但是熔体流动性与相对分子质量不是简单的线性关系。高聚物熔体的零切黏度 η_0 与重均分子量 $\overline{M}_w$ 之间存在如下经验关系：

当 $\overline{M}_w < \overline{M}_c$ 时，$\eta_0 = K_1\ \overline{M}_w^{1 \sim 1.6}$，略依赖于化学结构和温度；

当$\overline{M}_w > \overline{M}_c$时，$\eta_0 = K_2\ \overline{M}_w^{3.4\sim3.5}$，与高聚物的化学结构和温度无关。

式中　K_1、K_2——经验常数

$\overline{M}_c$——临界缠结相对分子质量

$\overline{M}_c$是聚合物开始产生分子链缠结的最小重均相对分子质量，$\overline{M}_c$与高聚物的结构和温度有关。

高聚物熔体的零切黏度 η_0与重均相对分子质量$\overline{M}_w$之间关系也可用图 8-5 表示。

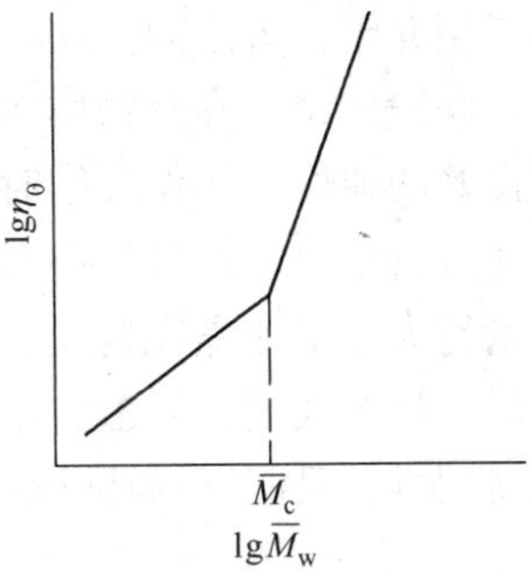

图 8-5　相对分子质量对剪切黏度的影响

当高聚物的相对分子质量较低时，即$\overline{M}_w < \overline{M}_c$时，分子链较短，没有缠结点，分子较易相对滑动，故 η_0较小，其表观黏度仅随链段数目的增多（流动阻力增大）而增加；随着高聚物的相对分子质量增大，即$\overline{M}_w \geqslant \overline{M}_c$时，分子链较长，就容易产生缠结，分子链之间的相对滑动也比较困难，阻力增大。分子链越长，缠结点越多，阻力越大，黏度迅速增大。

不同聚合物的$\overline{M}_c$值不同，一些高聚物的$\overline{M}_c$值列于表 8-2。Z_c表示$\overline{M}_c$中所包含的主链原子数。

表 8-2　　高聚物的临界缠结相对分子质量$\overline{M}_c$和临界链长 Z_c

高聚物	M_c	Z_c	高聚物	M_c	Z_c
聚乙烯	3500	250	聚丙烯腈	1300	50
聚丙烯	7000	330	聚丁二烯	6000	440
聚苯乙烯	35000	670	聚异戊二烯	10000	590
聚氯乙烯	6200	200	聚对苯二甲酸乙二酯	6000	310
聚甲基丙烯酸甲酯	30000	600	聚己内酰胺	5000	310
聚醋酸乙烯酯	25000	580	聚碳酸酯	3000	140

从上表可以看出，分子链柔顺的高聚物易于缠结，其$\overline{M}_c$值低。例如，聚苯乙烯的分子链较刚硬，其$\overline{M}_c$值就高。对于平均相对分子质量相同的同种高聚物，直链比支链易于缠结，直链高分子的$\overline{M}_c$值就低。

增大剪切速率，也增大了链的缠结结构的破坏程度。故随着切变速率的增大，相对分子质量对体系黏度的影响减小。当剪切速率非常大时，几乎难以形成缠结结构，$\lg\eta \sim \lg\overline{M}_w$平行于临界缠结分子量$\overline{M}_c$以前的直线，如图 8-6 所示。总之，高聚物熔体的流动性与其相对分子质量的关系是很复杂的，但总的趋势是熔体的流动性随相对分子质量的增大而变差。

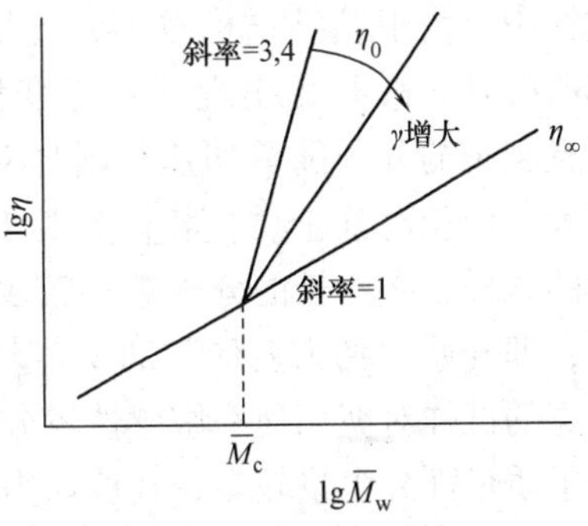

图 8-6　切变速率-相对分子质量-黏度的关系

不同的加工方法对相对分子质量的大小要求也不相同。从材料成型加工的方面看，高聚物具有较好的流动性时，易于与其他物质混合均匀，充模良好，制品表面光洁。因此降低高聚物的相对分子质量可以增

加其流动性，改善加工性能，但过多地降低又会影响制品的机械强度和使用要求。所以，在高聚物加工时，应当适当调节相对分子质量大小，在满足加工要求的前提下尽可能提高相对分子质量。通常注射成型用的相对分子质量较低，挤出成型的相对分子质量较高，吹塑成型介于二者之间。

一般来说，高聚物用作橡胶时，其相对分子质量在 20 万 ~ 30 万，目的是保证材料具有良好的弹性；用作纤维时，相对分子质量控制比较低，多在 2 万 ~ 10 万，使其熔体易于通过直径很小的喷丝小孔；塑料的相对分子质量一般控制在橡胶与纤维之间。相对分子质量越大，熔体黏度越大，无疑给成型带来困难。如制备海底电缆用的高相对分子质量聚乙烯，拉伸强度、冲击强度和耐寒性都好，其相对分子质量高达 50 万甚至上百万，但其流动困难，只能采用特殊的成型方法。

8.3.2 熔体黏度对相对分子质量分布的依赖性

平均相对分子质量相同的同种高聚物，相对分子质量分布宽、分散性大，其黏流温度低，熔体的流动性也好。因为其中所含的低相对分子质量组分不易缠结，而且对高相对分子质量组分起增塑作用，使其流动阻力减小，熔体的流动性也必然变好，这样的高聚物由于流动性好，开炼时易吃辊，制品的表面光洁度高，外观质量好。但是由于低相对分子质量组分的存在，降低了分子间的作用力，使制品的强度受影响。如果相对分子质量分散性过大，就不易混炼均匀，易漏料、跑料，使成型困难。从便于成型加工的角度考虑，应在保证制品质量的前提下，选择相对分子质量分散性偏大的物料。对于相对分子质量分散性小的物料，由于没有低相对分子质量组分的增塑作用，其熔体的黏流温度高，流动性差，对成型有一定困难，但有利于保证产品的质量。故在保证能顺利成型的前提下应选择相对分子质量分散性偏小的物料。

相对分子质量分布对聚合物的流动曲线的影响如图 8-7 所示。由图可见，相对分子质量相同时，相对分子质量分布宽的聚合物熔体出现非牛顿流体的剪切速率比分布窄的要低得多。出现这种情况的原因是：当剪切速率较小时，分布宽者，一些较长的分子相对较多，形成的缠结结构也较多，故黏度较高。当剪切速率增大后，相对分子质量分布宽的试样中，由于缠结结构较多，且易被较高的剪切速率所破坏，故开始出现“切力变稀”的 $\dot{\gamma}$ 值较低，而且越长的分子随剪切速率增加对黏度下降的贡献越大；而相对分子质量相同且相对分子质量分布较窄的试样，必然长的分子数目较少，体系的缠结作用不如相对分子质量分布也不那么明显，即开始“切力变稀”的 $\dot{\gamma}$ 值较高，而且随着 $\dot{\gamma}$ 增大引起黏度的降低较少。总之，分布宽的试样对剪切速率敏感性较分布窄的试样为大。另一方面，分布宽的聚合物中低相对分子质量部分含量较多，在剪切力作用下，取向的低相对分子质量部分对高相对分子质量部分起到增塑的作用，故剪切速率高时，体系黏度降低更为显著。

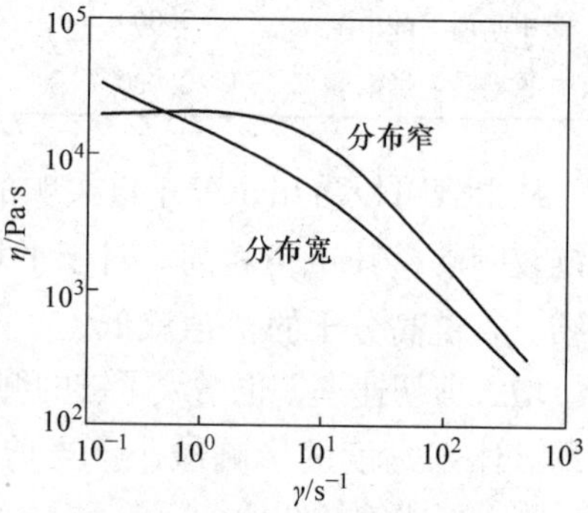

图 8-7 相对分子质量分布对高聚物流动曲线的影响

8.3.3　链支化对高聚物熔体黏度的影响

当相对分子质量相同时，短支链（小于产生缠结的长度）的存在，使分子间距离增大，分子间力减小，流动时阻力小，黏度比直链分子低。故支链越多越短，黏度越低，流动性越好。

当支链逐渐变长（临界缠结相对分子质量$\overline{M}_c$的 2～4 倍），支链本身也产生缠结，黏度大大增加。可见通过改变支链的长度、数目和相对分子质量，可以调节聚合物的黏度和流动性。

由于短支链分子对降低物料黏度的效果很好，因此，在橡胶加工工艺上有时掺入一些支化的或已经降解的低交联度的再生胶来改善物料的加工性能。

8.3.4　熔体黏度的温度依赖性

在聚合物成型中，温度是重要的加工条件之一。几乎所有聚合物的黏度都随温度的增加而不同程度地下降。当温度升高时，分子活动能力增加，分子间距离增大，分子间作用力减少，表观黏度降低，流动性增大，加工操作方便，产量提高，动力消耗减少。但不同结构的聚合物熔体随温度升高，黏度降低的幅度差别很大。

在较高温度的情况下，即 $T > T_g + 100℃$ 以上时，聚合物熔体内自由体积相当大，流动黏度的大小主要取决于高分子链结构，即链段跃迁运动的能力。此时聚合物黏度与温度的关系可以采用低分子液体的 η-T 关系式，即阿仑尼乌斯（Arrhenius）方程来描述：

$$\eta = A e^{\frac{\Delta E}{RT}} \tag{8-6}$$

式中　A——与结构有关的常数

R——气体常数

ΔE——黏流活化能，使高聚物产生流动所需的最小外来能量

在 ΔE 测定中发现，当相对分子质量很小时，ΔE 随相对分子质量增高而增大；但当相对分子质量在几千以上时，ΔE 趋于恒定，不再依赖于相对分子质量。该结果说明流动时高分子链是分段移动的，而不是整个高分子的移动。流动时，高分子运动单元的相对分子质量一般比临界缠结相对分子质量$\overline{M}_c$小。

常见高聚物在恒定剪切应力下的黏流活化能如表 8-3 所示。

表 8-3　　常见高聚物的黏流活化能

高聚物	ΔE_η/(kJ/mol)	高聚物	ΔE_η/(kJ/mol)
高密度聚乙烯	25.1	聚异丁烯	50.2～67
低密度聚乙烯	46.1～71.2	聚氯乙烯	94.6
	（长支链支化越多，ΔE_η 越大）	聚对苯二甲酸乙二醇	58.6
聚丙烯	41.9	聚酰胺	62.8
聚苯乙烯	104.7	聚二甲基硅氧烷	17

黏流活化能 ΔE 值的测定通常是在 T_g 以上 100℃ 或更高的温度下进行，此时的 ΔE 近似恒定。在 $T_g \sim T_g + 100℃$，ΔE 随温度降低而明显增大。这种现象的解释是：实现大分

子相对移动的两个因素，一是链段自身的跃迁能力，能否克服实现跃迁的能垒；二是是否有足够大的空穴接纳链段的跃迁。可见，高温条件下空穴增大，为接纳链段跃迁提供的足够的空间条件，此时链段运动的传递扩散仅取决于第一因素，这与一般活化过程相同，所以黏流活化能 ΔE 为恒定值；温度低时，空穴缩小，链段跃迁的空间条件不够进行链段运动的传递扩散，ΔE 值也就急剧增大。

黏流活化能与链段运动的难易程度有关。对分子链刚硬、分子间作用力大的高聚物，实现链段跃迁运动的能量高，其黏流活化能也就大，如聚 α-甲基苯乙烯；反之，链柔顺的非极性高聚物，实现链段跃迁运动的能量低，其黏流活化能就小，如聚乙烯。

图 8-8 是几种高聚物熔体表观黏度和温度的关系。不同高聚物的黏流活化能不同，表明各种高聚物的表观黏度具有不同的温度敏感性。直线的斜率越大，则黏流活化能越高，熔体的黏度随温度升高而降低的幅度大，即熔体的流动性对温度的变化敏感，具有温敏性。如聚碳酸酯和聚甲基丙烯酸甲酯的熔体，温度每升高 50℃，表观黏度可以下降一个数量级。因此，在成型时可以采用提高温度的方法调节温敏性高聚物的流动性。但则一定要控制温度不波动，否则会引起熔体不稳定流动，影响成型效果和制品质量。黏流活化能较低的聚合物，如柔性高分子聚乙烯、聚甲醛等，曲线斜率小，它们的黏流活化能较小，表观黏度随温度变化不大，温度升高100℃，表观黏度也下降不了一个数量级，因此叫做非温敏性高聚物。所以在成型加工非温敏性高聚物时，单靠改变温度是不行的，需要改变剪切速率。

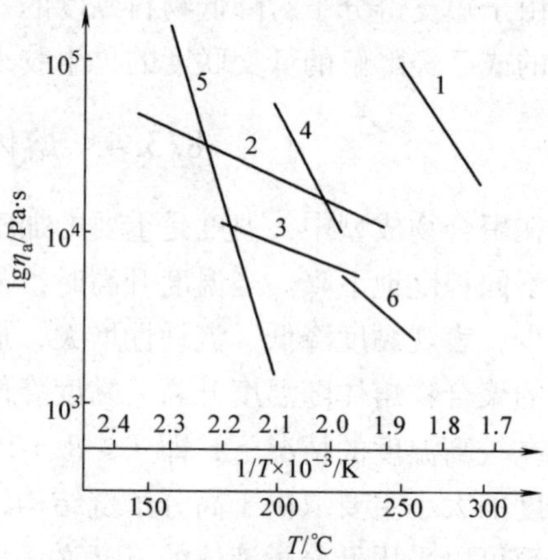

图 8-8 几种聚合物熔体表观黏度和温度的关系
1—聚碳酸酯（4MPa） 2—聚乙烯（4MPa）
3—聚甲醛 4—聚甲基丙烯酸甲酯
5—醋酸纤维素（4MPa） 6—聚酰胺（1MPa）

根据以上分析，温敏性高聚物结构特征是：分子链刚硬，分子间作用力大的高聚物。这类高聚物的黏流活化能高，温敏性程度大，其熔体的黏度很高，链段运动也难，流动性很差。成型过程中，要使熔体流动性大且流动稳定，应在成型温度范围的高温区和高剪切速率下进行。高剪切速率、高温可降低熔体的温敏性，减小温度波动对熔体流动性的影响。

温度对熔体黏度的影响还要考虑时间因素。实际上，任何聚合物在加工温度下长时间受热都会不同程度的降解并引起黏度降低，高温区域停留时间越长，黏度降低越严重。所以成型加工时必须考虑加热时间对聚合物黏度的影响。

8.3.5 熔体黏度的压力依赖性

一般低分子的压缩性不大，故压力增加对其黏度的影响不大。聚合物由于具有长链结构和分子内旋转而产生较多空洞，故在挤出、注射等加工过程中的压缩性比普通低分子大得多。

聚合物对压力的敏感性与其分子间存在的空隙大小有关。熔体受压力作用时，分子间的空隙减少，体积收缩，分子间作用力增大，熔体黏度增加。例如，压力从 56MPa 增加至 182MPa 时，聚乙烯的有效黏度增加 5.7 倍，而聚苯乙烯可达 135 倍。

在相同的压力下，不同的聚合物，其黏度对压力的敏感性不同，如聚苯乙烯的黏度变化比聚乙烯敏感。这是由于聚苯乙烯分子中含有大量的侧基（苯环），这种基团妨碍了分子间的紧密堆砌，使分子间空隙较大，分子链的可缩性比聚乙烯大，故受压时黏度变化大。所以注射聚苯乙烯时，压力对黏度的影响不容忽视。又如低密度聚乙烯和高密度聚乙烯，相对分子质量大的聚乙烯和相对分子质量小的聚乙烯，前者压力对黏度的影响大。

8.3.6　熔体黏度对剪切速率的依赖性

根据假塑性流体的流动特点和流动机理可以判断：不同品种的高聚物有不同的链结构，相对分子质量不同，分子链的柔性不同，在熔体中缠结的程度也就不同，其黏度随剪切速率的增加而降低的程度也不同。图 8-9 是不同的高聚物熔体的表观黏度与剪切速率的关系曲线。

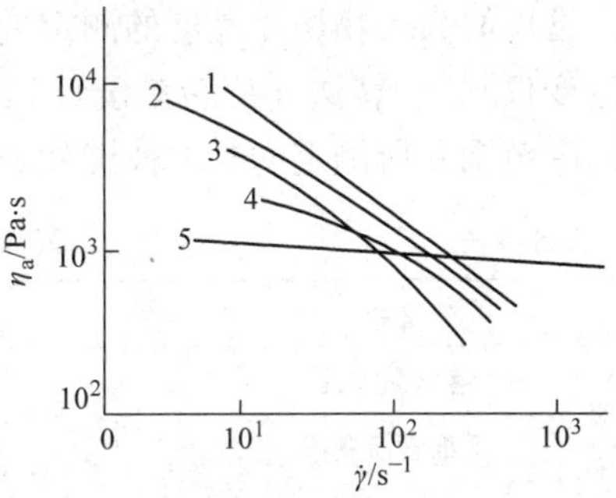

图 8-9　剪切速率对聚合物熔体黏度的影响
1—氯化聚醚（200℃）　2—聚乙烯（180℃）
3—聚苯乙烯（200℃）　4—醋酸纤维素（210℃）　5—聚碳酸酯（302℃）

图中的曲线是几种高聚物的熔体黏度与剪切速率的关系曲线。可以看出，分子链柔顺的聚乙烯、氯化聚醚等，曲线的斜率大，熔体的黏度随剪切速率提高而降低的幅度大，这类高聚物的熔体黏度对剪切速率的变化敏感，即剪切速率有所波动，就会引起黏度很大变化，这类高聚物具有剪敏性。剪敏性高聚物在塑制成型过程中，通过调节剪切速率，很容易达到调节熔体流动性的目的；但要保持熔体流动稳定，就要严格控制剪切速率不波动，否则会引起熔体流动不稳定现象。

对于分子链刚硬的高聚物，如聚碳酸酯、醋酸纤维素等，即使超过临界缠结分子量 $\overline{M}_c$，在熔体中大分子缠结的程度也很小，剪切速率增大，解缠效果不明显，熔体黏度降低的幅度也就很小，图中的曲线斜率很小。这类高聚物，熔体流动性对剪切速率的变化不敏感，属于非剪敏性高聚物。

剪敏性高聚物适合注射成型，因为注射前熔体在机筒内没有剪切作用，处于静止状态，熔体的黏度大，不至于从喷嘴流出；注射时，在很大的挤压力作用下，熔体剪切变稀，使熔体流动性增大，有利于熔体通过狭小的喷嘴、流道和浇口快速充满模腔，熔体充满模腔后，剪切作用消失，熔体静止，黏度增大既有利于成型又不至于溢料，也利于浇口的凝封。

8.3.7　熔体黏度对流动性的影响

黏度是衡量流动性的一个参数。高聚物熔体的黏度很大，其流动为层流流动。对层流流动，可以看成是彼此相邻的流层，每一流层都有平行的平面，由于流层间的黏滞力作用和静止层的阻力作用，使相邻两流层在外力作用下沿力的方向产生一定的速度差，即相对流动。黏度是表征流体流动时流动单元相对移动所克服的内摩擦阻力的大小的物理量。阻力大，黏度就大，流体的流动性就差。

高聚物熔体在流动时，若黏度变化，流动性也会发生变化。如果黏度变化过大，将产生不稳定流动。因此，在高聚物成型加工时，应尽量保证黏度稳定，从而提高制品的质量。

8.4　黏度的测定

熔体的流动性对制品成型影响很大，流动性差的塑料，塑化时间短，不易塑化均匀，注射成型时，不仅充模时间要求长，而且也容易发生充不满模腔的现象；若流动性过大，虽容易充满模腔，但又容易造成流涎和溢料。至于挤压成型时难于控制挤出物的形状。因此，成型前必须测定成型物料的流动性。在实际生产中，高聚物熔体黏度的大小对高聚物成型加工的影响是非常重要的。而利用一般实验仪器又很难测出较宽剪切速率范围下的流变数据。因此，实际高聚物的流动曲线只是普适曲线中的一部分。除了用流动曲线中的表观黏度来评价高聚物的流动性能外，在工业生产中还可以用其他的方法进行测量。

常用的高聚物熔体黏度的测定方法主要有：落球法（落球黏度计）、毛细管法（毛细管流变仪）、旋转法（旋转黏度计）、熔体流动速率测定仪等。各种黏度计、流变仪的剪切速率范围和所测定的黏度范围如表 8-4 所示：

表 8-4　　高聚物熔体黏度的测定方法

仪器	剪切速率范围/s^{-1}	黏度范围/Pa·s
落球黏度计	$<10^{-2}$	$10^{-3}\sim10^{3}$
毛细管流变仪	$10^{-1}\sim10^{6}$	$10^{-1}\sim10^{7}$
旋转黏度计	$10^{-3}\sim10$	平板式 $10^{3}\sim10^{8}$ 同轴圆筒式 $10^{-1}\sim10^{11}$ 锥板式 $10^{2}\sim10^{11}$

8.4.1　落球黏度计

落球法采用的仪器为落球黏度计，其原理如图 8-10 所示。

一个半径为 r，密度为 ρ_S 的圆球，在密度为 ρ_1 的液体介质中以恒速 v 下落。可用下列方程求出液体介质的黏度：

$$\eta_0 = K(\rho_S - \rho_1)t \tag{8-7}$$

式中　K——仪器常数

t——小球从 a 刻度落到 b 刻度所需的时间，s

该方法只能测定低剪切速率下的黏度，故可视为零切黏度。由于测定的剪切速率很低，所以不能用来研究高聚物熔体黏度的剪切速率依赖性，但可以配合其他测定方法来测定高聚物在低剪切速率下的黏度值。

用落球法测定物料黏度时，物体流速比较慢，其雷诺准数较小，相当于层流流动。在测定高聚物流动性能的仪器中，以毛细管流变仪的应用最广泛，这是因为它可以测得比较接近成型条件下的流变学物理量；也可同时测定其流动特性、弹性记忆和不稳定流动条件；还可测定高聚物结构的变化等参数。

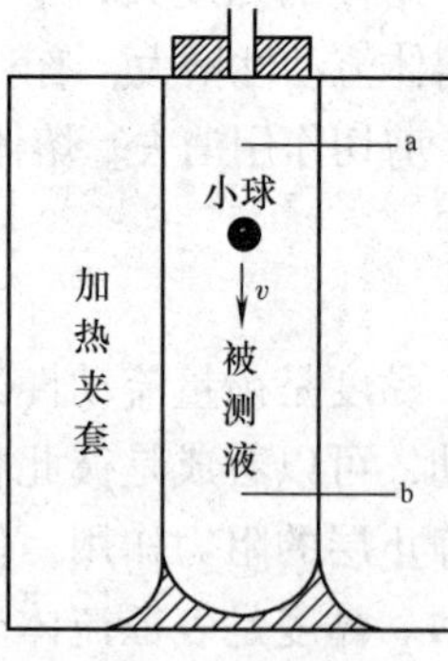

图 8-10　落球黏度计示意图

8.4.2　毛细管挤出式黏度计

毛细管挤出式黏度计是测定高聚物熔体黏度时应用最多的方法。优点是结构简单，剪切速率和温度可调节范围宽，测得的数据接近实际加工条件的流变学物理量。常用的剪切速率为 $10^1 \sim 10^6 s^{-1}$，切应力为 $10^4 \sim 10^6 Pa$。用毛细管黏度计除了可以测定黏度外，还可以用来观察高聚物的熔体弹性和不稳定流动现象。

毛细管黏度计装置的示意图如图 8-11 所示。

装置有不同内径 D 和不同长径比 L/D 的毛细管与料筒相连接。料筒内加入物料后，经过加热线圈加热熔融后，再由活塞杆以设定速率将物料挤压出毛细管。熔体从毛细管被挤出时，其抵抗形变而产生的黏性阻力作用于活塞杆，由连接于活塞杆上部的测力装置输出信号至记录仪中。使用不同的速率值，相应可以测出一组力值。

由负荷和十字头（或活塞杆）下降速率值即可以计算 σ-γ 及 η_a-γ 之间的关系。

在毛细管黏度计中还有用途很大的熔体流动速率测定仪。其装置示意如图 8-12 所示。

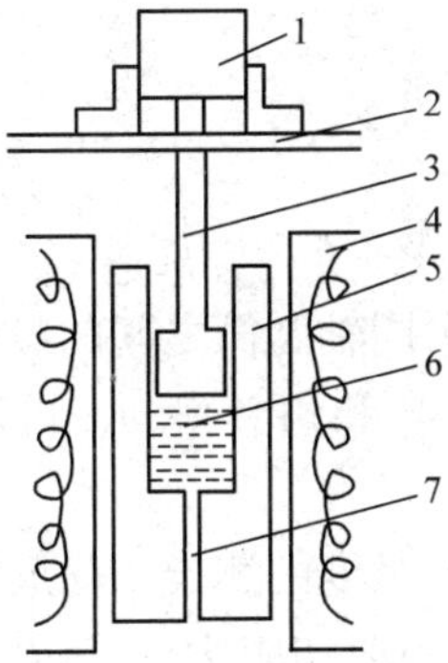

图 8-11　毛细管黏度计示意图

1—测力头　2—十字头　3—活塞杆

4—加热线圈　5—活塞筒　6—熔体　7—毛细管

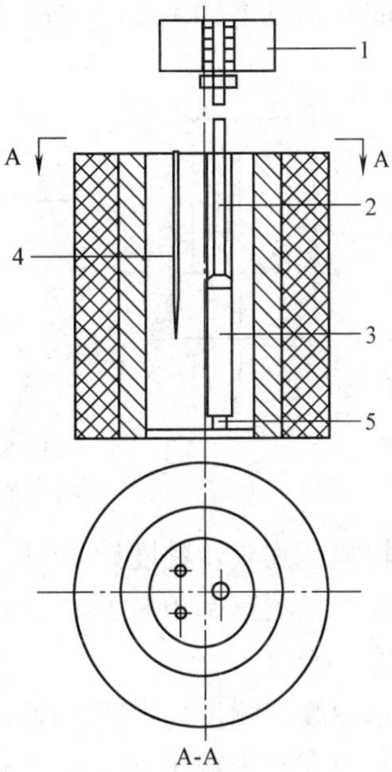

图 8-12　熔体流动速率测定仪

1—重锤　2—柱塞　3—塑化室

4—温度计　5—出料孔

在塑料工业生产中，最方便、最常用的是用熔体流动速率仪测定黏度。其工作原理如下：首先将高聚物在塑化室加热到一定温度（PE 为 190℃），使之完全熔融，然后在一定的压力下（PE 为 2160g）将聚合物从标准毛细管中压出。每 10min 所压出的高聚物质量即是高聚物熔体流动速率 *MFR*，单位为 g/10min。以 HDPE 为例，在 190℃，2160g 的负荷条件下测得的熔体流动速率可以表示为 $MFR_{190/2160}$。

在相同的条件下，熔体流动速率 *MFR* 越大，单位时间挤出的高聚物越多，说明其流动性能越好。但对于不同的高聚物，由于测定时的条件不同，不能用熔体流动速率的大小来比较流动性的好坏。

不同的加工条件对高聚物的熔体流动速率有不同的要求，一般情况下，注射成型要求树脂的熔体流动速率较高，即流动性较好；挤出成型用的熔体流动速率较低；吹塑成型用的树脂的 *MFR* 介于两者之间。表 8-5 列出了不同 *MFR* 的 HDPE 的应用范围。

表 8-5　不同 *MFR* 的 HDPE 的加工应用范围

MFR/(g/10min)	主要加工范围	*MFR*/(g/10min)	主要加工范围
0.3～1.0	挤出电缆	2.5～9.0	吹塑薄膜及制板
0.2	挤出管材	0.2～8.0	注塑成型
0.2～2.0	吹塑制瓶	4～7	涂层

8.4.3　旋转式黏度计

常用的旋转黏度计主要有同轴圆筒式、锥板式及平行板式三种，如图 8-13 所示。

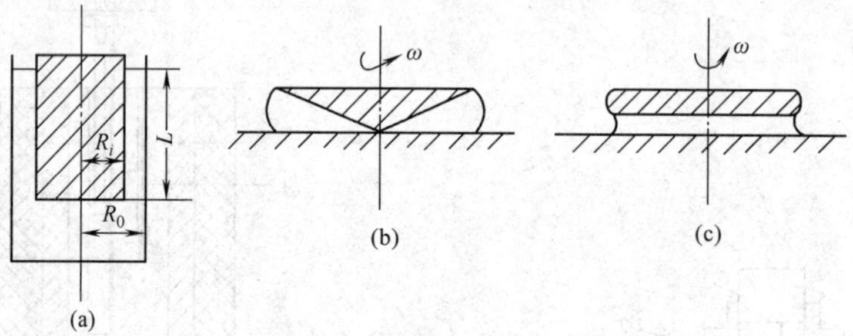

图 8-13　旋转黏度计示意图
（a）同轴圆筒式　（b）锥板式　（c）平行板式

以同轴圆筒式旋转黏度计为例，测试时，液体装在两个同轴圆筒之间的缝隙中，其中一个圆筒以恒定的速率相对于另一个圆筒转动。测定转矩 M 和角频率 ω，再用公式计算切应力和剪切速率。

采用这种旋转测量高聚物黏度的还有未硫化橡胶的门尼黏度的测定。门尼黏度是指在一定温度和一定转子转速下，测定未硫化橡胶对转子转动的剪切阻力。MFR_{3+4}^{100} 通常表示试样在 100℃ 预热 3min 转动 4min 的测定值。

所测定的门尼黏度值越小，表示生胶的流动性越好。

8.5　高聚物熔体流动中的弹性表现

高聚物熔体在切应力下会呈现黏性流动，产生不可逆形变；也会呈现弹性，产生可逆的弹性形变。所以高聚物熔体是一种黏弹性液体。这种高弹性质对制品的外观、尺寸稳定性、内应力等都有很大的影响。聚合物熔体流动中的弹性表现可以从下面几种现象说明。

8. 5. 1　法向应力效应

法向应力效应，又称包轴效应或韦森堡效应。如果用一根棒在低分子液体中快速旋转，液体被带着流动，中间部位液面下降，在四壁处由于离心力的作用，液面上升。但如果容器中装的是高分子熔体（或溶液），那么情况就完全相反，液体会沿搅拌棒上升，在转轴上形成相当厚的包轴层。如图 8-14 所示。

这种包轴现象是高聚物熔体的弹性所引起的。由于靠近转轴表面的熔体线速度较高，分子链被拉伸取向缠绕在轴上，距转轴越近的高分子拉伸取向程度越大。取向了的分子有自发回复到卷曲构象的倾向，但此弹性回复受到转轴的限制，使这部分弹性表现为一种向心的内裹力，即法向应力效应，把熔体沿轴向向上挤，形成包轴现象。

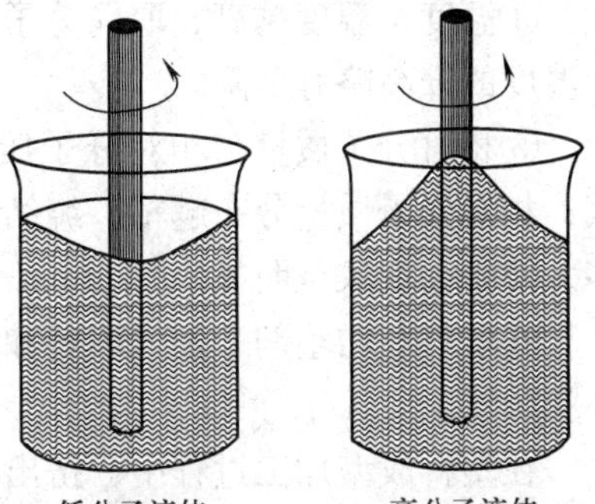

图 8-14　法向应力效应

在挤出过程中，包轴现象不利于挤出，所以在调节挤出速率时，应注意观察物料料流的流动情况。

8. 5. 2　挤出胀大现象

8. 5. 2. 1　挤出胀大现象及其产生机理

挤出胀大现象是指高聚物熔体在压力下从模具的模口被挤出时，料流立即膨胀，所得挤出物的横截面大于模口截面的现象。挤出胀大现象是高聚物熔体的黏弹性能的表现，因此也叫弹性记忆效应或巴拉斯效应，如图 8-15 所示。

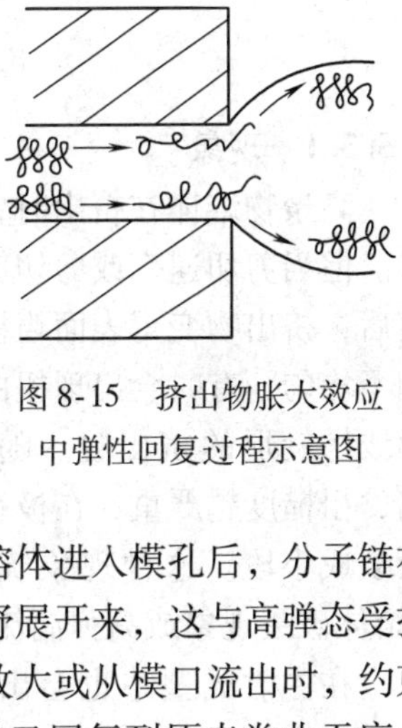
图 8-15　挤出物胀大效应中弹性回复过程示意图

挤出物胀大程度用膨胀比 B 表示，它等于挤出物最大直径 D_{max} 与模口直径 D_0 的比值。即

$$B=\frac{D_{max}}{D_0} \tag{8-8}$$

可以从分子链运动的观点来解释挤出胀大现象：当高聚物熔体进入模孔后，分子链在高剪切速率和模孔入口区的拉伸流动作用下，卷曲的链段被迫舒展开来，这与高弹态受拉伸时分子链舒展情况相似，此时链段间产生取向。当流道突然放大或从模口流出时，约束力解除，意味着大分子突然“自由化”，在流道内伸展的分子链又回复到原来卷曲无序的平衡状态，链间距离增大，致使物料发生膨胀。实践证明，物料在出口处膨胀急剧增大至一最大值，然后再稍降到稳定值。

8. 5. 2. 2　影响挤出胀大的因素

①化学结构　分子间作用力大，空间位阻大，内旋转困难，松弛时间较长的聚合物，膨胀比大。T_g 较低的聚合物，松弛时间较短，膨胀比小。如橡胶比塑料膨胀比小，天然橡胶比丁苯、丁腈、氯丁橡胶膨胀比小。支化严重影响挤出物胀大，长支链支化度增加而增大。

②剪切速率　在低剪切速率时，膨胀比趋于 1. 135，剪切速率增大时，物料在管道内

取向增大，出口膨胀比也增大。

③长径比　剪切速率一定时，挤出物胀大随模孔的长径比的增加而下降。其原因是毛细管较长时，物料在管内停留时间长，在模孔入口区造成的分子取向会在毛细管内部分松弛掉，即弹性回复量减小，膨胀比减小。

④温度　温度越高，取向分子的松弛也越快。在剪切速率不变的情况下，挤出物胀大随温度的升高略有下降。

⑤相对分子质量与相对分子质量分布　当剪切速率和温度恒定时，相对分子质量越大，相对分子质量分布越窄，缠结越多，则大分子链由取向回复成自由状态的可逆弹性越多，使胀大现象越明显。

⑥填料和增塑剂　加入填料和增塑剂，可以减小分子间的作用力，缩短松弛时间，减小膨胀比。

在塑料成型加工过程中，挤出板的厚度、吹塑瓶的质量及各种制品尺寸的精确性和稳定性，都必须预计到挤出物胀大的影响，必须充分考虑模口尺寸和胀大程度的关系。一般地说，在设计制品时，模口尺寸应比制品尺寸小一些，才能达到预定的制品尺寸。此外，在机械设备设计方面或工艺方面，如增加管子或口模长度（即增大长径比），适当降低加工时的应力和提高加工温度，并对挤出物加以适当的牵引或拉伸等，均有利于减小或消除可逆弹性形变的不利影响。在熔融纺丝过程中，喷丝板上相邻两孔间的距离也要考虑到出口膨胀的影响，否则有可能产生喷头并丝现象。

8.5.3　不稳定流动和熔体破坏现象

8.5.3.1　现象

高聚物熔体在挤出时，如果剪切速率较低，挤出的聚合物具有光滑的表面和均匀的形状。但当剪切速率或剪切应力增加到某一数值后，挤出物变得表面粗糙、失去光泽、粗细不均匀，有时会出现扭曲、波浪形、竹节形或螺旋形的挤出物。随着剪切速率的提高，粗糙度越严重，在极端情况下，甚至会断裂成小段。这种现象统称为不稳定流动（熔体破裂现象或高弹湍流）。

在注射成型中也会出现这种不稳定流动，如当浇口尺寸较小，而模腔较大时，高剪切速率的聚合物通过浇口时将产生喷射、蠕动（蛇形）或表面发毛等熔体破裂现象，如图 8-16 所示。

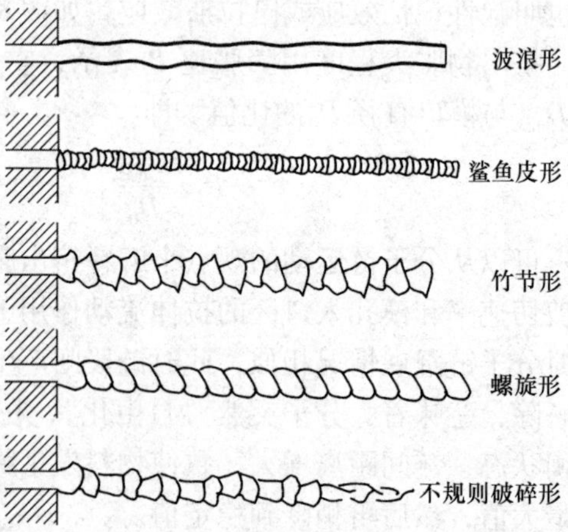

图 8-16　高聚物熔体挤出时的不稳定流动类型

出现不稳定流动特征时的应力或剪切速率称为临界剪切应力或临界剪切速率。不同的聚合物在不同的温度下有不同的临界剪切应力或临界剪切速率值。表 8-6 列出了一些热塑性高聚物用毛细管黏度计测出的临界剪切应力和临界剪切速率值。

表 8-6　　几种塑料的临界剪切速率和临界剪切应力

	熔体温度/℃	剪切速率/s^{-1}	剪切应力/10^5Pa
低密度聚乙烯	158	140	0.57
	192	405	0.70
	210	841	0.80
高密度聚乙烯	190	1000	3.6
聚苯乙烯	170	50	0.8
	190	300	0.9
	210	1000	1.0
聚丙烯	180	250	1.0
	200	350	1.0
	240	1000	1.0
	260	1200	1.0
聚酰胺 66	280	2500	

8.5.3.2　机理

造成不稳定流动的原因与熔体的弹性回复有关。当熔体从截面较大的管道流入截面较小的管道时，熔体会受到拉伸应力的作用。若拉伸应力或应变很大，黏附于管壁处的熔体会在高剪切应力下脱离管壁，发生弹性回缩而滑移，产生不稳定流动导致熔体破裂。周期性破裂使挤出物外观发生周期性的变化。

不稳定流动是挤出和注射制品出现各种表面缺陷和力学性能变坏的原因，它的产量将限制成型速度的提高。所以不稳定流动和熔体破裂对聚合物加工来说是不利的。过分提高挤出速度或注射速度，都会使制品外观和内在质量受到不良的影响。要避免或减轻聚合物产生熔体破裂现象，可以从如下几方面考虑：

①可将模孔入口处设计成流线形，以避免流道中的死角；

②适当提高温度使弹性回复容易，可使熔体开始发生破裂的剪切速率提高；

③降低相对分子质量，加宽相对分子质量分布，使松弛时间缩短，有利于减轻弹性效应，改善加工性能；

④采用添加少量低分子物或与少量高聚物共混，也可减少熔体破裂；

⑤注射模具设计时，浇口的大小和位置要恰当；

⑥在临界剪切应力和临界剪切速率下成型；

⑦挤出后适当牵引可减轻或避免熔体破裂。

8.6　拉伸流动与拉伸黏度

8.6.1　研 究 意 义

高聚物熔体除了上述的剪切流动外，在纤维纺丝、薄膜拉伸、吹塑等生产过程中，只要存在流线的收敛或发散，就存在拉伸流动，就与拉伸黏度有关。如当聚合物熔体的流道截面积发生变化时存在拉伸流动；开炼机、压延机两辊的缝隙处、密炼机转子与混炼室壁之间有拉伸流动；纤维、单丝、塑料绳等的拉伸，管材的牵引、瓶子和薄膜的吹塑过程也有拉伸流动。单丝、塑料绳等的拉伸是单轴拉伸，瓶子、薄膜的生产过程有单轴拉伸和双轴拉伸。对聚合物拉伸流动和拉伸黏度的研究不但有理论意义，还对许多加工过程有实际的指导意义。尤其是纤维、瓶子和薄膜的生产，拉伸流动对产量、质量的提高有很大的影响。

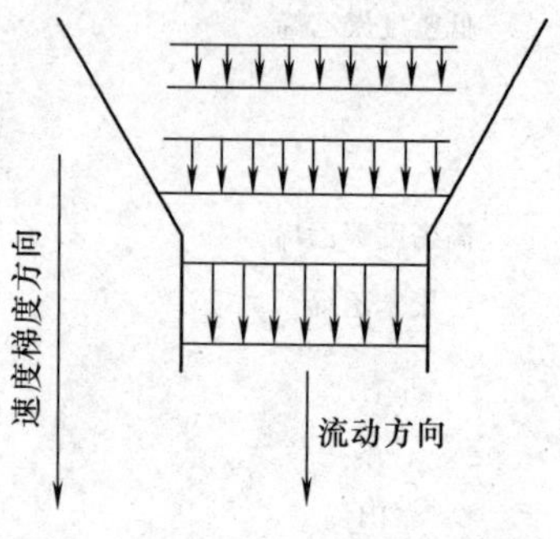

图 8-17　拉伸流动示意图

拉伸流动的示意图如图 8-17 所示。

从图中看出：拉伸流动的特点是熔体流动的速度梯度方向与流动方向相平行，即产生了纵向的速度梯度场。此时熔体流动速度沿流动方向改变。

拉伸流动过程中的黏度为拉伸黏度（也叫特鲁顿黏度），以 $\eta_{拉}$ 表示，其定义式为：

$$\eta_{拉}=\frac{\sigma}{\varepsilon}\text{或}\ \sigma=\eta_{拉}\cdot\varepsilon \tag{8-9}$$

式中　σ——拉伸应力或真实应力，是以拉伸时真实的截面积计算的

ε——拉伸应变速率（拉伸流动时的速度梯度）

8.6.2　拉伸流动与剪切流动的区别

（1）形变速率方向不同

剪切速率梯度是垂直于形变方向的，而拉伸速度梯度平行于形变方向，如图 8-18 所示。

（2）拉伸黏度大于剪切黏度

对于牛顿流体，单轴拉伸黏度为剪切黏度的 3 倍，双轴拉伸黏度为剪切黏度的 6 倍；对于非牛顿流动的聚合物熔体，拉伸黏度可以是剪切黏度的几十倍至几百倍。高聚物一经拉伸，大分子会高度取向，分子间的作用力急增而阻碍链段的运动，导致熔体黏度急剧增大。

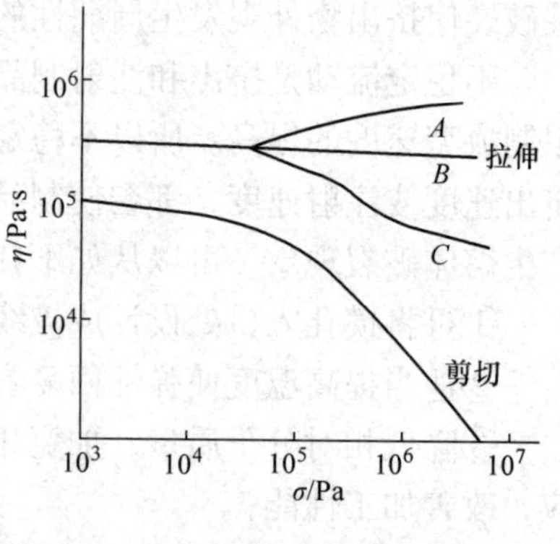

图 8-18　拉伸黏度与剪切黏度的比较

（3）对应变速率的依赖性不同

在低应变速率时，高聚物熔体的 $\eta_{切}$ 和 $\eta_{拉}$ 均是常数，类似牛顿流体。随着应变速率增大，拉伸黏度对应变速率的依赖性与剪切黏度对应变速率的依赖性不同。图 8-18 给出了三种典型的拉伸黏度行为。

从图中看出：假塑性流体的剪切黏度 $\eta_{切}$ 随 γ 增大而下降，而高聚物熔体拉伸黏度 $\eta_{拉}$ 的变化则有下降、不变和升高三种情况。这是因为拉伸流动中，除了由于缠结破坏而降低黏度之外，还有链的拉直和沿拉伸取向，使拉伸阻力和黏度均增大。因此，拉伸黏度 $\eta_{拉}$ 随 σ 的变化将取决于这两种效应中哪一种占优势，于是出现上述复杂现象。

$\eta_{拉}$ 随 σ（ε）增加而增加的高聚物有低密度聚乙烯、聚异丁烯、聚苯乙烯等；

$\eta_{拉}$ 与 σ（ε）无关的高聚物有聚甲基丙烯酸甲酯、聚甲醛、聚酯、尼龙和 ABS 等；

$\eta_{拉}$随 σ（ε）增加而下降的高聚物有聚丙烯、高密度聚乙烯和乙丙共聚物等。

由于聚合物的长链特性，所以拉伸流动中有剪切流动，剪切流动中也有拉伸流动。

填料会影响聚合物及其溶液的拉伸黏度。若在聚丙烯酰胺稀溶液中加入玻璃珠作为填料，则该体系的拉伸黏度随拉伸速率的增加而下降。相反，如果用长纤维作为填料，即使纤维含量很低，也会使体系产生很高的拉伸黏度。

8.6.3　拉伸流动与生产实践

拉伸流动在高聚物的成型中很多见，如单丝、纤维、打包带的生产过程都是经单轴拉伸的；在双辊塑炼及压延中，喂料区都有明显的拉伸作用；吹塑薄膜则是经过双轴拉伸而得到的。

在高拉伸应力下，高聚物拉伸行为的不同直接影响加工时有拉伸应力出现部分的尺寸稳定性。如果拉伸黏度随拉伸应力的增大而增大，则高聚物熔体的局部弱点会逐渐均化而消失，形变即能均匀发展。如果应力增加时黏度降低，局部弱点在拉伸过程中会引起熔体的局部破裂。例如，在纤维和单丝拉伸中，当产生了一个薄弱点，它就会导致该点截面积的减少和拉伸速率的增加，而拉伸速率的增加又会引起拉伸黏度的增加，这就阻碍了对薄弱部分的进一步拉伸，使纤维均匀拉伸而不致拉断。

线型低密度聚乙烯（LLDPE）的黏度对拉伸应变的依赖性小，在拉伸过程中几乎不出现硬化现象。正因为其拉伸黏度小，松弛时间又短，所以在高速拉伸时，对凝胶或其他机械杂质非常不敏感，在超薄薄膜的成型加工中，很少因穿孔而引起破裂现象。因此，LLDPE 高拉伸超薄薄膜的理想材料。

拉伸流动中，聚合物液体会产生很大的拉伸应变，它表现为柔性分子链流动中逐渐伸展和取向。伸展与取向的程度与液体中的速度梯度和流动的收敛角有关，随着速度梯度和收敛角的增大，都会使拉伸应变增加，大分子能更快地伸展取向。对大多数聚合物，锥形管道的收敛角不应过大，否则拉伸应变的增加会导致大量弹性能的储存，它可能引起成型制品变形和扭曲，甚至出现熔体破裂现象的，所以通常都使收敛角 $\alpha<10°$。

习题

1. 高聚物熔体流变性能有哪些？
2. 什么是牛顿流体？什么是非牛顿流体？二者的主要区别在哪里？非牛顿流体有哪些类型？它们的主要特点是什么？
3. 什么是高聚物流体的表观黏度？
4. 写出非牛顿流体的流动方程，并说明流动行为指数 n 的含义。
5. 解释剪切变稀机理。
6. 什么是温敏性高聚物？其结构特征和工艺控制要点是什么？
7. 什么是剪敏性高聚物？其结构特征和工艺控制要点是什么？
8. 什么是熔体流动速率？熔体流动速率的大小对塑料成型性和产品性能有什么影响？
9. 试述影响熔体黏度的因素。
10. 什么是法向应力效应？
11. 什么是挤出物胀大现象？影响挤出胀大有哪些因素？挤出胀大对产品质量有什么影响？
12. 什么是不稳定流动现象？它与哪些因素有关？怎样才能克服这些影响？

第9章　高分子溶液

应知要点

1. 高分子溶液的特点
2. 高聚物的溶解过程
3. 高聚物溶剂选择的方法
4. 内聚能密度和溶解度参数的含义
5. 高聚物稀溶液黏度的表示方法与影响因素

应会要点

1. 高分子溶液的特点
2. 高聚物的溶解过程
3. 高聚物溶剂的选择方法
4. 高聚物稀溶液黏度的表示方法

课前认知实习

1. 实验形式

学习并使用乌式黏度计测定高分子溶液的黏度并计算黏均相对分子质量。

2. 实验内容

测定聚合物的黏均相对分子质量。

3. 实验目的

(1) 了解高聚物黏均相对分子质量的测定方法及原理。

(2) 掌握乌式黏度计的使用方法，测定聚合物的黏均相对分子质量。

4. 实验仪器、试剂

仪器：恒温槽、乌式黏度计、吸量管、砂芯漏斗、容量瓶、秒表。

试剂：正丁醇、无水乙醇、聚乙烯醇。

5. 实验步骤

(1) 打开仪器电源，使温度恒定在25℃；

(2) 配制0.500g/100mL聚乙烯醇水溶液：准确称取聚乙烯醇0.500g于烧杯中，加60mL蒸馏水，稍稍加热使其溶解，冷至室温，倾倒入100mL容量瓶中，滴加10滴正丁醇（消泡剂）。在25℃恒温下，加水稀释至100mL。用砂芯漏斗（3号）过滤溶液；

(3) 在黏度计中注入10mL聚乙烯醇溶液，观察记录液面通过刻度a到刻度b时所用的时间，即为要测定的聚合物溶液流出时间 t_1（平行测量两次，偏差 $<0.5s$）；

(4) 再向黏度计原溶液中依次加入5mL、10mL水，测量其 t_1；

(5) 清洗黏度计后，再向黏度计中注入10mL左右的二次水，同步骤2测其流出时间 t_0（平行测量2次，偏差<0.5s）；

(6) 测完后，清洗黏度计，取下黏度计活塞，侧着放置于实验台上；

(7) 以 $\ln\frac{t_1}{t_0}$ 对 c 作图用外推法可求［η］，再由［η］$=KM_\eta^\alpha$ 计算聚合物黏均相对分子质量。

6. 问题讨论

(1) 高聚物的特征黏度与纯溶剂的黏度为什么不相等?

(2) 用黏度法测定高聚物的相对分子质量时，高聚物留经毛细管的时间为什么要大于100s?

9.1 概　　述

高分子溶液是由高聚物溶解于低分子溶剂中形成的分子分散体系。通过对高分子溶液的研究可以加深对高分子结构以及结构与性能关系的认识。在工业生产中，电影胶片就是利用三醋酸纤维素的二氯甲烷溶液制备的；人造纤维及合成纤维很多是用高分子溶液进行纺丝的；加入增塑剂或溶剂的配合塑料以及油漆、涂料和黏合剂的配制等都是高分子溶液的实际应用。在应用高分子溶液的生产中，高聚物相对分子质量大小、相对分子质量分布以及分子链形态的不同，对产品的性能有很大的影响。溶剂的选择不仅对生产工艺有影响，而且对产品的物理力学性能、耐寒、透气等性能及制品内部的聚集态结构也有很大影响。因此，研究高分子溶液的性质对于发展高分子的基础理论和指导生产都有重要意义。

9.1.1 高分子溶液的特点

高分子溶液不是胶体溶液，它是真溶液，是热力学稳定体系，符合相平衡规律，它有一定的溶解度，不会发生沉积现象，且具有可逆性，温度降低能分相，温度升高又能溶解。但高分子溶液的溶质是自由卷曲的大分子链，因此粒子比较大，接近胶体分散度的范围，它表现出来的性质，如溶质扩散很慢，不能透过半透膜，光散射性等方面与胶体溶液也相似，所以，过去曾把高分子溶液误认为是胶体溶液。在实际工作中，也经常发生高分子溶液的不稳定性，这是由于高聚物相对分子质量大都具有多分散性，达到平衡的过程进行得很缓慢，以及各种杂质的存在都会使高分子溶液不易达到平衡而表现出某些类似胶体的动力学性质。

由于高聚物的相对分子质量比一般小分子大很多倍，因此高分子溶液与低分子溶液相比有很多不同的特点：

①高聚物溶解过程缓慢　一般高聚物溶解过程需要几小时、几天甚至几个星期。其原因是高聚物的长链致使高聚物分子链向溶剂扩散的速度受到很大限制，既要移动大分子链重心，又要克服大分子链之间相互作用力。相比之下，溶剂分子很小，容易渗透到高聚物中去。高聚物的溶解过程常常经过两个阶段：一是溶胀阶段，即溶剂分子渗透到高聚物内部，使高聚物体积膨胀；二是溶解阶段，即溶胀后的高聚物随着溶剂分子的进一步渗透逐

渐溶解，均匀分散到溶剂中去，直到全部溶解在溶剂中，得到相平衡稳定体系。一般来说，线型、支化分子可以溶解，体型分子由于网络结点的束缚只能溶胀，不能溶解。

②高分子溶液黏度很大　高分子链虽在溶液中被大量溶剂所包围，但高分子链运动由于内部摩擦而不易流动；在溶液中高分子间存在一定的相互作用力，使其具有相对的稳定性，不易流动；同时，溶剂分子在溶液中运动也受到一定的限制。这些原因导致高分子溶液黏度比低分子溶液黏度大一个或几个数量级。所以，浓度为10%以上的高分子溶液，就显得特别黏稠，有的甚至像凝胶一样。

③很多高分子浓溶液都能抽丝或成膜　常见的聚乙烯醇薄膜、人造丝、维尼纶丝、人造羊毛、玻璃纸、电影胶片等产品都要通过高分子浓溶液来纺丝或成膜的。正因如此，高分子浓溶液具有很大的工业意义。

④高分子溶液的行为与理想溶液有很大偏差　如同低分子溶液一样，高分子溶液也遵循宏观热力学的规律，能用各种热力学函数（如高聚物-溶剂体系的混合熵、混合热、混合自由能）来描述溶液的平衡状态。但是，绝大多数高分子溶液即使在浓度较小时（如浓度 $<1\%$）的性质也不服从理想溶液的规律。其中混合熵值的偏差大到十几倍到数十倍。这是由于柔性高分子链在溶液中常常表现为由很多个链段组成，可以起到许许多多个小分子的作用。高分子溶液内溶剂分子和大分子链排列方式非常复杂，导致混合熵值的异常增加。因此，高分子溶液的热力学性质要与理想溶液有很大的偏差，需要达到溶液平衡的时间特别长。

9.1.2　非晶态高聚物的溶解

高聚物的溶解过程可以看作是高分子间的物理结合力逐渐被大分子与溶剂分子间的结合力取代的过程，这个过程也称为溶剂化过程，这种取代作用也称为溶剂化作用。

将几粒聚苯乙烯放入苯中，开始只能观察到聚苯乙烯颗粒体积变大、变软，并不能立即溶解。经过相当长的时间，胀大的聚苯乙烯才逐渐变小，最后消失在溶剂中，形成均匀的溶液。由此可见，非晶态高聚物的溶解过程分为两个阶段。

（1）溶胀阶段

当非晶态高聚物（固体）与大量低分子溶剂混合后，混合体系中主要存在三种运动单元：溶剂分子、大分子链段和整个大分子链。开始时，溶剂分子渗入聚合物内部，与非晶态高聚物表面接触，使表面上的分子链段先被溶剂化。但因高聚物分子链很大，还有一部分链段埋在高聚物内部，未被溶剂化；随着溶剂分子不断地向深层次渗入，不断深入高分子链之间而增大了大分子之间的距离，使高聚物的体积出现膨胀，该现象称为溶胀。其膨胀的程度随溶剂化的程度增加而增大。溶胀过程其实就是大分子之间的结合力被大分子与溶剂分子之间的结合力取代的过程，在大分子间的结合力没有完全被取代之前，大分子不会摆脱聚集体系的束缚而向溶剂中扩散。

（2）溶解阶段

高聚物在其良溶剂中充分溶胀后，开始逐渐摆脱彼此之间的束缚，并从高浓度向低浓度扩散，自由地分散到溶剂分子之中去，直到获得均匀的高聚物溶液。线型非晶态高聚物的溶解过程如图9-1所示。

因为溶剂化作用是逐渐进行的，高分子链运动又缓慢，所以通过分子链扩散运动而达

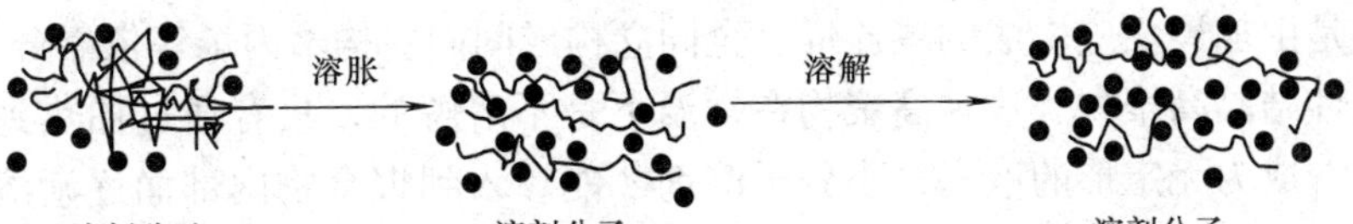

图 9-1　线型非晶态高聚物的溶解过程

到溶解平衡的时间就很长。为加快溶解速度，只能在溶胀阶段借搅拌来加快溶剂化作用，溶解阶段就不能再搅拌了，否则，溶解后的分子链因搅拌而不能均匀扩散，甚至缠绕在搅拌器上而影响扩散。

上述非晶态高聚物的溶解过程中，最关键的步骤是溶胀。溶胀以后的发展有两种情况，一种是无限溶胀，通过链段运动，达到整个高分子链的运动，最终使高分子链间相互分离而与溶剂分子均匀混合，这就是溶解。只要溶剂足够，线型非晶态高聚物大多能在一定条件下达到此种情况。由于大分子的运动速率很慢，因此要均匀混合，必须有足够的时间（几天或几周），才能达到平衡的稳定体系。这一点，在热力学性质研究和相对分子质量测定时，必须引起注意。为了缩短溶解时间，采用搅拌、加热都是可以的。另一种情况是有限溶胀，主要是对网状交联高聚物而言，溶胀到一定体积后，无论继续放置多长时间，溶胀体积都不变，更不能溶解。交联高聚物的溶胀过程如图 9-2 所示。

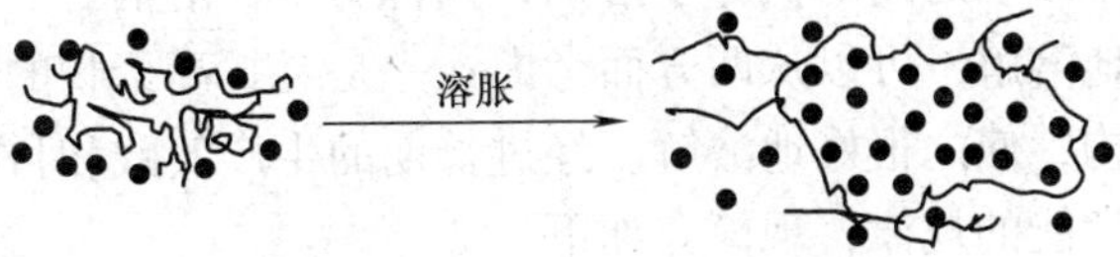

图 9-2　交联高聚物的溶胀过程

常温下，高聚物不溶胀的原因：一种是交联度大的高聚物，因交联点的距离很近，链段难于运动，溶剂分子进不去，所以不发生溶胀；另一种是结晶度很高的非极性高聚物，其中大部分高分子链处于规整排列状态，分子间相互吸引作用强，结合力相当强，因此链段运动也不能进行。

高聚物的溶解是大分子在溶剂中的扩散过程，而这一扩散过程又是通过链段运动完成的，因此线型无定形高聚物通过溶胀能顺利地溶解。但结晶高聚物的溶解与之不同。

9.1.3　结晶高聚物的溶解

结晶高聚物的晶相是热力学稳定的相态，溶解要经过两个过程。一是结晶聚合物的熔融，需要吸热；二是熔融聚合物的溶解。

结晶高聚物分为两类，一类是由缩聚反应生成的聚酰胺、聚对苯二甲酸乙二醇酯等依靠大分子间力结晶的极性结晶高聚物。这类高聚物可以选择一些极性很强的溶剂在室温下进行溶解。当结晶高聚物中无定形部分与溶剂混合时，两者强烈地相互作用（如生成氢键）放出大量的热，从而破坏晶格能，使结晶部分熔融。如聚酰胺在室温下可溶于苯酚、甲酚、40% 的硫酸与 60% 的甲酸等溶剂中；聚乙烯醇能溶于水。这些溶剂都是强极性溶剂。另一类是由加聚反应生成的聚乙烯、全同立构或间同立构聚丙烯等依靠分子链规整性结晶的非极性结晶高聚物。这种高聚物在常温下是不溶解的，只有通过加热到熔点附近，使结晶熔化，成为无定形的液态，小分子溶剂才能渗入到聚合物内部而逐渐溶解。例如，低压聚乙烯在四氢奈中要加热到120℃才开始溶解；全同立构或间同立构聚丙烯在十氢奈中要在130℃才能很好溶解。

9.2 高聚物溶剂的选择

如何选择高聚物的溶剂具有很重要的意义，高分子溶液的生产技术发展以及工艺操作的改进与能否找到适当的溶剂密切相关。例如，聚丙烯腈合成后，多年时间没有工业价值，这是因为聚丙烯腈的强极性使之不能在分解温度以下熔融，也就无法塑制成型，直到1950年才发现了有效的溶剂（二甲基甲酰胺），利用溶液生产腈纶纤维。在实验室需要利用高分子稀溶液进行相对分子质量分级或相对分子质量测定；有时也利用溶剂萃取法精致提纯高聚物，这些都需要正确地选择溶剂。

常常将高聚物的溶剂分为良溶剂、不良溶剂和非溶剂。这是按低分子溶剂与高聚物混溶时的热力学性质区分的。若能在较宽的温度范围内和任意的浓度范围内，都能与某种高聚物无限混溶，并形成热力学稳定体系的低分子溶剂称为该种高聚物的良溶剂。无论在任何温度和浓度范围内，都不能与某种高聚物形成热力学稳定体系的低分子溶剂称为该种高聚物的非溶剂。而介于二者之间的低分子溶剂，则称为不良溶剂。

要使高聚物很好地溶解，可以从两方面考虑：一是寻找高聚物的良溶剂；另一是改变难溶高聚物的分子结构，使之很好地溶解。经过长期的生产实践和科学实验，人们总结出一些关于高聚物溶解性能的规律，现简介如下。

9.2.1 极性相近原则

极性相近原则是人们在长期研究小分子物质溶解过程中总结出来的溶解规律，在一定程度上仍适用于聚合物-溶剂体系。

极性相近原则是指极性高聚物溶解于极性溶剂之中，非极性高聚物溶解于非极性溶剂之中；极性大的高聚物溶解于极性大的溶剂之中，极性小的高聚物溶解于极性小的溶剂之中。例如，未硫化的天然橡胶、丁苯橡胶是非极性的，可溶于汽油、苯、甲苯等非极性溶剂中；聚苯乙烯可溶于非极性的苯或乙苯中，也可以溶于弱极性的丁酮中；聚乙烯醇是极性的，只能溶解于极性的水、乙醇中；聚丙烯腈是强极性的高聚物，它只溶于强极性的二甲基甲酰胺中。极性相近原则在一定程度上对高聚物溶剂的选择有指导意义。但这一原则也仅仅是前人经验的总结，尚缺乏严格的理论依据，在应用上有时也会出现例外。

9.2.2 溶剂化原则

所谓溶剂化作用是指溶质与溶剂接触时，溶剂与溶质分子通过电性力（范德华力和氢键）相互产生作用，这种相互作用大于溶质分子之间的内聚力，使溶质分子彼此分离而溶解于溶剂中的作用。上述这种溶剂化作用与广义的酸碱中和理论有关，广义的酸是电子接受体（亲电体），广义的碱是电子给予体（亲核体）。只有极性溶剂分子和高聚物的极性基团分别为亲电体和亲核体，才能使二者相互吸引产生溶剂化作用。如果溶剂和溶质同为广义酸或广义碱，即使它们的极性相近，因为不能发生溶剂化作用，也不会溶解。因此，在考虑极性相近相溶的同时，还应根据广义酸碱中和原理判断是否发生溶剂化作用。

与高聚物和溶剂相关的常见的亲电、亲核基团的强弱次序为：

亲电基团：$—SO_2OH$、$—COOH$、$—C_6H_4OH$、$═CHCN$、$═CHNO_2$、$═CHONO_2$、$—CHCl_2$、$═CHCl$

亲核基团：$—CH_2NH_2$、$—C_6H_4NH_2$、$—CON(CH_3)_2$、$—CONH—$、$≡PO_4$、$—CH_2COCH_2—$、$—CH_2OCOCH_2—$、$—CH_2OCH_2—$

如果高聚物分子中含有大量亲电基团，则能溶于含有给电子基团的溶剂中，反之亦然。例如，硝化纤维素分子中含有$—ONO_2$，故可以溶解于丙酮、丁酮，也溶于醇、醚混合物中；三乙酸纤维中含有给电子基团，故可以溶于亲电子的二氯甲烷和三氯甲烷。

溶剂化作用后的高分子溶液，长时间加热也不易破坏，这说明溶剂和高分子之间的结合很稳定，其中尤以氢键的结合形式最稳定。当溶剂为水、酚、有机酸、酰胺或胺时，或高分子中含有 $—OH$、$═NH$、$—NH_2$ 等基团时，溶剂和高分子之间可以形成氢键。而这种氢键的键能大于溶剂分子间氢键的键能时，就更有助于高聚物的溶解。聚酰胺 66 和聚对苯二甲酸乙二醇酯易溶于苯酚中的原因就在于此。

9.2.3　溶解度参数相近原则

溶解度参数相近原则又称为内聚能密度相近原则。

从热力学观点来看，要使两种液体能自发地互相混合，必须满足混合体系的自由能的变化值 ΔG 为负值，即 $\Delta G = \Delta H - T\Delta S < 0$。

在混合体系中，分子的运动是趋向混乱的，即混合过程的熵变增大，$\Delta S > 0$；对于大多数聚合物特别是非极性无定形聚合物，溶解过程一般是吸热的，即 $\Delta H > 0$。所以要使 $\Delta G < 0$，必须使混合热 ΔH 值越小越好。

人们通过多年的研究发现了在混合过程中没有体积变化（$\Delta V = 0$）的两种低分子液体的混合热效应的半经验公式，这个公式也适用于非极性（或弱极性）聚合物与溶剂分子混合时的热量变化。

$$\Delta H = V\varphi_1\varphi_2\left[\left(\frac{\Delta E_1}{V_1}\right)^{\frac{1}{2}} - \left(\frac{\Delta E_2}{V_2}\right)^{\frac{1}{2}}\right]^2 \tag{9-1}$$

式中　ΔH——高聚物与溶剂混合时的摩尔混合热

V——高聚物和溶剂混合后的溶液总体积，$V = n_1V_1 + n_2V_2$

n_1，n_2——高聚物和溶剂的物质的量

φ_1、φ_2——高聚物和溶剂的体积分数

V_1、V_2——高聚物和溶剂的摩尔体积

ΔE_1、ΔE_2——高聚物和溶剂的摩尔内聚能

内聚能是使物质的分子间通过相互作用而聚集到一起的力或能。单位体积的内聚能称为内聚能密度，一般用 *C. E. D* 表示。

内聚能密度的平方根称为溶解度参数 δ，溶解度参数 δ 也是分子间力的一种量度。它表示如下：

$$\delta = (CED)^{\frac{1}{2}} = \left(\frac{\Delta E}{V}\right)^{\frac{1}{2}} \tag{9-2}$$

式中　ΔE——摩尔内聚能

V——摩尔体积

对于高聚物溶液来说，由于高分子的体积比小分子大得多，与溶剂混合时，不是以整个分子链混合，而是以链段为体积单位与溶剂分子互换位置，所以高分子体积可以近似地用溶剂分子来表示，即 $V_1 = kV_{链段} = kV_2$。因此式（9-1）中的混合热效应公式可转化为：

$$\Delta H = \frac{n_1 V_1 n_2 V_2}{n_1 V_1 + n_2 V_2}(\delta_1 - \delta_2)^2$$

$$= \frac{kn_1 n_2}{n_1 + kn_2} V_1 (\delta_1 - \delta_2)^2 \tag{9-3}$$

式中　n_1、n_2——高聚物和溶剂的物质的量

δ_1、δ_2——高聚物和溶剂的溶解度参数

k——高分子链的平均链段数

由式（9-3）可知，ΔH 的大小取决于 δ_1 和 δ_2 的差值。即两种液体的溶度参数（或内聚能密度）越接近，ΔH 越小，越容易溶解。这是因为溶度参数相近就意味着溶质与溶剂两种物质的分子结构相似，分子间作用类型也相同，这样在混合过程中容易互溶。

表 9-1、表 9-2 分别列出了常用溶剂和高聚物的溶度参数。

表 9-1　　常用溶剂的溶解度参数

溶剂	V_1/(cm³/mol)	δ_1/(J/cm³)^1/2	溶剂	V_1/(cm³/mol)	δ_1/(J/cm³)^1/2	溶剂	V_1/(cm³/mol)	δ_1/(J/cm³)^1/2
正戊烷	116	14.4	1，2-二氯乙烷	79	20	乙酸乙酯	99	18.6
异戊烷	117	14.4	三氯乙烯	90	18.8	甲基丙烯酸甲酯	106	17.8
正己烷	132	14.9	四氯乙烯	101	19.1	丙酮	74	20.4
环己烷	109	16.8	氯乙烯	68	17.8	甲乙酮	89.5	19
正庚烷	147	15.2	偏二氯乙烯	80	17.6	环己酮	109	20.2
正辛烷	164	15.4	氯苯	107	19.4	二氧六环	86	20.4
异辛烷	166	14.0	水	18	47.4	四氢呋喃		20.2
苯	89	18.7	苯酚	87.5	29.6	苯胺	168	16
甲苯	107	18.2	乙二醇	56	32.1	吡啶	81	21.9
邻二甲苯	121	18.4	丙三醇	73	33.7	丙烯腈	66.5	21.3
间二甲苯	123	18	环己醇	104	23.3	硝基苯	103	20.4
对二甲苯	124	17.9	甲醇	41	29.6	二硫化碳	61.5	20.4
异丙苯	140	18.1	乙醇	57.5	26	二甲砜	75	29.8
苯乙烯	115	17.7	正丙醇	76	24.3	二甲亚砜	71	27.4
二氯甲烷	65	19.8	正丁醇	91	23.3	硝基甲烷		25
氯仿	81	19	正戊醇	108	22.3	二甲基甲酰胺		24
四氯化碳	97	17.6	正己醇	125	21.9	间甲酚		24.3
氯乙烷	73	17.4	正庚醇	142	20	乙苯	123	18
1，1-二氯乙烷	85	18.6	乙酸	57	25.7	异丁醇	91	21.9

实践证明，一般$|\delta_1-\delta_2|<1.5$，高聚物就能溶解在溶剂中。例如，聚氯乙烯可溶于环己酮，却不溶于辛烷与甲醇；天然橡胶可溶于甲苯和四氯化碳；顺丁橡胶能很好地溶于苯和环己烷。

上述三种原则，在应用时不能只考虑其中一种原则，要考虑各种因素对溶解的影响，要具体分析聚合物结晶性、极性、相对分子质量等，同时还要配合实验结果，才能选出合适的溶剂。例如，聚氯乙烯与聚碳酸酯的溶解度参数相近，它们都只有少量晶态。如果按照极性相近原则及内聚能密度相近原则，应该能溶于氯仿、二氯甲烷及环己酮等极性溶剂中。但氯仿及二氯甲烷只是聚碳酸酯的良溶剂，对聚氯乙烯不是良溶剂；而环己酮对聚氯乙烯是良溶剂，对聚碳酸酯却是不良溶剂。这种现象可以用溶剂化原则来解释：聚氯乙烯是一个弱亲电体，聚碳酸酯是一个弱亲核体，它们与其相应的良溶剂在分子间存在类似氢键的作用。

表 9-2　常用高聚物的溶解度参数

高聚物	δ_1/ $(J/cm^3)^{1/2}$	V_1/ (cm^3/mol)	内聚能 /(J/mol)	高聚物	δ_1/ $(J/cm^3)^{1/2}$	V_1/ (cm^3/mol)	内聚能 /(J/mol)
聚乙烯	15.8～17.1	32.9	8 171～9 595	聚对苯二甲酸乙二醇酯	19.9～21.9	143.2	56 439～68 674
聚丙烯	16.8～18.8	49.1	13 827～17 430	聚己二酰己二胺	27.8	208.3	580 315
聚异丁烯	16.0～16.6	66.8	17 011～18 352	聚甲醛	20.9～22.5	25.0	10 894～12 696
聚氯乙烯	19.2～22.1	45.2	16 118～22 081	聚二甲基硅氧烷	14.95～15.55	75.6	16 886～18 017
聚偏二氯乙烯	20.3～25	58.0	23 799～36 160	二硝酸纤维素	21.5		
聚四氟乙烯	12.7	50.0	8 046	硝酸纤维素	23.6		
聚三氟氯乙烯	14.7～16.2	61.8	13 408～16 173	二乙酸纤维素	23.3		
聚乙烯醇	25.8～29.1	35.0	23 296～29 581	乙基纤维素	21.1		
聚乙酸乙烯酯	19.1～22.6	72.2	26 439～36 956	聚氨基甲酸酯	20.5		
聚苯乙烯	17.4～19.0	98.0	29 665～35 531	环氧树脂	19.8		
聚丙烯酸甲酯	19.9～21.3	70.1	27 654～31 760	氯丁橡胶	16.8	71.3	20 070～25 559
聚甲基丙烯酸甲酯	18.6～26.2	86.5	30 000～59 372	丁腈橡胶	17.8～21.1		
聚丙烯腈	25.6～31.5	44.8	29 330～44 498	丁苯橡胶	16.6～17.8		
聚丁二烯	16.6～17.6	60.7	16 676～18 813	乙丙橡胶	16.2		
聚异戊二烯	16.2～20.5	75.7	20 657～31 718				

选择溶剂除了满足聚合物的溶解这一前提之外，还必须考虑使用的目的。如高聚物溶液作为油漆使用时，要选择挥发性好的溶剂，否则油漆不易干燥，影响质量。与之相反，作为增塑剂来用的溶剂，其挥发性一定要小，以确保增塑剂长期保留在高聚物中，使其性能稳定。作为测定高聚物相对分子质量的溶剂，尽量选择室温就可以溶解，对测定结果没有干扰的溶剂，以便进行相对分子质量的测定。

溶解过程中，无定型高聚物的溶解度随相对分子质量的增加而减小，这一性质可用作对高聚物进行分级。结晶高聚物的溶解度不仅依赖于相对分子质量，更重要的是依赖于结晶度，结晶度越高，分子间作用力越大，则越难溶解。

9.2.4　混合溶剂法

实际上，溶解度参数相近原则对选择混合溶剂也适用。当高聚物的两种非溶剂的内聚能密度相差较大，而高聚物的内聚能密度介于两者之间，可采用此两种非溶剂的混合液，使两种非溶剂混合液的内聚能密度与高聚物的内聚能密度相近，便能溶解高聚物。

这时，混合溶剂的溶解度参数$\delta_{混}$可用下列关系式计算：

$$\delta_{混}=\delta_1\varphi_1+\delta_2\varphi_2 \tag{9-4}$$

式中　φ_1、φ_2——两种溶剂的体积分数

δ_1、δ_2——两种溶剂的溶解度参数

9.2.5　改变高分子结构

在生产中，有些高聚物不能找到溶解它的理想溶剂，对这些难溶的高聚物，可以通过大分子反应或共聚等办法改变其化学结构，使它能够溶于一些普通的溶剂中。当高聚物分子的规整性受到破坏时，它的熔点会降低，就会提高溶解度。例如，聚甲基丙烯酸甲酯能溶于丙酮中，但丙酮却不溶解定向的聚甲基丙烯酸甲酯。同样道理，许多溶剂能溶解无定型高聚物却不能溶解结晶高聚物。因此，有时特意降低高聚物分子的规整度以提高其溶解性，达到溶解的目的。

9.3　高分子溶液的性质及应用

高分子溶液的性质随其浓度增减而有很大的变化。一般来说，浓度小于5%的为稀溶液，大于5%的为浓溶液。进行相对分子质量测定和分级所用的溶液的浓度一般在1%以下，属于稀溶液，它们多数很稳定，在没有化学变化的条件下，其性质不随时间而改变。

随着高分子溶液浓度的提高，自由存在的无规线团分子开始相互接触，继而缠结，形成所谓的“亚浓”溶液。聚合物“亚浓”溶液也有重要的工业应用价值，例如，强化采油中，高分子溶液在多孔介质中及其壁面上的动力学行为起着关键作用。

抽丝所用的溶液浓度一般在15%以上，属于浓溶液，其黏度很大，稳定性也比较差，如果溶剂的溶解能力差，有时会有高聚物析出。油漆、涂料或胶黏剂则是更浓的溶液，浓度可达60%，黏度也更大。当溶液浓度很大时，由于高分子链互相更接近，甚至高分子链发生纠缠，这些都可能使体系产生凝胶，使体系不呈流动状态而呈现出半固体的“胶冻”状态。许多天然高聚物都有这个特点。当高聚物的量比低分子化合物多很多时，体系中的高聚物作溶剂，而低分子化合物反而是溶质。例如，在高聚物中加入一些增塑剂就是这种情况。此时的溶液更浓，类似固体状态，它有一定的机械强度。

所以如果按低分子液体和高聚物之间量的关系，可以把高聚物溶液划分为以下几个范围：

纯低分子液体—稀溶液—亚浓溶液—凝胶—增塑高聚物—高聚物

很明显，这些体系随着高分子溶液浓度的增加而趋于具有固体的性质，而且由于高分子链之间距离的减小，使体系的性质变得非常复杂。

9.3.1　黏度法测定高聚物的黏均相对分子质量

用高聚物稀溶液黏度法测定的平均相对分子质量为黏均相对分子质量。此法不但简单迅速、操作方便，而且在所有的测定方法中精确度最高。因此它是目前应用最广的一种方法，在生产中占有重要的地位。

9.3.1.1　黏度的表示方法

测定时所用高聚物稀溶液的黏度有以下四种表示方法：

（1）相对黏度（η_r）

$$\eta_r = \frac{\eta}{\eta_0} \tag{9-5}$$

式中　η——溶液的黏度

η_0——纯溶剂的黏度

相对黏度表示溶液黏度是溶剂黏度的倍数，是一个无因次量。

（2）增比黏度（η_{SP}）

$$\eta_{SP} = \frac{\eta - \eta_0}{\eta_0} = \eta_r - 1 \tag{9-6}$$

增比黏度表示溶液黏度较纯溶剂黏度增加的分数，也是无因次量。

（3）比浓黏度（$\frac{\eta_{SP}}{c}$）

$$\frac{\eta_{SP}}{c} = \frac{\eta_r - 1}{c} \tag{9-7}$$

比浓黏度表示溶液浓度为 c 时，单位浓度对“增比黏度”所做贡献，其数值随浓度不同而变化，其单位是浓度单位的倒数。

（4）特性黏度［η］

$$[\eta] \equiv \lim_{c \to 0} \frac{\eta_{SP}}{c} \equiv \lim_{c \to 0} \frac{\ln \eta_r}{c} \tag{9-8}$$

特性黏度表示当浓度趋于零时的比浓黏度。即单个分子对溶液黏度的贡献，是反映高分子特性的黏度值，不随浓度大小而改变。其单位是浓度单位的倒数。

9.3.1.2　影响高聚物稀溶液黏度的因素

溶解后的线型高聚物大分子链在溶液中多以长链卷曲成无规线团形状存在。这些线团由于受溶剂分子间相互作用力的影响，溶剂被线团充分吸收而达到饱和状态，并且线团外的溶剂通过扩散的方式成为稳定的平衡；又由于线团中孔隙的毛细管作用，可以使其中的溶剂保持在里面，当线团运动时，里面的溶剂和线团成为一个统一的整体，一起运动，这和吸饱了液体的海绵很相似。线团内的溶剂与溶液中的溶剂不是完全隔离的，里外的溶剂分子可以互相扩散。被线团保持在里面的溶剂称为“内含”或“束缚”溶剂，在溶液中不被线团所保持的溶剂称为“自由”溶剂。

由于存在着线团在稀溶液中的三维运动和线团内的链段运动，使线团存在形状的不断变化。这些变化影响高聚物稀溶液的黏度。

（1）高聚物稀溶液浓度与黏度的关系

高聚物稀溶液浓度对黏度的关系可以用 Huggins 经验公式表示：

$$\frac{\eta_{SP}}{c} = [\eta] + K' [\eta]^2 c \tag{9-9}$$

$$\frac{\ln \eta_r}{c} = [\eta] - K'' [\eta]^2 c \tag{9-10}$$

由上两式可知，$\frac{\eta_{SP}}{c}$与 c 为线性关系，$\frac{\ln \eta_r}{c}$与 c 也是线性关系。并且两条直线的截距就是特性黏度。

(2) 高聚物相对分子质量的影响

高聚物相对分子质量与特性黏度的关系可以用 Mark-Houwink 方程表示。

$$[\eta] = K\overline{M}_\eta^\alpha \tag{9-11}$$

式中 K——取决于测试温度和相对分子质量范围的常数

α——取决于溶液中高分子链形态的参数

实验证明，当 $\alpha=1$ 时，$[\eta]=K\overline{M}_\eta$，说明溶剂化作用强。此时，高聚物分子链在溶液中呈直链状，特性黏度与高聚物相对分子质量成正比。当 $\alpha=0.5$ 时，$[\eta]=K\overline{M}_\eta^{0.5}$，说明溶剂化作用与高聚物分子链的内聚作用相等，高聚物分子链在溶液中呈自然松散线团状，特性黏度与高聚物相对分子质量的 1/2 次方成正比。当 $\alpha=0$ 时，$[\eta]=K$，说明高聚物分子链的内聚作用大于溶剂化作用，高聚物分子链在溶液中呈卷曲状，特性黏度为一定值，与相对分子质量大小无关。通常 α 数值为 0.5~0.8。

常见高聚物的 K 和 α 值可以直接查有关文献，如表 9-3 所示。也可以利用式 (9-11) 的对数关系式 $\lg[\eta]=\lg K+\alpha\lg M$，通过实验作图得一直线，从直线的斜率求得 α，由截距定出 K。

表 9-3　　某些聚合物 $[\eta]$-M 关系式中的 K 和 α 参数

高聚物	溶剂	温度/℃	$K\times10^2$	α	相对分子质量范围 $\times10^{-3}$	测定方法
高压聚乙烯	十氢萘	70	3.873	0.738	2~35	O
	对二甲苯	105	1.76	0.83	11.2~180	O
低压聚乙烯	α-氯萘	125	4.3	0.67	48~950	L
	十氢萘	135	6.77	0.67	30~1000	L
聚丙烯	十氢萘	135	1.00	0.80	100~1100	L
	四氢萘	135	0.80	0.80	40~650	O
聚异丁烯	环己烷	30	2.76	0.69	37.8~700	O
聚丁二烯	甲苯	30	3.05	0.725	53~490	O
聚苯乙烯	苯	20	1.23	0.72	1.2~540	L, S, D
聚氯乙烯	环己酮	25	0.204	0.56	19~150	O
聚甲基丙烯酸甲酯	丙酮	20	0.55	0.73	40~8000	S, D
聚丙烯腈	二甲基甲酰胺	25	3.92	0.75	28~1000	O
聚酰胺 66	甲酸 (90%)	25	11	0.72	6.5~26	E
聚二甲基硅氧烷	苯	20	2.00	0.78	33.9~114	L
聚甲醛	二甲基甲酰胺	150	4.4	0.66	89~285	L
聚碳酸酯	四氢呋喃	20	3.99	0.70	8~270	S, D
天然橡胶	甲苯	25	5.02	0.67		
丁苯橡胶 (50℃聚合)	甲苯	30	1.65	0.78	26~1740	O
聚对苯二甲酸乙二醇酯	苯酚-四氯乙烷 (质量比 1:1)	25	2.1	0.82	5~25	E
双酚 A 型聚砜	氯仿	25	2.4	0.72	20~100	L

注：(1) 浓度单位：g/mL。

(2) 测定方法：E—端基分析　O—渗透压　L—光散射　S, D—超速离心沉降和扩散。

测定高聚物稀溶液的黏度时，以毛细管黏度计最为方便。常用的毛细管黏度计是乌式黏度计，它由三支管组成，如图9-3所示。黏度计具有一根内径为R、长度为l的毛细管，毛细管上端有一个体积为V的小球，小球上下有刻线a和b。待测液体自A管加入，经B管将其吸至a线以上，再使B管通大气，任其自然流下，记录液面流经a及b的时间t。这样，外加的力就是高度为h的液体自身的重力。

实验时，在恒定条件下，用同一支黏度计测定几种不同浓度的溶液和纯溶剂的流出时间t和t_0，由于极稀溶液中溶液和溶剂的密度近似相等，$\rho \approx \rho_0$，则

$$\eta_r \approx \frac{t}{t_0} \tag{9-12}$$

这样，由纯溶剂的流出时间t_0和溶液的流出时间t即可求出溶液的相对黏度η_r。配制几组不同浓度的溶液，分别测定溶液及纯溶剂的黏度，然后计算出η_{sp}/c、$\ln\eta_r/c$，在同一张图上作η_{SP}/c对c、$\ln\eta_r/c$对c的图，两条直线外推至$c \to 0$，其共同的截距即为$[\eta]$，见图9-4。最后根据式（9-11）由$[\eta]$计算出试样的黏均相对分子质量$\overline{M}_\eta$。

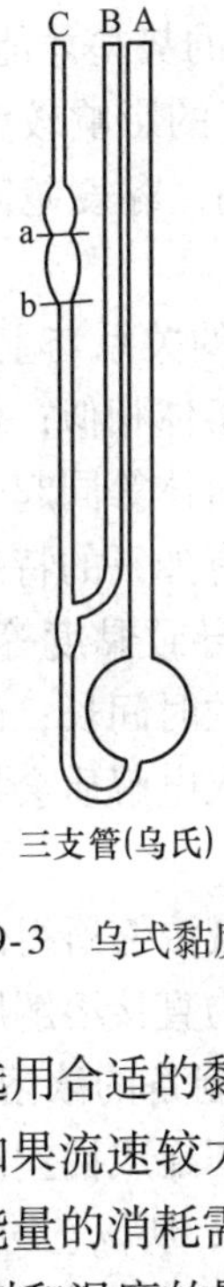

图9-3　乌式黏度计

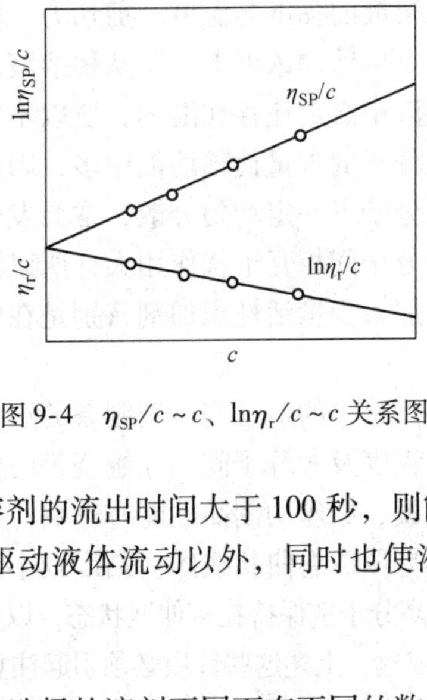

图9-4　$\eta_{SP}/c \sim c$、$\ln\eta_r/c \sim c$关系图

一般，选用合适的黏度计使待测溶液和溶剂的流出时间大于100秒，则能满足没有湍流的假定。如果流速较大，外加力除了用以驱动液体流动以外，同时也使液体得到了动能，这部分能量的消耗需进行动能校正。

（3）溶剂和温度的影响

高聚物溶液的特性黏度在恒定的温度下随选择的溶剂不同而有不同的数值；当溶剂选定后，高聚物溶液的特性黏度又随温度的变化而变化。原因是高聚物溶液内大分子与大分子之间存在相互作用能的影响，同时，在溶液中的单个大分子内也有链段之间的相互作用能的影响。在一个大分子线团内，有一些链段之间因为彼此靠得很近而形成暂时的缔合点。线团中大部分被溶剂化的链段使整个线团分子保持在溶液中，分子缔合点的存在则引起链的卷曲和紧缩。在良溶剂中，线团可松懈扩张，密度小，链段间距离较大，内部形成缔合点的可能性较小，［η］值较大。在不良溶剂中，线团呈现卷曲和紧缩，链段之间易

于靠近，生成一些缔合点，线团密度增加，[η] 值降低。所以只要合理地选择高聚物的溶剂，就能在一定限度内改变线团的密度和特性黏度。

温度对高聚物溶液特性黏度有一定的影响。在常温下，不良溶剂中，高聚物溶液的线团密度很大时，随温度升高，线团趋向松懈，因此，[η] 随温度升高而增加。在良溶剂中，由于线团已经松懈，所以 [η] 对温度的依赖性较小，随温度的升高而减小。

9.3.2 高聚物浓溶液的性质

高聚物浓溶液的浓度处于稀溶液与熔融高聚物之间。在稀溶液中，由于大分子间距离较远，往往主要考虑大分子内以及大分子与溶剂间的相互作用。在剪切速度不大时，大分子整体地随溶剂流动，其黏度随浓度的关系曲线出现转折点。转折点后的规律与稀溶液不同，但和熔体黏度与相对分子质量的关系规律相似，即说明浓度增加到一定程度后流动本质上发生了变化。从流动机理上看，已从稀溶液中溶质和溶剂互不干扰的分散分子流动转变为相互干扰的类似熔体的链段运动。因此，从黏度的角度看，上述的转折点可以看作是高聚物溶液的凝胶化点，即形成所谓的凝胶和冻胶。在此点以上，由于大分子的相互作用，相互缠绕，已使大分子间连成“网状”结构，需要克服较大的势垒才能流动。并且，这种“网状”结构受高聚物相对分子质量大小和分子链僵硬程度的影响较大，一般是高聚物相对分子质量越大、分子链越僵硬越容易形成“网状”结构，黏度越高。如果是支链化，则会使黏度降低。

高聚物浓溶液的黏度与温度、剪切力、剪切速率等外界因素的关系与上述情况类似，在形成凝胶化点以前的浓度下，服从稀溶液的规律，超过时则与熔体相似；但也要注意因为高聚物浓溶液中必定还存在溶剂，所以不能将高聚物浓溶液与熔体等同起来。同时，由于浓溶液中大分子的含量比稀溶液中多，因此，高聚物浓溶液具有如下的特殊的性质：在浓溶液中，大分子不一定均匀分散，常会发生大分子间的聚集而导致黏度等性能的反常；由于浓度高，分子间相互干扰作用大，所以溶液达到平衡所需要的时间长；由于大分子间距离较接近，加入少量活性添加剂特别是在极性高聚物溶液中加入电解质会导致溶液性质的急剧改变。

浓溶液中大分子的形态与溶液制备的过程有关，如从极稀溶液浓缩所得的浓溶液，其大分子的卷曲程度及大分子间相互缠绕等的作用就与从固态高聚物直接溶解所得的浓溶液不同，这对成膜、成丝的制品性能有影响。对纺丝来讲，前一种制备的浓溶液难于成丝，而后一种则容易形成卷曲状线团，黏度较小。从固态高聚物加溶剂配成抽丝液，必须用良溶剂，以确保高分子链保持在较伸展状态，以利于产生分子间的交联，所以它的黏度大，通过喷丝头能顺利成丝。上述这些性质必须引起注意，尤其在制备浓溶液和测定浓溶液黏度时。

9.3.3 高聚物浓溶液的应用

（1）聚合物溶液纺丝

高聚物的溶液纺丝是先将高聚物溶解在适当的溶剂中配成纺丝液，然后，由喷丝头喷成细流，再经冷凝或凝固并拉伸成为纤维的过程。如果是熔融纺丝，则是将高聚物熔融成流体，再进行拉伸。锦纶、涤纶等合成纤维均采用熔融纺丝法，但像聚丙烯腈一类聚合物，由于熔融温度高于分解温度，因此不能采用熔融纺丝法，只能采用溶液纺丝法。聚氯乙烯纤维、聚乙烯醇纤维也都采用溶液纺丝法。

（2）高聚物凝胶与冻胶

所谓的高聚物凝胶与冻胶是指失去流动性的高聚物溶液。通常凝胶是交联高聚物的溶胀体，不能溶解，也不能熔融，它既是高聚物的浓溶液，又是高弹性的固体。而冻胶则是由范德华力缔合形成的，加热或搅拌可以消除范德华力，使冻胶溶解。由此可见，冻胶的变化是可逆的。因为溶解和胶凝作用可以随温度的升降或溶剂的改变而往复发生，所以又称冻胶为可逆凝胶。自然界中的生物体都是凝胶，即有保持形态的强度，又有柔软性，还允许新陈代谢、排泄废物、吸收营养。因此，凝胶和冻胶是高分子科学和生物科学研究的重要课题。

80 年代以来发展起来的超高相对分子质量聚乙烯纤维是一种高性能的特种纤维。它采用十氢奈、煤油、石蜡油、石蜡等为溶剂的冻胶纺丝新工艺制成。这种纤维具有高强度、高模量、质轻、耐腐蚀和耐气候性等优良特性，可用于制造防弹衣、降落伞和光缆材料等高科技领域。

（3）聚合物的增塑

为了改进某些聚合物的柔性，或者为了加工成型需要，常常在聚合物中加入高沸点、低挥发性并能与聚合物混溶的小分子液体。这种作用称之为增塑，所用的小分子物质称为增塑剂。例如，邻苯二甲酸二辛酯是聚氯乙烯的常用增塑剂。聚合物增塑体系属于高分子浓溶液的范畴。

塑料中加入增塑剂后，首先是降低了它的玻璃化温度和脆化温度，这就可以使其在较低的温度下使用。同时，也降低了它的流动温度，这就有利于其加工成型。此外，被增塑的高聚物的柔性、冲击强度、断裂伸长率等都有所提高。但是，拉伸强度和介电性能却下降了。

一般认为，用极性增塑剂增塑极性高聚物，其玻璃化温度的降低正比于增塑剂的物质的量。而非极性高聚物的增塑作用，其玻璃化温度降低正比于增塑剂的体积分数。

习题

1. 高分子溶液有哪些特点？
2. 为什么高聚物先溶胀后溶解？
3. 高聚物与低分子相比，溶解过程有哪些特点？
4. 请选用适于全同立构聚丙烯的溶剂，并说明其溶解过程。
5. 请选用聚甲基丙烯酸甲酯所适用的溶剂，并说明理由。
6. 苯乙烯-丁二烯共聚物难溶于戊烷或乙酸乙酯中，但易溶于两者的混合液，试求出两者的混合比。
7. 什么是内聚能密度和溶解度参数？试从热力学原理解释非极性聚合物为什么能够溶解在与其溶解度参数相近的溶剂中？
8. 高聚物溶液的性质与浓度有什么关系？稀溶液和浓溶液各有什么应用？
9. 如何表示高聚物稀溶液的黏度？如何用乌式黏度计测定高聚物的黏均相对分子质量？

第10章　高聚物的其他性能

应知要点

1. 高聚物的光学性能、热物理性能、透气性和电性能的应用
2. 高聚物电性能中介电常数、介电损耗等专业术语

应会要点

1. 影响高聚物透明性的因素
2. 提高高聚物耐热性和热稳定性的途径
3. 影响高聚物透气性的因素
4. 影响介电性的因素
5. 提高击穿强度的方法

课前认知实习

1. 实习形式

参观性能测试研究所或观看有关测试的录像。

2. 实习内容

观察各性能测试过程。

3. 实习目的

(1) 通过观察测试，明确各性能物理意义。

(2) 通过不同材料的性能测试结果，加深各性能影响因素的认识，提高实践指导意义。

4. 演示设备、材料

(1) 设备：性能测试仪器、所需要的录像片及放映设备。

(2) 材料：各种性能测试所需要的制品。

5. 演示步骤

(1) 按测试步骤如取样、样本处理、调节仪器等进行测试或观看录像；

(2) 在进行参观测试或观看录像过程中，有教师负责讲解各性能含义、影响因素及应用。

6. 问题讨论

(1) 所测试的各性能所代表的物理意义是什么？

(2) 通过观察测试，各性能主要应用在哪些领域？分别注意什么？

高聚物的性能除前几章所讲述的以外，还有许多在实际生产中涉及的性能，如光学性能、透气性能及电性能等，研究它们对于实际生产具有非常重要的指导意义。

10.1 高聚物的光学性能

高聚物的光学性能与结构有着密切的关系，利用光学性能与结构的关系可测定其结构；利用高聚物及制品的光学性能，可在实际应用中制造光学材料、光学仪器等。

10.1.1 基本概念

一般当光线通过某些物质时，总要发生部分被吸收，部分被反射和透过。材料是否透明取决于吸收、反射和散射三者之间的关系。

根据朗伯-比尔定律，在光透过物质时，透射光强 I 与入射光强 I_0 的关系：

$$I/I_0 = \exp(-\alpha d) \tag{10-1}$$

式中 d——样品厚度

α——吸收系数，由物质的特性所决定，为波长的函数

大多数有机物在可见光范围内没有特征的选择吸收，吸收系数 α 很小，因此透明性很强。对于可见光波透过率高，吸收和散射极少的高分子材料，称为透明高聚物；对可见光吸收和散射率高，透射率趋于零的高分子材料，称为不透明高聚物；对可见光不吸收，透光率在0~90%的材料称为半透明高聚物。

10.1.2 高聚物材料的透明性

（1）透明性与高聚物透光率、雾度的关系

表征高分子材料光学性能的主要指标有透光率和雾度。透光率是指透过试样的光通量和照射到试样上的光通量之比，材料的透光率越高，则透光性越好；雾度是透过试样而偏离入射光方向的散射光通量与透过光通量之比，可衡量透明或半透明材料不清晰或浑浊的程度，雾度越低，材料的透明性越好。

在实际应用中经常用到透光性与透明性两个专业术语，两者之间的意义是不同的，透光性表示材料对光波的透过能力，而透明性是指材料一侧的观察者清晰的观测到另一侧的物体影像。只有透光率高，雾度低的材料才是透明性好的材料。如门窗上用的毛玻璃和吊灯玻璃罩，透光率高、透光性好，但由于雾度较大，透明性却很差。

（2）透明性与高聚物结构的关系

一个高度透明的塑料试样，光线的折射率是恒定的。如果存在不同折射率的界面，就会发生光的散射。如试样内部密度大小不一，材料内含有细小的固体粒子、细小的气泡等，或者表面磨损、老化、粗糙等，均会造成材料局部折射率改变，产生散射，降低其透明性。

不含助剂的无定形高聚物是均相体系，由于材料内部只有无定形相，一般不含有吸收光波的某种基团，密度均匀，对光线不产生散射作用，因此，透光率很高，雾度也较小，透明性非常好。如聚苯乙烯、聚氯乙烯和聚甲基丙烯酸甲酯等都是透明的。部分结晶塑料是两相共存的非均相体系，材料内含有晶相和无定形相，由于二者的密度不同，折射率不同，造成光线在两相间折射，在晶相界面散射，使其透光率很低，甚至不透光，材料的透明性差。此外，晶粒尺寸也会影响材料的透光率，当晶粒小于1/2光波长时，就不影响透

光了。如聚碳酸酯结晶很难，其晶粒极小，成为唯一透明的工程塑料。可见，结晶性高聚物的透光率随着结晶度提高，晶粒尺寸增大而降低，透明性变差。

对于不同品种的结晶性塑料，其晶相与无定形相密度差大小不同，折射率差就不同，使材料的透明性产生差别。如聚乙烯的晶相与无定形相密度差最大，分别是 $1.01g/cm^3$ 与 $0.84 \sim 0.85g/cm^3$；聚丙烯次之，分别是 $0.94g/cm^3$ 与 $0.85g/cm^3$；聚 4-甲基-1-戊烯的两相密度几乎相等，均接近 $0.83g/cm^3$，因此，聚乙烯的透明性较差，聚丙烯呈半透明，聚 4-甲基-1-戊烯高度透明。

10.1.3 高聚物材料透明性的改善

聚苯乙烯因为生成球晶，透明性较差；但是聚苯乙烯经过挤出拉伸可提高透明度；在原料中加入成核剂，使晶粒尺寸减少到光的波长，也可使其透明。共混高聚物、复合材料，使分散相的晶粒尺寸减小至或小于可见光波长，可以提高其透明度。但是对于共混高聚物，分散相的晶粒太小，韧性会下降，所以最好选择折射率相近的组分进行共混。当两个共混组分的折射率差小于 0.004 ~ 0.005 时，将呈透明或半透明。MBS 三元共混物，其三个组分的折射率相似，是很好的透明体。透明的聚氯乙烯塑料用 MBS 改性后，其冲击的强度和透明度大大提高。共混高聚物的透明度也与温度有关，通常在某一温度范围内最高。

在通常加工条件下，聚丙烯制品透明性差，光泽度低。而透明聚丙烯具有优良的透明性、光泽度、较高的热变形温度，可以部分替代聚氯乙烯、聚苯乙烯、聚酯等透明塑料，被广泛应用于微波用具、包装材料、医疗器械、工艺品、玩具、文具及工业零部件等领域。目前改善聚丙烯透明度的方式主要有以下几种：①在聚合过程中引入第二种单体而改变分子链的规整度，影响其晶核的生长，从而改善其透明度；②添加异相成核剂，大幅度增加了晶核数量，提高结晶速率，减小球晶尺寸，从而使聚丙烯透明度和光泽度得以提高；③采用茂金属催化剂生产透明聚丙烯树脂；④与其他高聚物共混，加入的第二组分会影响聚丙烯的结晶行为，使晶粒细化，改善透明度。

10.2 高聚物的热物理性能

高分子材料的导热、导电能力很低，如聚苯乙烯、聚氨基甲酸酯泡沫塑料及橡胶等都是热和电的绝缘材料。由于高分子材料的热膨胀系数较大，使其尺寸的稳定性较差，并且软化、分解温度低，易燃，使得高分子材料的应用受到限制。虽然高分子材料的长期耐热性较差，但在短期内耐高温性却很强，如导弹和宇宙飞船返回地面的几秒至几分钟内经受 11000 ~ 16700℃的高温，这时任何金属都将熔化，但一种特殊的高分子材料仅在表面一层受高温烧蚀，飞行器内部完好无损。研究高聚物的热物理性能，将拓宽高分子材料的应用领域。

10.2.1 高聚物的耐热性和热稳定性

耐热性是指在某一给定温度下材料具有保持原有应用性能的能力，如强度、韧性、弹性等力学性能等。受热引起高聚物材料性质变化分为物理耐热性和化学耐热性。许多高聚物材料在高温下往往发生物理状态的变化，如受热软化、变形、尺寸改变、熔融或强度下降等。当高聚物处于较高温度下，老化过程也将大大加速。如进一步受热，又会出现热分解、氧化、交联和环化等。这些化学变化将会导致高聚物化学结构的改变，从而造成高聚物的性质劣化。高聚物热稳定性通常是指高聚物的抗热裂解，以及由此产生的交联和分解作用的能力。高聚物无论发生物理状态变化还是化学结构变化都将影响热性能。

提高高聚物的耐热性和热稳定性主要从以下两个方面入手。一方面，提高非晶态高聚物的玻璃化温度和晶态高聚物的熔融温度是提高其耐热性的有效途径；另一方面，可通过改变高聚物的化学结构和聚集态结构以达到提高其耐热分解的能力。

10. 2. 2　提高高聚物耐热性的途径

（1）增加高分子链的刚性

在高分子主链中引入双键、三键、芳环或芳杂环结构，可增加高分子链的刚性，达到提高非晶态高聚物的玻璃化温度和晶态高聚物的熔融温度的目的，对提高高聚物的耐热性极为有效。如聚乙炔、聚酯、尼龙、聚苯醚、聚酰亚胺等都是优良的耐高温材料。

（2）提高高聚物的结晶性能

结晶高聚物与非结晶高聚物相比耐热性大大提高。如定向聚合所得的等规立构结晶聚苯乙烯的玻璃化温度为 240℃，而自由基聚合所得的无规立构非结晶聚苯乙烯的玻璃化温度为 80℃。在高分子主链或侧基上引入极性基团来增大分子间的作用力，或使大分子间形成氢键有助于高聚物的结晶。如侧基引入羟基、氨基、硝基、腈基等，主链引入醚键、酰胺键、酰亚胺键等，可以使晶态高聚物的熔融温度明显提高。

（3）进行交联

交联作用能提高分子链的刚性，适度交联可以使高聚物的玻璃化温度升高，并且高聚物的玻璃化温度和熔点均随交联密度的增加而提高。如辐射交联的聚乙烯，其耐热温度可提高到 250℃，大大超过了聚乙烯的熔融温度 115℃。具有交联结构的热固性酚醛树脂、环氧树脂等均具有较好的耐热性。以上讨论适用于塑料和纤维，上述三项结构因素会使橡胶丧失高弹性。

10. 2. 3　提高高聚物热稳定性的途径

一定温度下，高聚物易发生降解和交联，使高聚物受到破坏或变硬，性能发生显著变化。高聚物的降解和交联与化学键的断裂和生成有关，组成高分子化学键的键能越大，材料的热稳定性越好。提高高聚物的热稳定性的途径可通过采取结构改性，或添加热稳定剂的方法。

（1）结构改性

高聚物的热稳定性与组成高分子化学键的键能有关，化学键键能越大，材料抗热分解能力越强，其热稳定性就越好。

大分子链中，各化学键和基团的热稳定性顺序如下：

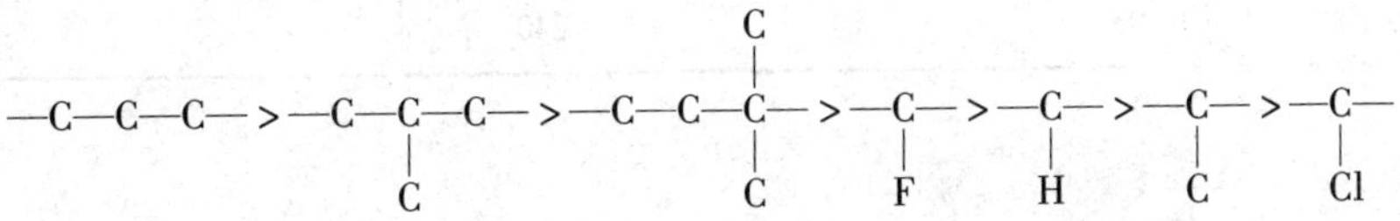

高分子的断裂常出现在弱键所在的部位，弱键键能越大，则热稳定性就越好，因此，在高分子链中要避免弱键，尽量提高主链的化学键键能。在大分子链中，临近叔碳原子和季碳原子的键较易断裂。大分子链中的碳原子若被氧原子取代或有氯原子引入，都会降低高聚物的热稳定性。而在大分子链中引入极性取代基却可大大提高材料的热稳定性。减少主链上的柔性亚甲基—CH_2—，引入芳香环或芳杂环，得到高结晶、高熔点的聚合物，较非环状结构的聚合物热稳定性大大提高。但是聚合物的溶解性变差，加工成型制品时，成膜、成纤困难，当苯环上引入甲基取代基或在苯环间引入杂原子或柔性基团时，可合成具有良好耐热性、加工性的高聚物。

（2）加入热稳定剂

在加工成型中，适量加入热稳定剂能够提高高聚物的热分解温度，阻止材料受热分解，保持制品的热稳定性。如聚氯乙烯加工成型中加入能够抑制副反应发生的弱碱性物质（硬脂酸钙等盐类），防止产生氯化氢而导致制品变色发黄。

10.2.4 导 热 性

热量从温度较高的物体传到与之接触的温度较低的物体或从物体温度较高的部分传递到温度较低的部分称为热传导，也称导热。聚合物的热传导遵循傅立叶定律，用下式表示：

$$Q = -\lambda A \frac{dT}{dx} \tag{10-2}$$

式中 Q——热流量，W

λ——导热系数，W/(m·K)

A——导热面积，垂直于热流方向的面积，m^2

dT/dx——温度梯度，K/m

“-”表示热量传递的方向与温度梯度方向相反。

其中，导热系数 λ 是表征高分子材料导热性能的参数，由于聚合物的导热能力很差，所以 λ 值一般很小。如表 10-1 所示。

表 10-1　　典型聚合物的热导率

聚合物	热导率 λ/[W/(m·K)]	聚合物	热导率 λ/[W/(m·K)]	聚合物	热导率 λ/[W/(m·K)]
聚乙烯	0.329	聚对苯二甲酸乙二酯	0.218	软钢	50
聚丙烯（无规立构）	0.172	聚氨酯	0.147	玻璃	0.9
聚异丁烯	0.130	聚碳酸酯	0.193	木材（纵向）	0.384
聚苯乙烯	0.142	环氧树脂	0.180	石墨	139
聚氯乙烯	0.168	铜	385		
聚甲基丙烯酸甲酯	0.193	铝	240		

10.2.5　热膨胀性

任何材料都会热胀冷缩，热膨胀是由温度的变化引起的高分子材料尺寸和外形的变化，与无机材料和金属材料相比，聚合物的热膨胀系数通常大数十至数百倍。在实际应用中，不同材料热膨胀性的差异影响了高聚物材料尺寸的稳定性，因此，在选材和设计时必须引起注意。

10.3　高聚物的透气性能

10.3.1　高聚物透气性能的应用

高聚物透气性能应用广泛，如薄膜制品广泛应用于食品、医药、农业等领域，高聚物材料的用途不同，对透气性的要求也不同。农用薄膜要求有良好的透气性，汽车轮胎则要求材料的透气性越小越好，食品工业及涂层防护膜要求有良好的气密性。用于包装果汁等液体饮料和洗发液等含湿产品的包装容器，应对湿气具有很低的透过性。否则由于容器对这些成分不适当的渗出，易引起容器变形、塌陷，或引起被包装物成分的改变。粮食等农产品用透气性小的塑料薄膜封存，阻隔与氧、二氧化碳接触，使其不易生虫、霉变，延长保存时间。医用高分子材料中的硅橡胶膜对氧、二氧化碳的渗透性较高，并且对二氧化碳选择性渗透，用做血液氧合器，当血液流过硅橡管时，氧气扩散到血液里，二氧化碳则从血液中扩散出来。利用聚合物薄膜对不同物质的透过性不同的特点，采用分离膜技术可将混在一起的物质进行分离。如海水淡化、超纯水提取、空气分离富氧气体、血液净化、食品提纯、生物制品脱色、近沸点液体混合物分离，从稀土元素矿石和贵金属贫矿中进行元素的分离、提纯，从工业废品中对贵金属元素的回收等。

10.3.2　透气原理

当高聚物薄膜两侧的气体压力不同时，气体的分子会穿过薄膜从压力大的一侧向压力小的一侧扩散，这种现象叫高聚物的透气性。气体透过高聚物是单分子的扩散过程。对高聚物薄膜来说，气体首先是从高压侧渗入并溶解在高聚物中，然后在高聚物中向低压侧扩散，最后从低压侧表面蒸发逃逸。

10.3.3　影响高聚物透气性的因素

（1）温度影响

一般来说，气体透过高聚物薄膜，是借助高聚物密度变化而出现的自由体积为通道的。可见，温度升高，一方面增加了自由体积，另一方面又提高了大分子的热运动能力，都有利于气体的透过。总的趋势是温度升高，透过系数增大，透气性提高。但是对玻璃态高聚物，透过系数对温度的依赖关系是不同的。

（2）气体分子结构影响

气体和高聚物的性质相似时，才能溶解在高聚物中，也容易透过。如甲烷、乙烷和乙烯比氮气和氧气容易透过聚乙烯薄膜。对不同的气体，分子直径小的易透过，片状分子较球状分子易透过，例如，氧分子的直径为29.8nm，氮气分子直径为31.8nm，二者的临界温度和溶解度系数相近，但对许多高聚物薄膜，氧气的透过性较好。又如分子直径相近的苯和四氯化碳，苯的分子为片状，四氮化碳分子为球状，前者的透过性比后者大。

(3) 高聚物结构的影响

由于气体的透过性与分子链运动能力和气体与高聚物的相容性有关。根据极性相似相容的原理，极性高聚物只许极性分子透过，而非极性高聚物也只许非极性分子透过；分子链刚硬、结晶度高或交联度高的高聚物，都限制了分子链的运动，这类高聚物透气性较差。因此，调节高聚物的结晶度、交联度、支化度及链的运动能力，均可调节高聚物的透气性。

10.4 高聚物的电性能

高聚物具有体积电阻率高（$10^{16}\sim10^{20}\Omega\cdot cm$）、介电常数小（≤2）、介质损耗低（$<10^{-4}$）等半导体所具有的特殊优良的电性能，同时，某些高聚物具有优良的导电性能。另外，由于高聚物成型加工容易，品种多，故在电器方面应用广泛。

10.4.1 高聚物的介电性

高聚物的介电性是指高聚物在电场作用下，表现出对静电能的贮存和损耗的性质，一般以介电常数和介电损耗来表示。高聚物常作为绝缘材料或电容器的介电材料使用，介电性在高聚物物理性质中占有重要地位。高聚物的介电性与高聚物的极性和极化密切相关，因此，研究高聚物分子的极性和极化是非常必要的。

10.4.1.1 高聚物分子的极性

高聚物是由共价键构成的长链分子，共价键是原子共用一对电子形成的。化学键中电子云的分布可以是对称的或不对称的，故有非极性键和极性键之分。正负电荷中心不相重合的叫做极性分子，相重合的分子叫做非极性分子。分子极性的强弱常用偶极矩μ来表示。根据偶极矩大小，高聚物分为：

①非极性高聚物$\mu^{\omega}=0$，如聚乙烯、聚丙烯、聚四氟乙烯等。

②弱极性高聚物解$0<\mu^{\omega}\leqslant0.5$，如聚苯乙烯、聚异丁烯、天然橡胶等。

③极性高聚物$0.5<\mu^{\omega}\leqslant0.7$，如聚氯乙烯、聚酰胺、聚醋酸乙烯酯等。

④强极性高聚物$\mu^{\omega}>0.7$，如聚酯、聚乙烯醇、聚丙烯腈等。

10.4.1.2 高聚物分子的极化

所谓极化是指电介质在电场的作用下，分子内束缚电荷产生弹性位移或偶极子沿电场的从优取向，取向的电介质两端呈现异号电荷的现象。通常有电子极化、取向极化、偶极极化和界面极化这几种形式。

10.4.1.3 高聚物的介电常数

(1) 介电常数

高聚物的介电常数是含有电介质电容器和真空电容器的电容比。是表征高聚物贮存电能大小的物理量，是高聚物重要的介电性能指标。可见，高聚物极化程度越大，介电常数越大。

（2）介电常数的影响因素及应用

高聚物的极化与分子结构有关，分子结构直接影响介电常数。碳氢化合物类型的非极性高聚物，如天然橡胶、聚苯乙烯、聚乙烯等，其介电常数较小，一般在2～3左右；极性高聚物，如聚氯乙烯、聚甲基丙烯酸甲酯、聚酯、酚醛树脂等，介电常数较大，在3～7范围内。高聚物的交联通常阻碍极性基团取向，使介电常数降低，如酚醛树脂，虽然这种高聚物的极性很强，但介电常数不高。高聚物的聚集态结构也影响极化程度，故也影响介电常数的大小。同一高聚物，其高弹态下介电常数较玻璃态大，这是因为在玻璃态下，链段运动被冻结，结构单元上的极性基团取向受链段牵制，而在高弹态下链段运动则不受牵制。

高聚物广泛用于绝缘材料，其介电常数对电容器的电容量大小、绝缘能力的强弱有很大影响。作为电容器介质，极化程度大，介电常数大，储电能力高。因此，在实际应用中，宜采用介电常数大的绝缘材料以提高电容量。当选择介电常数大的高聚物作电容器的介质时，在容量相同的情况下，电容器的体积可以大大缩小。高聚物在用作通信电缆的绝缘保护时，为减少信号的衰减，应选择介电常数小的绝缘材料，通常采用聚乙烯、聚苯乙烯、聚丙烯。在高压配电系统装置中，应选用介电常数相近的绝缘材料做组合介质。如果几种材料的介电常数相差太大，会造成整个绝缘系统的电压分布不均匀，介电常数小的地方受到的电压高，易造成击穿短路现象。

10.4.1.4　高聚物的介电损耗

介电损耗是指电介质在交变电场的作用下，将一部分电能转变为热能而损耗的现象。介电损耗产生的原因有两种。一是在交变电场中，高聚物带电粒子产生的漏导电流，电流流动时克服介质的内摩擦阻力而作功，使一部分电能转变为热能，属于欧姆损耗，又称漏导电流损耗。对非极性高聚物，欧姆损耗是介质损耗的主要因素。二是介质的偶极在交变电场作用下的极化取向运动，消耗电能，克服介质内部的黏滞阻力，使这部分电能转变为热能释放出来，属于偶极损耗，亦称极化电流损耗，是极性高聚物介质损耗的主要部分。

10.4.1.5　介电性的影响因素

（1）分子结构

在一定温度和频率下，高聚物极性的大小和极性基团的密度对介电损耗起决定性作用。非极性高聚物由于没有极性基团，故介电常数小（约为2左右），介电损耗也较小（通常为10^{-4}）；而极性高聚物存在极性基团，故介电常数较大（约为4～7），介电损耗也较大（一般为10^{-2}）。由此可见，高聚物分子的极性越大、极性基团密度越高，介电常数与介电损耗就越大。一般连在侧链上的极性基团比连在主链上的活动性大，其影响要大些。支化、交联、结晶等对介电性都有一定的影响。

（2）频率

介电常数与极化程度有关，极化程度则受外电场频率的影响。低频下，介电常数接近静电场时的介电常数，达到最大值，而且能量损耗很小；当外加电场频率提高时，首先是取向极化跟不上电场的变化，总极化率下降，介电常数减小；在高频电场下，介电常数达到极小值，能量损耗也很小。

（3）温度

由于温度升高，热膨胀使高聚物的密度减小，因此非极性高聚物的介电常数随温度的升高会略有减小。而对极性高聚物来说，一般温度低时，介电常数较小，随着温度升高，有利于取向，因此介电常数增大。当温度升到一定范围后，温度继续升高，取向产生干扰，介电常数随之将减小。即对非极性高聚物，温度升高，介电常数下降；对极性高聚物，随温度的升高而出现峰值。图 10-1 是非极性高聚物介电性与温度的关系，图 10-2 是极性高聚物介电性与温度的关系。

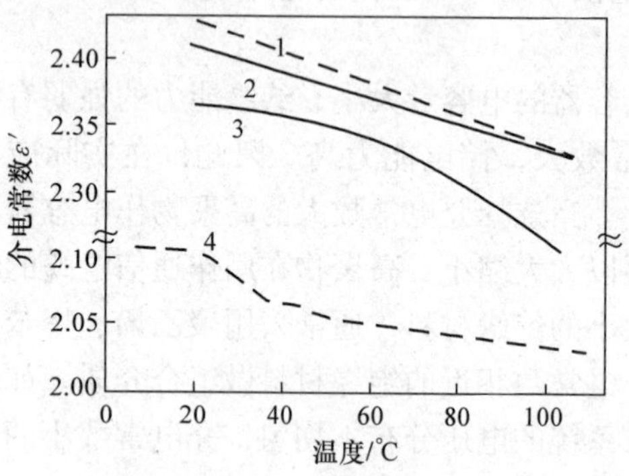

图10-1　非极性高聚物的介电常数与温度的关系

1—PP　2—HDPE　3—LDPE　4—PTFE

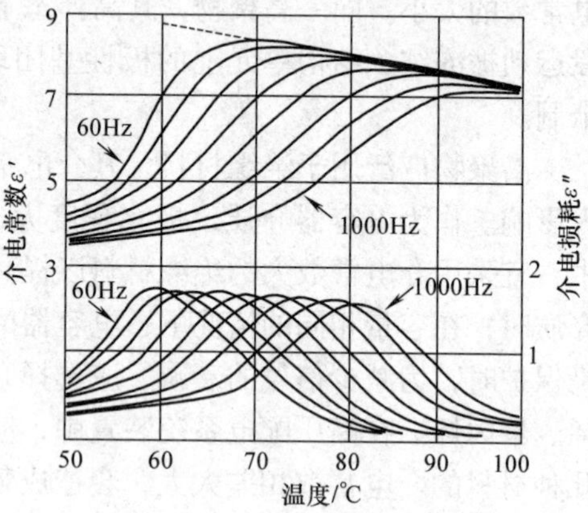

图 10-2　PVAC 的介电性能与温度的关系

(4) 湿度

湿度对高聚物介电性有影响，水是极性低分子，高聚物材料吸湿后，使电导和极化都增大，从而使介电常数和介电损耗增大。影响程度的大小取决于吸湿程度，吸湿程度与高聚物的结构有关，亲水性强的极性高聚物容易吸湿，影响大；此外，还与环境条件有关。如醋酸乙烯酯吸水性强，介电损耗大；而聚碳酸酯不吸水，水对其介电常数几乎不产生影响，因此可用做电容器薄膜等。极性高聚物易从大气中吸收水蒸气，引起介电损耗的增加，从而使材料的绝缘性能变坏。

(5) 电压

当外加电场的电压变大时，一方面高聚物有更多的偶极沿电场的方向取向，使极化程度增加；另一方面流过高聚物的电导电流的大小与电压成正比，这都将增加高聚物的介电损耗。

(6) 增塑剂

增塑剂的加入一般会使高聚物的介电性增大。加入增塑剂，使体系的黏度降低，链段容易运动，相当于升高温度的作用。当频率一定时，增塑剂的加入使曲线移向低温或在一定温度下移向较高的频率，增塑剂含量对 PVC 介电性能的影响如图 10-3 所示。极性增塑剂的加入不仅增加链段的活性，使原来的取向极化过程加快，同时又引入了新的偶极分子，使介电常数和介电损耗增大，介电性增大。

(7) 杂质

一般，杂质使高聚物的介电性增大。导电杂质、极性杂质的存在，会增加高聚物的电导电流和极化率，从而大大增加了高聚物的介电损耗。对于非极性高聚物来说，杂质是引起介电损耗的主要原因。

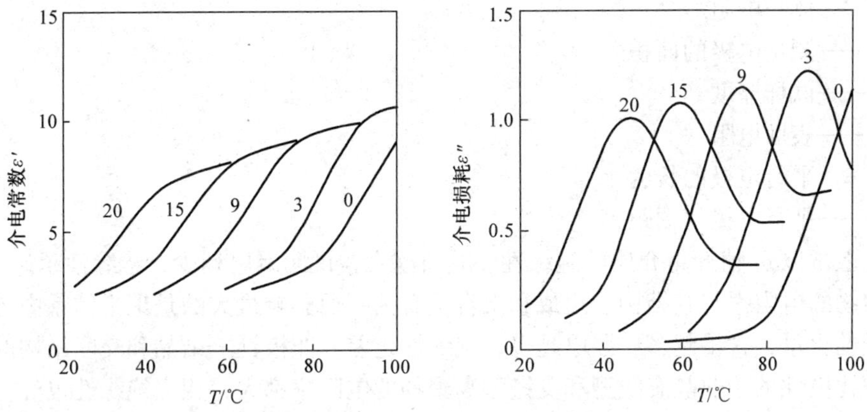

图 10-3　增塑剂加入量对 PVC 介电性能的影响

10.4.2　高聚物的导电性

在电场作用下，物质中载流子发生移动的现象称为导电性。

高聚物有绝缘体、半导体、导体。人们的研究发现，经过特殊合成或处理可以获得导电性高聚物，这类高聚物根据导电机理的不同可以分为电子型导电高聚物、离子型导电高聚物和氧化还原型导电高聚物。

从应用上看，电子型导电高聚物主要用做导电材料、电极材料、电显示材料、化学反应催化剂和有机分子开关（有机分子二极管、三极管、简单逻辑电路等）。离子型导电高聚物主要是在各种电化学器件中替代液体电解质使用，如全固态电池。氧化还原型导电高聚物主要用作各种电极材料，特别作为一些有特殊用途的电极装饰材料。

高聚物在高压电场中会有一定的导电性，一般认为主要是外来杂质和导电粒子的存在引起的，如催化剂、引发剂及各种添加剂、水分及其他离子等，在电场作用下移动产生离子电流，又称泄漏电流。电解质内部有泄漏电流，其电阻为体积电阻；电解质表面流过的泄漏电流，其电阻为表面电阻。

在电场的作用下，高聚物材料的导电性一般用欧姆定律来计算，假定试样上施加直流电压 V，通过的电流为 I，则试样的电阻 R 为：

$$R=\frac{V}{I} \tag{10-3}$$

若体积电阻用 R_v，表面电阻用 R_s，则

体积电阻率 $\rho_v=R_v\frac{S}{d}$　　（10-4）

表面电阻率 $\rho_s=R_s\frac{l}{b}$　　（10-5）

式中　R——绝缘电阻

V——直流电压

I——通过电流

ρ_v——体积电阻率

R_v——体积电阻

S——测量电极的面积

d——试样厚度

ρ_s——表面电阻

l——平行电极的长度

b——平行电极间的距离

工业上常以 ρ_v 值衡量介质的绝缘性。其值越大，说明漏电越少，绝缘性越好。

高聚物的电阻率与其结构、组成和聚合度有关，而影响最大的是聚集体系中的杂质和导电粒子的含量，含量越多，漏电越多，绝缘性越差。非极性、结晶和交联结构的高聚物的电阻率比极性的、非晶态线型和支链型高聚物的电阻率都大，相应绝缘性也好。

高聚物的体积电阻率对温度敏感，表面电阻率对湿度敏感，在高温潮湿的条件下，高聚物的绝缘性大大降低。

10.4.3 电 击 穿

10.4.3.1 电击穿

高聚物在一定电压范围内是绝缘体，随着电压的升高，电阻率减小，绝缘性能下降。电压升到某一临界值，电阻率降到最小值，产生局部导电，致使高聚物丧失绝缘性能，这种现象称为电击穿。高聚物被击穿时，致使高聚物材料发生龟裂、熔穿、焦化、烧毁等，电气装置也遭破坏。常以击穿电压或击穿电压强度来表示这种特性。

导致高聚物击穿的电压称为击穿电压，表示高聚物材料的电压极限。击穿电压的大小与高聚物材料的分子结构和测试试样的厚度有关，同时还与测试的条件，如频率、温度、湿度、电极等有关。击穿电压是反映高聚物材料电性能的重要参数之一。

击穿电压强度是击穿电压与试样厚度的比值。击穿强度反映绝缘材料可承受电压而不破坏的能力，又称介电强度或击穿强度。它是高分子绝缘材料的一项重要性能指标。实验所得的击穿强度不仅与材料本身性能有关，同时还与试样厚度、电极尺寸和形状、媒质、电压的速度、温度、湿度等环境条件有关。

10.4.3.2 提高高聚物材料的电击穿性能

①实验证明，击穿强度与高聚物材料极性成正比，即极性高聚物的击穿强度高于非极性高聚物。选用分子结构紧密的高聚物材料，在生产加工中注意高聚物的均匀性，避免杂质和气泡。如高聚物薄膜的击穿强度较同类材料片材的击穿强度高很多，是因为薄膜均匀性好、气泡和其他缺陷少。

②在高压电场中，高聚物材料内的杂质被离解成导电粒子（电子、离子），在高压电场力的作用下，导电粒子高速轰击高聚物，使之被击穿。可见，高聚物中的杂质，尤其是导电粒子的存在大大降低高聚物的击穿强度。另一方面，在高压电场作用下，介电损耗产生的热量积聚，导致高聚物的氧化、熔融和焦化，发生击穿。高聚物的击穿强度随温度升高而迅速降低。因此，提高高聚物的纯度、耐热性，可提高其耐电压性和击穿强度。如纯度很高的交联聚乙烯有很高的力学性能和抗蚀能力，同时具有很高的耐热性和耐电压性能，可以作为海底电缆很好的绝缘保护材料。

10.4.4　高聚物的静电现象及防止

10.4.4.1　静电现象

静电现象是指两种电性不同的物体相互接触或摩擦时，电子发生转移使一个物体带正电荷，另一个物体带负电荷，又称带电现象。

一般认为高聚物是不导电的绝缘材料，但是在很多情况下，特别是摩擦会使之带电。摩擦起电是众所周知的自然现象。由于高聚物漏导电流的速度比电荷产生的速度小，高聚物体系内积蓄相当可观的电荷时，就出现了带电现象；电荷又具有集肤特性，因此可以观察到高聚物材料及制品的表面带电。如成型加工过程中，高聚物与成型加工设备的接触、摩擦所产生的电荷，通过漏导可以传给设备。高速拉伸的运转设备使高聚物积蓄的电荷可产生上千甚至上万伏的电压（静电电压）。在高聚物制品的使用过程中，也存在带电现象，而且一旦带有静电不易漏导，可保持很长的时间，甚至持续几个月不消失。

高聚物的吸水性大小对静电荷的积累影响很大。因为水有导电性，高聚物表面吸附了一层水分子后，容易使静电荷漏导。所以吸湿性大的高聚物产生的电荷容易漏导，静电现象比不易吸湿的高聚物要弱。

试验证明，一般介电常数大的高聚物易带正电荷，介电常数小的高聚物易带负电荷。易带正电荷的高聚物分子链中都带有强极性的取代基团，如聚酰胺、纤维素等，易带负电的高聚物则是非极性的。如聚乙烯、聚四氟乙烯等。高聚物的带电序列见图 10-4。

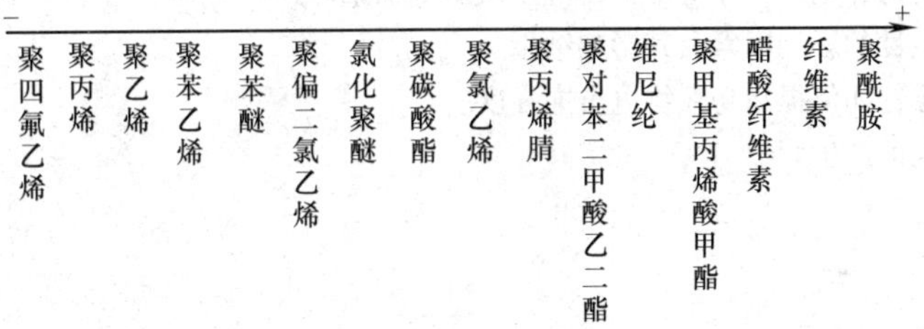

图 10-4　高聚物的带电序列

10.4.4.2　静电危害及应用

高聚物带电后，静电消失的过程很慢，处理不当的话，影响正常安全生产、产品质量、性能和使用效果。主要有以下几方面危害：

①静电可使纤维疏散或黏结，使纤维的梳理、牵伸、纺纱、加捻和织布等工序难以进行。

②静电可使高聚物及其制品表面吸尘而污染，难以擦净，影响产品外观，损坏质量。如电影胶片吸尘使清晰度降低，唱片吸尘会使音质变差。

③在高聚物粉料的干燥和输送过程中，产生的静电容易使物料枯结成块、发生粘壁现象，影响生产和电测仪表的准确性。

④静电荷的积蓄会产生放电现象，放电能量虽小，但却可能引起易燃易爆气体及粉尘的燃烧爆炸，危害极大。例如，易燃液体的塑料输送管道、矿井使用的橡胶传送带与塑料导辊等，静电摩擦会产生火花引起爆炸、燃烧等重大事故。因此，消除和防止静电是高聚物生产和使用中重要的问题。

静电作用虽然给人们带来危害，但是合理加以利用，能够为人类服务。如广泛使用的粉末静电喷涂、静电印刷、静电复印、静电照相、静电吸尘等技术。氯纶织物用来治疗风湿关节炎是静电在医学上的应用。

10.4.4.3　静电防止

防止静电发生主要是抑制静电产生和及时消除产生的静电。一般来说，控制电荷产生较为困难，从后者着手，使高聚物在接触、摩擦过程中积蓄的电荷尽快泄漏是防止静电的关键。静电的泄漏一是通过体积传导，二是通过表面传导，其中，表面传导是泄漏的主要途径。

高聚物的静电防止除了利用静电消除器接地导出和调节环境湿度外，最有效、最简便的方法是向高聚物材料中加入抗静电剂。抗静电剂多为亲水性表面活性剂，分子结构中一端带有亲水基团，而另一端带疏水基团。当高聚物加入抗静电剂后，抗静电剂渗出到表层，其分子中的疏水端深入高聚物内，而亲水端朝向高聚物的表面，形成导电膜层，从而提高了表面导电性，减少电荷的积蓄，起到防止静电的作用。

习题

1. 如何改善高聚物的透明性？试举出一二例。
2. 如何提高高聚物的耐热性及热稳定性？
3. 影响高聚物透气性的因素有哪些？
4. 什么是高聚物的介电性？介电常数的应用及影响因素。
5. 高聚物的介电性的影响因素及其影响结果。
6. 什么是电击穿？如何提高高聚物电击穿强度？
7. 如何防止静电的产生？

第11章　高聚物的化学反应

应知要点

1. 高聚物化学反应的应用及类型
2. 几种典型的高分子官能团反应
3. 高聚物老化的原因

应会要点

1. 高聚物降解方式
2. 高聚物交联反应的方法
3. 高聚物防老化的措施

课前认知实习

1. 实习形式

参观实习工厂及观看各种高分子化学反应录像。

2. 实习内容

了解高分子化学反应、交联作用和降解、老化的原因。

3. 实习目的

(1) 了解高聚物交联过程，明确交联的作用。

(2) 观看老化实验过程，了解老化原因，找到解决措施。

(3) 观看高分子化学反应录像，了解其作用。

4. 演示设备、材料

(1) 设备：工厂设备、老化实验设备及录像设备。

(2) 材料：各种高聚物原材料。

5. 演示步骤

(1) 观看生产、实验过程或录像；

(2) 老师讲解生产、实验过程，起到答疑解惑的作用。

6. 问题讨论

(1) 高聚物降解原因是什么？如何防止和利用？

(2) 高聚物老化的原因是什么？如何防止？

11.1　概　　述

11.1.1　高聚物化学反应的应用

高聚物的化学变化是指高聚物在物理（热、光、电、机械力和辐射能等）及化学

（氧、臭氧、水、酸、碱、胺和试剂等）因素的影响下，发生的引起高聚物化学结构和化学性质变化的一类化学反应。

通过研究高聚物化学变化，有助于我们：

①对已有高聚物进行改性　通过化学反应赋予高聚物新的性能和用途、扩大高聚物的应用范围，如引入功能基团，使非反应性的高聚物变成反应性的高聚物，从而进一步改变原有高聚物材料的特性，以适应需要。

②以现有高聚物为原料合成高聚物　通过高聚物的化学反应，从常用的高分子化合物，制备不能通过单体直接聚合得到的高聚物。例如，聚乙烯醇不能由乙烯醇单体直接聚合制得，而是由聚乙酸乙烯酯经水解反应制得。

③研究高聚物的结构　通过高聚物的化学反应，了解、研究和验证高聚物的结构及存在形式。

④防止高聚物老化，合理利用高聚物的降解　研究高聚物老化及降解的因素，找出高聚物老化的防止方法，延长产品性能和使用寿命；合理有效地利用高聚物的降解。

⑤开发功能高分子材料　对高分子功能基反应的研究，还促进了其他相应学科的发展。如高分子催化剂的研究推动了化学工业的发展；高分子试剂的应用开辟了有机合成的新途径。

11.1.2　高聚物化学反应的特点

在低分子的化学反应中，参与反应的是整个分子。而在高分子化学反应中，由于高聚物的相对分子质量很大，结构也比较复杂，因此除有整个大分子参加反应外，还有高聚物链节的局部官能团反应。高聚物的化学反应与低分子化合物的反应有许多相似之处，但由于高聚物有其独特的性质，有些高聚物化学反应是低分子化合物所没有的，所以高聚物的化学反应比低分子化学反应更复杂。

①高聚物化学反应的产物不均一、不易分离出单一结构的产物　高聚物的大分子链中含有大量具有反应能力的基团，当进行化学反应时，并非链上所有的基团都参与反应，未转化的官能团和转化的官能团往往同时连接在同一大分子链上。由于高聚物本身是聚合度不一的混合物，每条高分子链上的反应基团转化程度也不一样，因此所得产物是复杂的。

②相容性差的高聚物反应后的产物不均匀　高聚物反应产物的均匀性受其物理状态的影响很大，在大多数情况下，高聚物只能溶解在少量溶剂中，化学反应往往是在异相中进行的，所以得到的高聚物大都是不均匀的。实际生产中，一般先把高聚物在溶剂中熔胀或溶解后再进行反应。

③高聚物化学反应速率低　由于高聚物中官能团的化学反应活性受大分子的形状、聚集态、黏度等因素影响，因此，高分子的化学反应速率比低分子化学反应速率低。溶解与溶胀能加快反应的进行。

④高聚物化学反应常伴有交联、降解等副反应　由于高聚物大分子中官能团排列具有多样性，易在分子间生成交联链。此外，由于高聚物分子链很长，在物理或化学因素的作用下容易产生降解。

⑤高聚物化学反应的转化率较低。

11.1.3　高聚物化学反应的类型

高聚物的化学反应可以分为整个大分子所参加的反应和高分子链节的局部反应。当整个大分子参加反应时，会引起聚合度的改变，同时也会改变聚合物的主链结构；当反应仅是聚合物个别链节发生局部转化时，聚合度基本不发生变化。因此，根据化学反应前后高聚物的反应官能团及聚合度的变化可分为两大类：

①聚合物官能团反应　这类化学反应属于聚合度相似的化学反应。高聚物分子内的原子或官能团与低分子化合物发生反应，反应只发生在高聚物大分子的侧基上，即侧基由一种基团转变为另一种基团，并不会引起聚合度的明显改变。

②大分子的降解与交联　化学反应前后高聚物的聚合度发生根本改变，甚至引起高聚物主链的结构变化。包括聚合度变大或变小的化学反应。聚合度变小的化学反应主要有高聚物降解、解聚反应。聚合度变大的化学反应包括交联、扩链、接枝、嵌段等。以下我们将主要研究高聚物的降解与交联。

11.2　高聚物的官能团反应

高聚物的官能团发生反应导致化学成分的改变，常用于高聚物的改性，从而得到性能优异的新型高聚物。利用高聚物大分子的官能团反应可以制备新的高聚物，也可以对现有的高聚物进行改性，赋予新的性质。这里只介绍用途比较广泛的几种高聚物官能团反应。

11.2.1　纤维素的酯化反应

纤维素是自然界存在量很大的天然的高分子化合物，除直接利用外，也被大量改性为新型高聚物，纤维素是第一个被化学改性的天然大分子，结构如下：

在分子链的每个结构单元上有三个羟基，三个羟基皆可参与化学反应，同酸、酸酐或酰氯作用制取纤维素酯类。其中有主要用途的是硝化纤维素，乙酸纤维素。

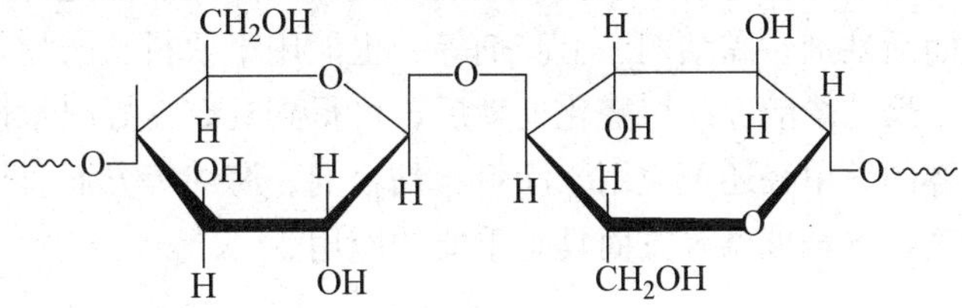

(1) 纤维素的硝化

在浓硫酸存在下，将纤维素用浓硝酸酯化可制得纤维素硝酸酯。

$$[C_6H_7O_2(OH)_3]_n + 3nHNO_3 \longrightarrow [C_6H_7O_2(ONO_2)_3]_n + 3nH_2O$$

纤维素　　　　　　　　纤维素三硝酸酯

纤维素硝化后性能变化很大，应用广泛，根据其产物含氮量不同用途各异，含氮量为11%的用作赛璐珞塑料；含氮量为12%的用作涂料或黏合剂；含氮量为13%的用作无烟火药。

(2) 纤维素的乙酰化

在硫酸催化下，纤维素与醋酸酐反应可以制得纤维素三醋酸酯。

$$[C_6H_7O_2(OH)_3]_n + 3n(CH_3CO)_2O \longrightarrow \underset{\text{纤维素三醋酸酯}}{[C_6H_7O_2(OCOCH_3)_3]_n} + 3nCH_3COOH$$

反应所用的溶剂为醋酸、二氯甲烷，或稀释剂苯、二甲苯。酯化程度取决于反应条件。纤维素三醋酸酯经水解作用可以去掉醋酸酯基，得纤维素二醋酸酯。纤维素三醋酸酯的主要用作电影胶片和摄影胶片的基材，纤维素二醋酸酯可做人造丝，也可制造塑料和绝缘漆。

此外，纤维素改性后制得的纤维素磺酸盐，可用于制作黏胶纤维及玻璃纸。有关纤维素改性的反应还有很多，如纤维素与丙烯腈发生醚化反应生成腈基乙基纤维素醚，大大提高其耐磨性、耐腐蚀性及抗菌性。纤维素与氯乙烷或硫酸二乙酯作用制得乙基纤维素，可以制造塑料、薄膜及涂料。

11.2.2 聚乙酸乙烯酯的醇解

由于乙烯醇不稳定，不存在乙烯醇单体，所以聚乙烯醇不能直接由乙烯醇聚合制得，通常由聚乙酸乙烯酯醇解制得。

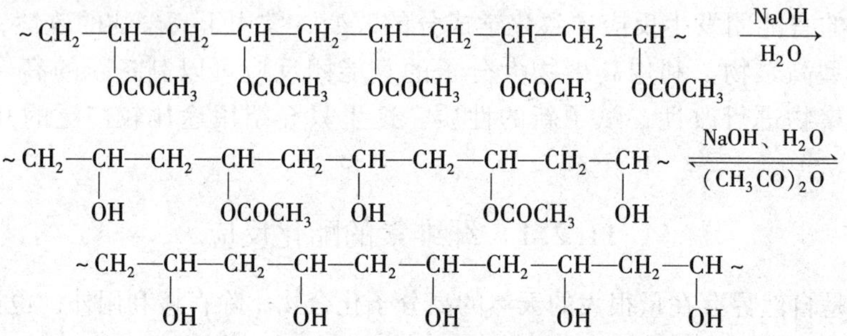

聚乙烯醇易溶于水及稀碱液形成黏稠溶液，由此可抽丝或制成薄膜，可用做非离子型表面活性剂、黏结剂、上胶剂等，也能用于饮料、药物工业及生产耐油耐苯的弹性管道。

聚乙烯醇经缩甲醛化处理后，可得到具有良好耐水性和力学性能的维尼纶纤维，聚乙烯醇的缩甲醛还可应用于涂料、黏合剂、海绵等方面。聚乙烯醇的缩丁醛产物在涂料、黏合剂、安全玻璃等方面具有重要的应用。

11.2.3 离子交换树脂

离子交换树脂是带有侧基反应官能团的网状结构聚合物。它是利用侧基反应官能团实现离子交换的一种高分子试剂。含酸性侧基官能团的离子交换树脂能与溶液里的阳离子进行交换，为阳离子交换树脂；含碱性侧基官能团的离子交换树脂能与溶液里的阴离子进行交换，为阴离子交换树脂。

以苯乙烯和二乙烯苯共聚物为母体制成的离子交换树脂，目前应用广泛，其中少量二乙烯苯起交联作用，防止溶解。制备这种离子交换树脂的主要反应包括磺化和氯甲基化反应。

苯乙烯和二乙烯苯共聚物用二氯乙烷溶胀，加入浓硫酸（或用氯磺酸，发烟硫酸等）进行磺化，可得强酸性磺酸型阳离子交换树脂。

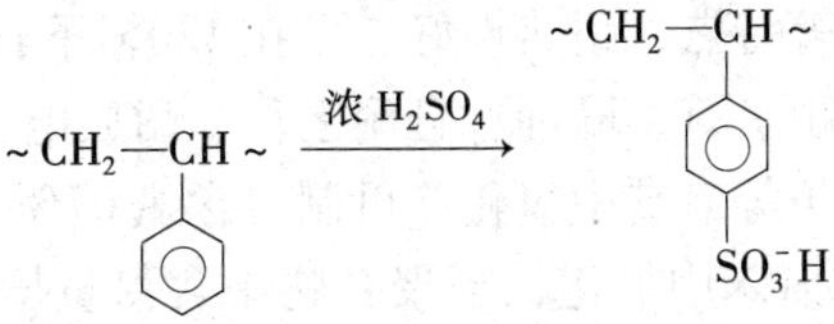

阴离子交换树脂由聚乙烯苯与氯甲醚进行甲基化反应，再用三甲胺季铵化，最后用碱水溶液处理，可得强碱性苯乙烯型阴离子交换树脂。

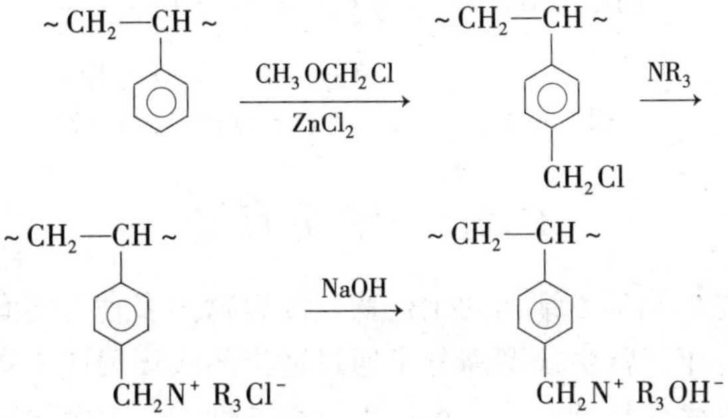

若用二甲胺与之反应即得弱碱性阴离子交换树脂。酚醛树脂也是应用广泛的离子交换树脂，它可由含有离子基团的单体直接制得。

离子交换树脂应用极其广泛，常用于水的软化，铀的提取，贵重金属和废弃酸碱的回收，抗生素、氨基酸、稀有金属与稀土的提取及分离。

离子交换树脂的结构表示如下：

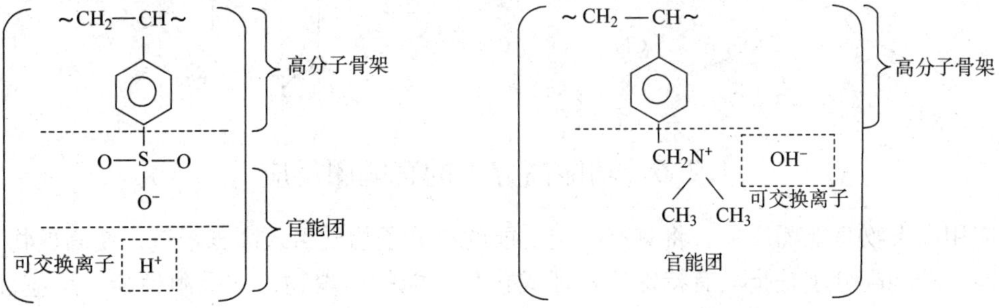

阳离子交换树脂　　　　阴离子交换树脂

11.2.4　氯 化 反 应

聚乙烯、聚丙烯、聚氯乙烯、聚异丁烯等聚烯烃和它们的共聚物可以发生氯化反应，这是一种自由基反应。

聚乙烯在二氧化硫存在下氯化改性可得弹性体氯磺化聚乙烯。

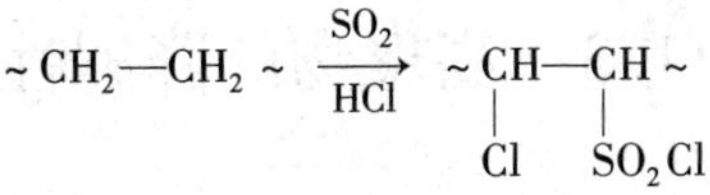

$$2\underset{\wr}{\overset{\wr}{C}}SO_2Cl + MnO_2 \xrightarrow{H_2O} \underset{\wr}{\overset{\wr}{C}}SO_2 \cdot OMnO \cdot \underset{\wr}{\overset{\wr}{C}}H$$

氯磺化聚乙烯有很多显著特点，耐热性好，可在120℃下长期使用；耐低温，在50℃下不发脆；耐化学腐蚀，如耐臭氧、耐油；且耐老化、耐放电、耐燃等，综合性能良好。

聚乙烯在四氯化碳或氯仿等溶剂中氯化，可制得含氯67%的聚氯乙烯。

聚氯乙烯60～80℃下在氯苯中氯化，当聚合物中含氯量增加到73%时可制得氯化聚氯乙烯，易溶于有机溶剂，可合成纤维、涂料、胶黏剂，耐燃、耐酸碱腐蚀。

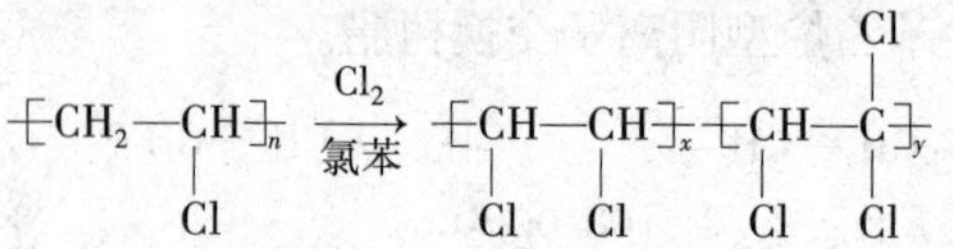

(Cl=56%)　　　　(Cl=73%)，$X>2Y$

11.2.5 环化反应

高聚物是具有重复单元基本结构的化合物，高聚物内多官能团间能够进行反应，分子内发生环化。环状高分子通常由线型高分子通过适当的成环反应来得到。与线型高分子相比，环状高分子具有许多独特的溶液、熔体以及固态性能。聚丙烯腈环化制备碳纤维的反应是典型的环化反应，聚丙烯腈在一定温度和特定条件下经预氧化及加热可环化成梯形物，再于2500℃下加热，可制成碳纤维。它具有质轻、高强度、高模量、耐高温（3000℃）的特点，与高性能树脂组成的复合材料是超音速飞机和航天工业不可缺少的新材料，广泛应用于航天飞机、舰船、化工设备等的制造。

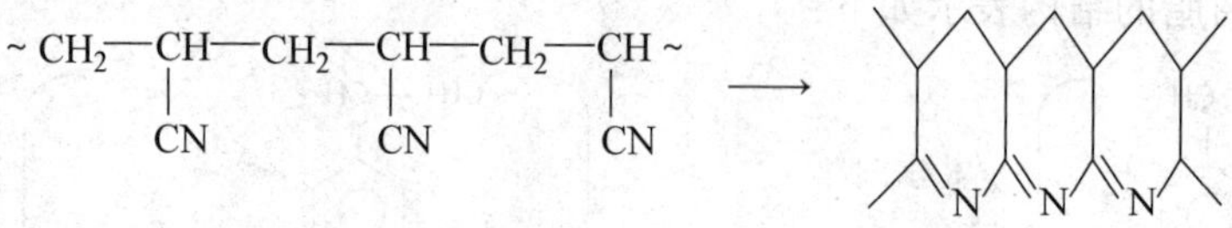

11.2.6 功能高分子的官能团反应

应用高聚物官能团反应，将具有一定功能的小分子物质引入高分子链，使高聚物具有新功能。功能高分子是指具有特殊的物理或化学性能的高聚物，如吸附性能、反应性能、光性能、电性能、磁性能等。功能高分子进行官能团反应能够制备相应特殊的高聚物材料，如将低分子药物接在高分子链上，制成的高分子药物，能够在适当条件下缓慢分解发挥药效等。

可进行官能团反应的功能高分子主要包括氧化还原树脂、高分子催化剂、高分子试剂、高分子药物、高分子金属络合物、高分子复合物、感光性高分子、螯合高分子、水溶性高分子、配位高分子、导电高分子、力化学反应高分子等。

11.3 高聚物的降解性

11.3.1 高聚物的降解反应

高聚物的降解反应是指在氧、热、光、机械力、高能辐射、超声波等化学因素或物理因素的作用下，高聚物分子分裂成较小聚合度产物的反应过程。

降解反应会导致高聚物分子链断裂，相对分子量下降，引起高聚物材料性能的改变，如弹性消失、强度降低、黏性增加等。自然界中天然高分子的降解，可制取有价值的小分子物质，如在生物酶的作用下，蛋白质分解成氨基酸、纤维素水解成葡萄糖等，对生态循环过程起重要作用。研究高聚物的降解并合理有效利用，意义重大。

①了解高聚物的降解过程，预见合成和加工条件可能引起的高聚物材料性能的变化，拟订最佳合成和加工参数，防止降解的发生。例如，成型过程中的降解通常是有害的，其实质是导致聚合物分子链断裂、交联、侧基变化及相对分子质量下降等一系列结构变化，使聚合物强度下降、变脆、发黏、熔体发生紊流、塑件表面粗糙及使用寿命缩短等。另一方面，我们要有意识地利用降解，减小聚合物熔体黏度，以改善流动性和成型性能。

②通过对降解产物的研究，了解高聚物的结构。

③制取低分子化合物。如从淀粉制得糊精，再进一步降解制取葡萄糖。

④合理利用降解反应。如橡胶成型加工时经塑炼降低生胶弹性、增大塑性，利于加工成型；处理和回收高聚物废料，对高聚物有机玻璃降解，回收单体；对废高聚物进行生物降解，减少环境污染。

我们分别讨论以下几种高聚物降解形式，热降解、氧化降解、光降解、化学降解、机械降解。

11.3.2　高聚物的热降解反应

高聚物的热降解反应是指高聚物在热的作用下发生的降解反应。按分子链断裂的方式分为三种类型。

（1）解聚反应

解聚反应是指高聚物受热后，高分子链的末端单体单元开始发生断裂，导致单体单元连锁脱落生成单体，是聚合反应的逆反应。单体迅速产生而剩余物相对分子质量变化不大。如有机玻璃聚甲基丙烯酸甲酯在 270℃ 的氮气中解聚，可回收 95% 的甲基丙烯酸甲酯单体。表 11-1 列出了某些高聚物热降解时的单体回收率。

表 11-1　　某些高聚物热降解时的单体回收率

高聚物	单体回收率/%	高聚物	单体回收率/%
聚甲基丙烯酸甲酯	100	聚苯乙烯	42
聚 α - 甲基苯乙烯	100	聚异丁烯	32
聚四氟乙烯	100	聚异戊二烯	11
聚间甲基苯乙烯	52	聚乙烯	3

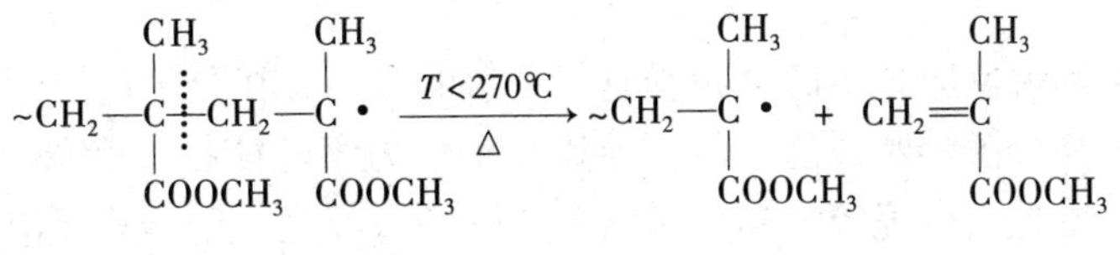

（2）无规断链反应

无规断链反应是指高聚物受热后，在高分子主链上的任意位置发生的断链反应。降解过程中相对分子质量迅速下降，单体回收率很少，如聚乙烯的无规断链。

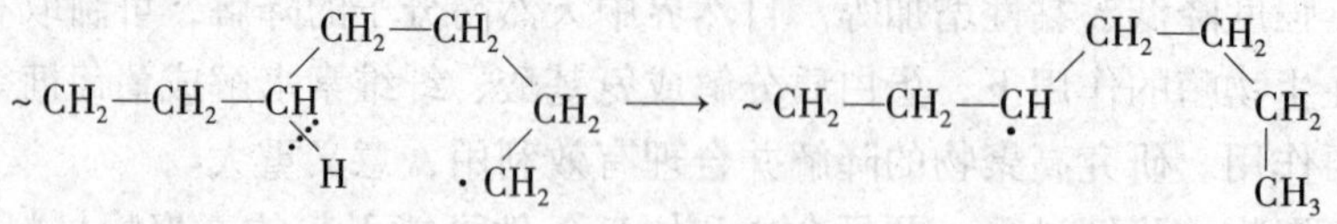

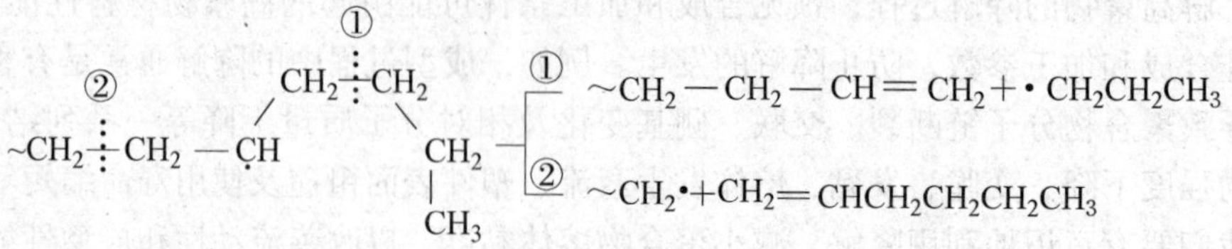

（3）侧基降解反应

热降解只发生在高聚物的侧基上，结果是高聚物的聚合度不变，但在分子链上形成了新的结构，导致高聚物性能发生根本变化。侧基降解反应主要包括侧基脱除和环化反应。

①侧基脱除　在温度比主链断裂温度低的情况下，侧基与邻近的氢发生消除反应，并以氯化氢、醋酸、水、氢等形式从主链上脱除下来，同时在主链上形成双键，使产品颜色加深，强度降低。如聚氯乙烯的脱 HCl 反应。

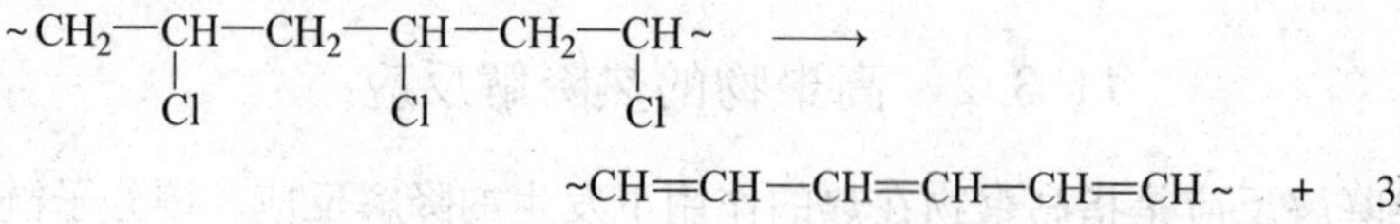

②侧基环化　虽然侧基降解反应会导致聚合物变色、炭化，使聚合物性能遭受破坏，但侧基降解反应也可用于合成特种高分子，如可利用侧基脱除反应在高分子链中引入共轭或梯形结构。

如聚丙烯腈的侧基环化热降解反应是合成具有超高强度和高耐热性的聚丙烯腈碳纤维的基础。

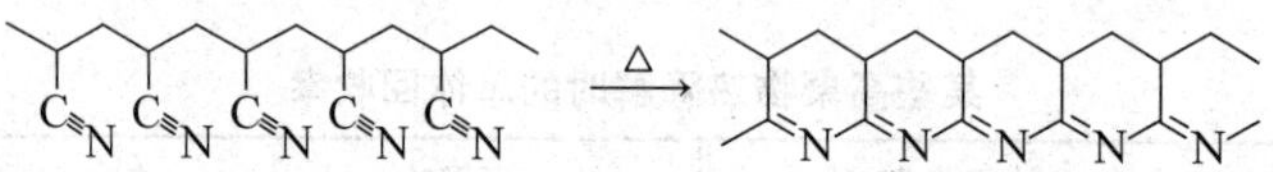

热降解在高聚物的加工性能方面具有重要意义。在成型过程中因高温受热时间过长引起热降解，降解反应的速度随温度升高而加快，因此必须将成型温度和加热时间控制在适当范围内，加热温度不能高于热分解温度，以保证产品质量。

11.3.3　高聚物的氧化降解反应

高聚物的氧化降解反应是指高聚物受空气中氧的作用，在分子链上形成过氧基团或含氧基团，从而发生高分子链断裂的降解。导致高聚物力学性能损失和外观发生显著变化，如使高聚物变硬、变色、变脆等。高聚物的氧化降解过程是一个链式反应过程。如聚丙烯的氧化降解反应。

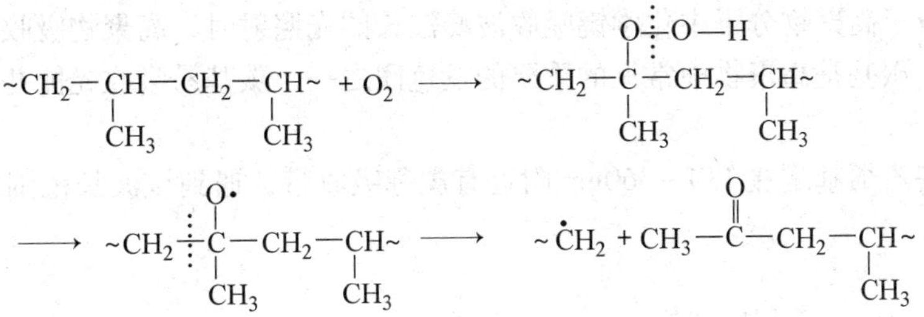

再如顺丁橡胶的氧化降解。

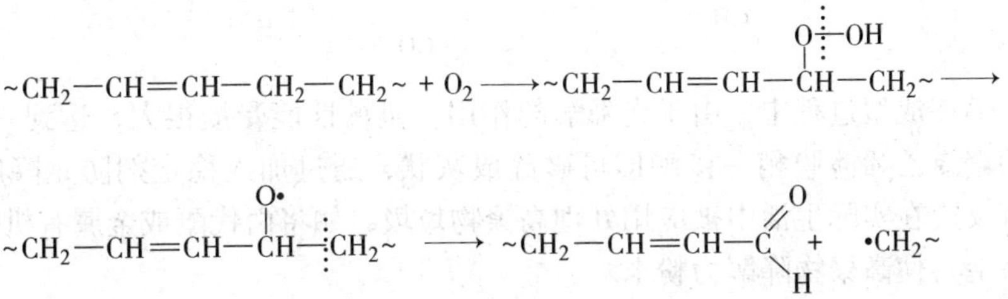

光、热、金属氧化物等外界条件能够加速氧化降解，在光照的情况下，天然橡胶降解速度加快，纤维素及酯类易变色、性能变坏。支链多、结晶度低的高聚物更容易氧化降解，含叔碳原子多的聚丙烯较聚乙烯易降解。

常温下大多数高聚物都能和氧气发生缓慢作用发生氧化降解，成型时由于热的作用加速氧化降解。热氧化降解反应比热降解反应进行得剧烈，对成型过程影响也更大，因此成型时必须严格控制温度和时间，避免过热而发生氧化降解。热稳定性差的高聚物应加入抗氧剂，提高高聚物的抗降解能力。

11.3.4　高聚物的光降解反应

高聚物的光降解反应是指高聚物受光照射时，吸收的光能大于键能时，发生断键使高聚物降解。光降解反应必须有三个前提条件：①聚合物受到光照；②聚合物能够吸收光子并被激发；③被激发的聚合物发生降解，而不是以其他方式释放能量。

太阳光中的紫外线，波长为 300～400nm 的近紫外部分能量很大，是导致高聚物光降解的主要因素。高聚物在合成或加工时，含有微量过渡元素或自由基残基，或少量羰基、过氧化氢等“生色基团”强烈吸收紫外光而引起高聚物降解。部分高聚物光降解吸收的光波波长如表 11-2 所列。

表 11-2　　部分高聚物光降解吸收的光波波长

高聚物	λ/nm	高聚物	λ/nm
聚对苯二甲酸乙二醇酯	325	聚氯乙烯	310
聚苯乙烯	318	氯-醋共聚物	322～364
聚乙烯	300	聚甲醛	300～320
聚丙烯	310	聚甲基乙烯基酮	330～360

当用相应于高聚物分子中化学键吸收波峰波长的光照射时，高聚物吸收能量后，发生光降解反应。羰基是高聚物中常见的重要的发色团之一，羰基易吸收光能并被激发，然后发生分解。

如聚甲基乙烯基酮在330～360nm附近有羰基吸收带，遇到该波长范围的光，发生光降解反应。

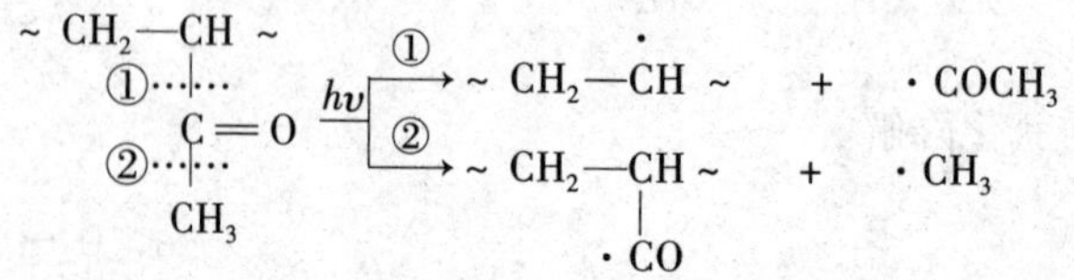

聚氯乙烯在成型过程中，由于光降解的作用，机械性能受损很大，达到一定程度时，受光降解的聚氯乙烯薄膜稍一接触即可破碎成灰状，通过加入稳定剂防止降解反应的发生。光降解反应在实际生活中被应用处理高聚物垃圾，如将卤代酮或金属有机化合物撒在高聚物垃圾上，使高聚物降解为粉末。

11.3.5 高聚物的化学降解

高分子主链含有反应性基团 C—N、C—O、C—S 键的杂链型高聚物，在化学试剂、水、醇、酸、胺的作用下，发生的大分子断链的化学反应。杂链型高聚物主要发生的是化学降解，例如，聚缩醛、聚酰胺、聚酯、有机硅树脂等易发生化学降解。

化学降解属于无规断链降解，降解后得到低分子化合物或该高聚物的单体，所以利用化学降解可将高聚物转化为单体或低聚物。

如淀粉和纤维素等多糖属聚缩醛，在氢离子催化下，完全水解制得葡萄糖。

$$\underset{\text{淀粉}}{(C_6H_{10}O_5)_n} \xrightarrow{H_2O} \underset{\text{糊精}}{(C_6H_{10}O_5)_x} \xrightarrow{H_2O} \underset{\text{麦芽糖}}{C_{12}H_{22}O_{11}} \xrightarrow{H_2O} \underset{\text{葡萄糖}}{C_6H_{12}O_6}$$

聚对苯二甲酸乙二酯与乙二醇进行醇解反应，回收废涤纶树脂，制得合成涤纶的单体对苯二甲酸乙二醇酯。

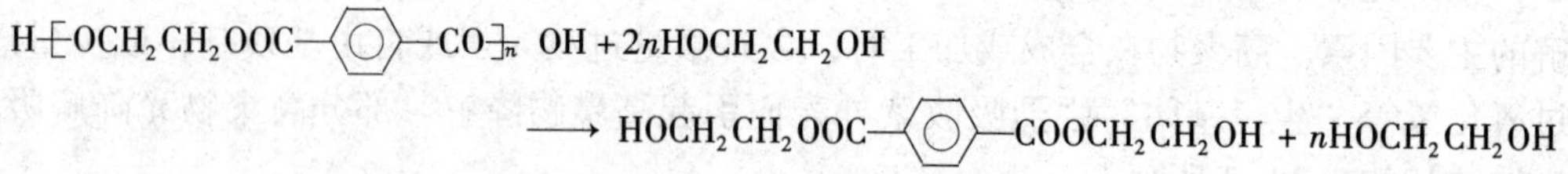

在成型前对高分子材料进行干燥处理，可防止水降解。

11.3.6 高聚物的机械降解

高聚物的机械降解是指高聚物在机械力作用下，产生临界应力，化学键发生断裂，同时生成自由基。高聚物在研磨、粉碎、高速搅拌、塑炼、挤出和抽丝等加工过程中，伴随着强烈的机械作用，受到较大的剪切和拉伸等作用力，使高分子链“拉断”。增加相对分子质量和分子链的刚性、降低温度、形成体形结构等有利于高聚物的机械降解；反之，降低相对分子质量、升高温度、加入增塑剂等会减弱高聚物发生机械降解的可能性。

如天然橡胶和某些合成橡胶需经塑炼，即在机械力的拉、撕和热、氧气的作用使橡胶分子链发生降解，以便混炼和加工成型。不同的聚合物在一起混炼时，产生的不同自由基重合时，得到嵌段或接枝聚合物。可利用此方法对高聚物进行改性。

11.4　高聚物的交联反应

11.4.1　交 联 反 应

在光、热、辐射线或交联剂的作用下，线型或支链高聚物分子间以共价键结合成网状分子的反应称为交联反应。高聚物发生交联可由高分子链节中的官能团进行分子间反应，也可由少量试剂加入引起。交联反应不只是发生在高聚物大分子的线团结构之间，线团结构内也能发生。线型大分子之间用新的化学键进行连接，成为三维网状或体型结构的高聚物。

高聚物的交联反应主要用于橡胶制品的硫化、热固性树脂和胶黏剂的固化等，随着交联反应的进行，高聚物的相对分子质量急剧增加，交联完成后得到体型或网状结构的高聚物大分子，产生许多优异性能，使制品的机械强度、耐热性、耐溶剂性、耐老化性等大大提高。因而，交联反应被广泛的应用于高聚物的改性。但是，由于受到光、热、力、氧的联合作用，一些弹性和韧性较好的线型和网状高聚物，在长期使用和贮存过程中，也会自发的产生交联作用，使制品变脆，冲击强度降低，甚至会失去使用性能。因此，要利用其有利的方面，避免和抑制不利的方面。另外，交联的程度应从实际需要加以控制。例如，弹性体要适度交联，硬塑料（树脂）则要求高度交联。

11.4.2　交联的方法

交联有化学交联和物理交联两种方法。如橡胶、酚醛树脂、脲醛树脂、醇酸树脂、环氧树脂、不饱和聚酯、离子交换树脂的交联属于化学交联。聚乙烯、聚苯乙烯、聚二甲基硅氧烷等在辐射下的交联属于物理交联。下面介绍通过化学方法产生交联聚合物的实例。

11.4.2.1　橡胶的硫化反应

天然橡胶和合成橡胶的硬度、强度、弹性较差，不宜直接使用。如异戊橡胶、顺丁橡胶、丁苯橡胶、氯丁橡胶和丁腈橡胶等。利用这些橡胶分子中的双键与硫化剂作用发生硫化反应进行改性，通过适度的交联反应，使橡胶制品的弹性、强度、硬度、耐热性等均得以提高。

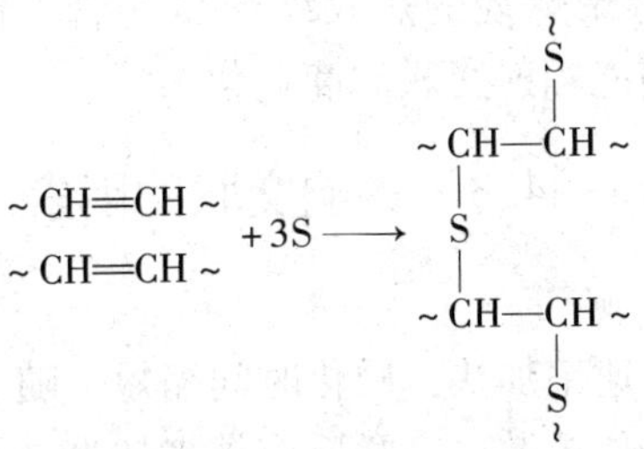

11.4.2.2 体型高聚物的固化反应

将体型高聚物的液态预聚物通过交联剂（又称固化剂）的作用，固化成不流动的固态体型高聚物。如二元胺类固化环氧树脂。

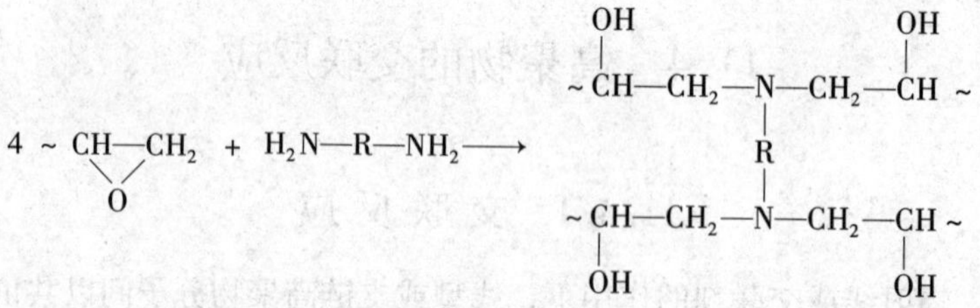

胺的类型不同，固化速度不同，性能也不一样。

11.4.2.3 饱和高聚物的过氧化物交联反应

用过氧化物对饱和高聚物进行自由基交联。如饱和聚烯烃的交联是通过过氧化二异丙苯、过氧化二特丁基等热引发交联，过氧化物受热分解成自由基，夺取大分子链上的氢，形成大分子自由基，然后偶合交联，提高了产物的强度。该法主要用于那些不含双键、不能用硫磺进行硫化的聚合物，如聚乙烯、乙丙橡胶和聚硅氧烷等。聚乙烯交联反应如下。

$$ROOR \xrightarrow{\Delta} 2RO\cdot$$

$$RO\cdot + \sim CH_2—CH_2\sim \longrightarrow ROH + \sim CH_2—\dot{C}H\sim$$

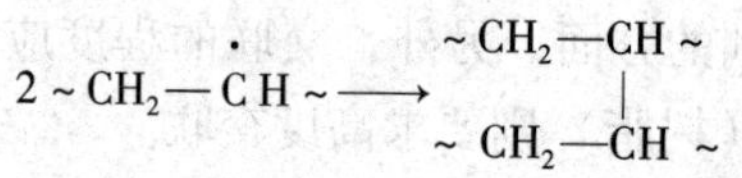

11.4.2.4 光交联反应

光交联反应是指具有光活性的高聚物分子在光的作用下发生交联，制备感光高分子材料。如聚乙烯醇肉桂酸乙烯酯的光交联反应。

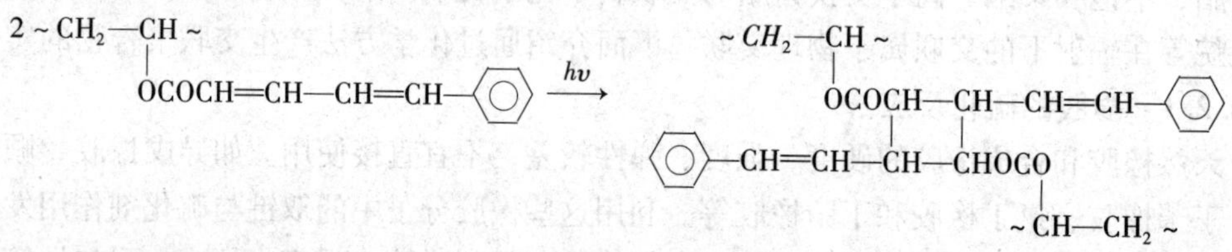

11.4.2.5 辐射交联反应

高聚物在高能辐射（如离子辐射）下产生高分子自由基，高分子自由基偶合进行交联反应。聚乙烯、聚氯乙烯等聚烯烃的热收缩产品（管、包装膜、包装袋等）及电线、电缆的绝缘层上已经实现了高能辐射交联的商业化。

11.4.3 影响交联的因素

（1）温度和硬化时间的影响

当温度升高时，交联反应速率加快，硬化时间缩短。随着交联反应的形成，聚合物熔体流动性逐渐降低，不易大分子扩散，交联反应越来越难。硬化时间短，交联程度低，塑件性能不好，即“硬化不足”或“欠熟”。交联过度时塑件发脆、变色和起泡，降低了塑件物理性能。即“硬化过度”或“过熟”。因此需控制好一定的压力、温度和时间，使聚合物硬化适中，获得良好的性能。

（2）反应基团或反应活性点的影响

热固性聚合物的交联反应是分子链中带有的反应基团（如羟甲基等）或反应活性点（如不饱和键等）与交联剂反应的结果，反应过程中产生的生成物（如水等）会阻缓交联的继续。

（3）应力的影响

成型过程中熔料间的剪切应力作用，以及黏性物料通过流动和搅拌作用等能增加反应基团或活性点与交联剂的接触机会，有利于加快和提高交联反应速度。

11.5　高聚物的老化与防老化

11.5.1　高聚物的老化

高聚物的老化是指高聚物在加工、贮存及使用过程中，其物理化学性能及力学性能发生不可逆坏变的现象。热、光、电、高能辐射和机械应力等物理因素和氧化、酸碱、水等化学作用，以及生物霉菌等都可导致聚合物的老化。如发黏、变硬、变脆、变色、破裂、强度降低等。

11.5.2　引起高聚物老化的因素

高聚物的老化有内、外两种因素。下面我们分别讨论。

11.5.2.1　内部因素

引起高聚物老化的内因主要是由它自身的结构状态，即化学结构、聚集态结构决定及受加工时引入杂质的影响。

（1）高聚物化学结构的影响

高聚物老化的难易程度依赖于其化学键的强度，不同的键断裂所需能量差异很大。大分子链上的弱键受外界因素的作用易断裂，形成了高聚物老化的“活性中心”。聚四氟乙烯化学结构稳定，不宜受外因破坏，耐老化性优异，有“塑料王”之称。与之化学结构相似的聚乙烯较易老化，而聚丙烯较聚乙烯更易老化，这是因为聚乙烯大分子上的支链、双键易受外因作用引起老化，而聚丙烯含有的叔碳原子比聚乙烯多，聚丙烯较聚乙烯更易老化。

链上键的稳定次序为：C—F > C—H > C—C > C—Cl

同一主链中 C—C 键的相对强度：

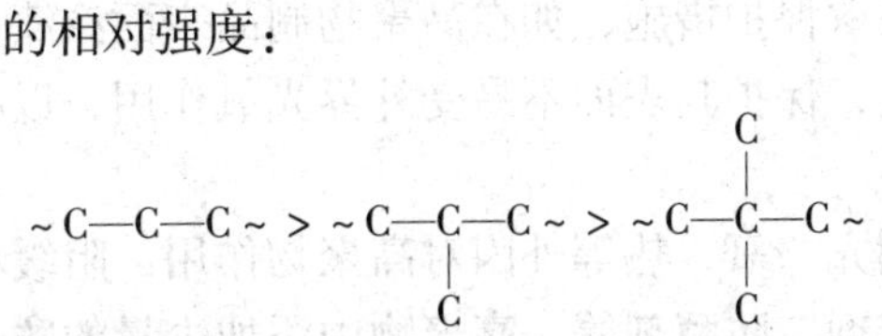

高分子链的支化程度也影响高聚物的老化，支化度越高，高聚物分子越易老化，如高

压聚乙烯比低压聚乙烯的耐热氧老化性能差。

(2) 高聚物聚集态的影响

聚集态结构也是影响高聚物老化的重要因素。固体高聚物的聚集态结构可分为结晶型与无定型两种。结晶度高的高聚物热稳定性好，凡是影响结晶度的成型加工工艺如退火、拉伸等，对高聚物制品的热稳定性产生影响。

(3) 杂质的影响

合成和加工过程中，引入的杂质一般对高聚物的裂解起催化作用，如天然橡胶中极微量的金属会加速高聚物的老化。为避免杂质对高聚物稳定性的影响，可制备超纯的单体，用这种单体制备高聚物。

11.5.2.2　外部因素

影响高聚物老化的外部因素主要是物理因素和化学因素，如热、光、氧、机械力、辐射、化学介质、霉和空气中氧及臭氧的作用而发生氧化、降解及交联反应，破坏了原有的化学结构，其中最主要的是热氧和光氧作用。

太阳光中的紫外线是高聚物老化的主要因素。光化学反应使高分子断链或交联，发生老化。高聚物受热，使高分子材料中的增塑剂挥发，加速其老化。外部机械力的作用，容易引起高聚物分子内应力的改变，改变其结构和性能，使制品老化破坏。许多高聚物在光、氧、热的作用下，都会发生氧化反应，使高分子发生断链或交联，导致老化。

11.5.3　高聚物防老化

高聚物的防老化要从引起老化的内因和外因两方面入手，采取措施。

(1) 改进聚合工艺

高聚物分子的不稳定结构、杂质、残留物、聚合副产物等会严重影响其老化性能，因此，在聚合时尽量采用高纯度单体，采用合理的聚合方法和生产工艺，减少支链、双键等不稳定结构，提高高聚物分子结构的规整度和结晶度。在聚合后处理中，尽量除去引发剂、催化剂等形成的杂质，减少由于光、热等产生的自由基，提高耐热、光老化的性能。

(2) 改进成型工艺

选择合理的成型工艺，确定最佳合成和加工参数，减少成型工艺中热降解及水解、醇解等降解反应的发生，选用较低的成型温度，尽量除去高聚物中的水分和低分子物等。提高高聚物制品的耐老化性。

(3) 将高聚物改性

制取综合性能优良的高聚物材料，利用共混、共聚、交联等方法将高聚物改性，改变高聚物的分子结构、提高结晶度等。

(4) 采用物理保护措施

对高聚物制品表面采取保护措施，如在高聚物制品表面涂漆、镀金属、用防老化剂溶液浸涂、涂布等物理方法，保护其表面不易受外界光氧作用，以防老化。

(5) 添加防老化剂

防老化剂是一类抑制光、氧、热等外因对高聚物作用，阻缓材料变质的物质。有热稳定剂、抗氧化剂、光稳定剂、防酶剂等。高聚物中添加少量的防老化剂能使高聚物储存时间及制品的使用寿命成倍至成百倍的延长。工业中主要采用添加防老化剂的方法，这种方法简单易行收效快。

习题

1. 高聚物化学反应主要有哪几种类型？
2. 高聚物官能团反应有哪几种典型反应？
3. 降解反应的利与弊各是什么？降解反应有哪几种类型？
4. 高聚物降解原因是什么？如何防止和利用？
5. 高聚物老化的原因是什么？如何防止？

参考文献

1. 金日光，华幼卿主编．高分子物理（第二版）．北京：化学工业出版社，2000
2. 侯文顺，杨宗伟主编．高分子物理．北京：化学工业出版社，2007
3. 励杭泉，张晨编著．聚合物物理学．北京：化学工业出版社，2007
4. 轻工业部广州轻工业学校．高分子化学及物理．北京：中国轻工业出版社，1992
5. 尚金山，郑菊英编．高分子化学及物理学．北京：兵器工业出版社，1990
6. 成都科技大学．高分子化学及物理学．北京：中国轻工业出版社
7. 北京化学工业学校，泸州化工专科学校编．高分子化学及工艺学．北京：化学工业出版社
8. 潘祖仁，孙经武主编．高分子化学．北京：化学工业出版社
9. ［日］土田英俊著．高分子科学．徐国均，万国祥译．北京：人民教育出版社，1981
10. ［日］小野木重治著．高分子材料科学．林福海译．北京：中国纺织出版社，1983
11. 沈新元主编，东华大学材料科学与工程学院编．先进高分子材料．北京：中国纺织出版社
12. 何白天，胡汉杰．海外高分子科学的新进展．北京：化学工业出版社，1997
13. 常州轻工业学校，安徽轻工业学校编．塑料材料学．北京：中国轻工业出版社，1993
14. 邢玉清编．简明塑料大全．哈尔滨工业大学出版社，2002
15. 吴培熙，王祖玉主编．塑料制品生产工艺手册．北京：化学工业出版社，1991
16. 顾雪蓉，陆云编．高分子科学基础．北京：化学工业出版社

高分子材料与工程专业系列教材